Festungskrieg im Hochgebirge

gefördert von
Stiftung Südtiroler Sparkasse
Fondazione Cassa di Risparmio
sostenuto da

AUTONOME PROVINZ BOZEN SÜDTIROL
PROVINCIA AUTONOMA DI BOLZANO ALTO ADIGE
Deutsche Kultur

Die Drucklegung dieses Buches wurde ermöglicht durch
die Stiftung Südtiroler Sparkasse
und die Südtiroler Landesregierung/Abteilung für deutsche Kultur.

Rolf Hentzschel

Festungskrieg im Hochgebirge

Der Kampf um die österreichischen und italienischen Hochgebirgsforts in Südtirol im Ersten Weltkrieg

Athesia Verlag

»für Ulrike«

BIBLIOGRAFISCHE INFORMATION DER DEUTSCHEN NATIONALBIBLIOTHEK
Die Deutsche Nationalbibliothek verzeichnet diese Publikation in der Deutschen Nationalbibliografie; detaillierte bibliografische Daten sind im Internet abrufbar: http://dnb.d-nb.de

2016 · Vierte Auflage

Design & Layout: Athesia-Tappeiner Verlag

ISBN 978-88-6839-201-7

www.athesiabuch.it
buchverlag@athesia.it

INHALT

Vorwort

In den Jahren 1915 bis 1918 wütete über den Alpengipfeln an der damaligen Grenze zwischen dem Kaiserreich Österreich-Ungarn und dem Königreich Italien der Erste Weltkrieg. Wer hierbei allerdings nur an Schwindel erregende Gipfelstellungen, Lawinenabgänge und kühne alpine Handstreiche denkt, übersieht, dass gerade in den Alpen die wichtigsten Frontabschnitte von beiden Seiten mit Sperrforts gesichert waren. Nirgends jedoch an der gesamten Hochgebirgsfront waren die Sperrbefestigungen so stark ausgebaut wie im Frontabschnitt von Folgaria und Lavarone und den gegenüberliegenden Sieben Gemeinden. Sieben moderne österreichische Panzerwerke und vier italienische Forts lagen sich hier auf Kanonenschussweite gegenüber.

Am 24. Mai 1915 erhoben die Festungsgeschütze der italienischen Gebirgsfestungen Verena, Campolongo und Punta Corbin auf den Sieben Gemeinden ihre Stimmen gegen die österreichischen Panzerwerke auf den Hochebenen von Folgaria und Lavarone. Einen Tag später stimmte die schwere italienische Belagerungsartillerie in diesen todbringenden Chor ein. Von nun an sollten die sieben österreichischen Festungen ein Jahr lang unter schwerstem Feuer liegen, die Festungen Vezzena, Verle und Lusern sollten dieses harte Ringen nur als Ruinen überstehen. Die Dominanz der italienischen Festungen währte jedoch nur wenige Wochen. Ab Juni 1915 wurden sie das Ziel der österreichischen Belagerungsartillerie, die dem Fort Verena katastrophale Schäden zufügte und die Entwaffnung der meisten anderen Forts erzwang. Erst mit der Frontverschiebung durch die österreichische Maioffensive 1916 kamen die Festungen beider Seiten aus der Schusslinie.

Wer sich gerne auf historische Spurensuche begibt, findet hier heute auf engstem Raum die Reste der hart umkämpften österreichischen und italienischen Festungen, die auf über 2000 m hohen Berggipfeln oder am Abgrund von 1000 m tiefen Schluchten lagen. Das vorliegende Buch mit den technischen Beschreibungen der österreichischen Festungen und italienischen Forts, den historischen Darstellungen des Kriegsgeschehens und den aktuellen

Reiseberichten soll es auch Lesern mit unterschiedlichen Interessenschwerpunkten erleichtern, einen Zugang zu diesem speziellen historischen Thema zu finden.

Sämtliche Grafiken in diesem Buch wurden vom Autor auf der Grundlage verschiedenster historischer Quellen und eigener Vermessungen an den Werksruinen erstellt, viele davon finden sich in dieser leicht lesbaren und doch detaillierten Form in keinem historischen Archiv. Der Charme historischer Originaldokumente wurde hierbei zugunsten einer einheitlichen Darstellung aufgegeben, die auch einem technisch ungeübten Laien den Zugang zum Verständnis der Bauten, Waffen und technischen Einrichtungen ermöglichen soll. Die Verkleinerung der Planskizzen in das Buchformat machte hierbei Vereinfachungen in der Darstellung notwendig. Die historischen textlichen Beschreibungen, die im Original den sprachlichen Facettenreichtum des österreichisch-ungarischen Vielvölkerstaates erahnen lassen, wurden zugunsten der Verständlichkeit möglichst behutsam vereinheitlicht. Ebenso wurden in Zitaten die für den Laien manchmal verwirrenden Abkürzungen angeglichen. Der professionelle Historiker möge dem Autor diese Art der Bearbeitung von Quellen nachsehen. Die aufgeführten Personen wurden während des Krieges manchmal mehrfach befördert, der zitierte Dienstgrad bezieht sich daher stets auf den jeweiligen Zeitpunkt des Geschehens. Viele militärische und technische Fachbegriffe sind in einem Glossar im Anhang dieses Buchs erläutert. Hier findet sich auch ein Verzeichnis der verwendeten Abkürzungen.

1 Die Entstehungsgeschichte der österreichischen Sperrwerke

Am 8. Januar 1907 legte der Generalstabschef des österreichisch-ungarischen Heeres, Feldmarschall-Leutnant Conrad von Hötzendorf[1], eine Denkschrift über die Befestigung der Reichsgrenzen vor. Zu diesem Reich gehörte bis zum Frieden von St. Germain am 10. September 1919 auch das Gebiet der heutigen italienischen Provinzen Südtirol und Trentino. Obwohl Italien seit Mai 1882 gemeinsam mit dem Deutschen Reich Verbündeter Österreichs im Dreibund war, lag Hötzendorf die Verteidigung Südtirols gegen den Expansionsdrang[2] des von ihm als unzuverlässig eingestuften Bündnispartners besonders am Herzen. Er schlug zur Stärkung der Verteidigungskraft Südtirols unter anderem den Ersatz der Gürtelfestung Trient durch eine grenznahe Linienbefestigung vor. Ein Teil dieser geplanten Linienbefestigung sollte auf den Hochebenen von Folgaria und Lavarone[3] (damals auch Vielgereuth und Lafraun genannt) zwischen dem Monte Pasubio und der Valsugana (Brentatal) errichtet werden. Diese Hochebenen bildeten einerseits für Italien ein Einfallstor in das Etschtal bei Trient, andererseits waren sie ein denkbares Aufmarschgebiet Österreichs für einen Vorstoß aus dem Alpenraum in die Poebene durch das Gebiet zwischen Schio und Bassano. Um diesen Raum gegen einen Angriff Italiens zu sichern, schlug eine Kommission den Bau von sieben Hochgebirgsforts vor. Diese Sperrkette sollte ursprünglich erheblich länger werden: Die nordöstlich von Lavarone geplante Sperrgruppe im Brentatal (die Werke Grigno, Colle Cimogna und Costa Alta) wurde jedoch nicht mehr verwirklicht. Von der projektierten Sperrgruppe zwischen dem Etschtal und dem Arsatal (die Werke Altissmo di Nago, Vignola, Cornale, Coni Zugna, Mattasone, Valmorbia und Pasubio) wurde nur das Werk Valmorbia begonnen, aber bis zum Kriegsbeginn nicht mehr fertig gestellt.

Hötzendorf wandte sich bei dieser neuen Konzeption von der traditionellen Aufgabenstellung für Hochgebirgsforts ab, die, auf sich alleine gestellt, Engstellen wie Flusstäler oder Gebirgspässe zu sichern hatten. Er plante eine zusammenhängende Verteidigung von operativ wichtigen Angriffsräumen, wodurch diese befestigte Verteidigungslinie tatsächlich auch ei-

nen offensiven Charakter bekommen sollte. Dies zeigt sich auch in der Lage der Sperrwerke, die mit 1 bis 3 km Distanz zur Staatsgrenze in der Lage waren, mit ihrer Fernkampfartillerie die gegnerischen Aufmarschwege schon auf italienischem Staatsgebiet zu beschießen.
Diese Verteidigungslinie sollte schon in Friedenszeiten ohne jegliche Vorbereitungszeit in der Lage sein, den Raum gegen gewaltsame Überraschungsangriffe verteidigen zu können, bis durch die Mobilisierung des eigenen Heeres die Verteidigung durch herangezogene Truppen übernommen werden konnte. Eine Widerstandsdauer von zwei bis drei Wochen wurde dazu als ausreichend betrachtet.

Mit einem Erlass vom 15. April 1907 ordnete das Kriegsministerium in Wien die Befestigung des Abschnitts Lavarone an. Eine Kommission unter dem Generalgenieinspekteur Gustav Egmund Geldern zu Arcen[4] schlug im Juli 1907 für die Befestigung der Hochebene von Lavarone das Werk Horst auf dem gleichnamigen Berg (1382 m, heute Monte Rust) mit dem Blockhaus Horst östlich von Carbonare sowie die Werke Lusern (1549 m), Basson (1491 m) und Oberleiten vor. Eine Befestigung der Hochebene von Folgaria war ursprünglich nicht vorgesehen. Conrad von Hötzendorf forderte im August 1907 zusätzlich die Werke Malga Cima Verle und Cherle (später als Werk Sebastiano bezeichnet). Im Oktober 1907 wurde die geplante Festungskette noch um die Werke Sommo und Serrada auf der Hochebene von Folgaria erweitert.

Am 14. Dezember 1907 trat Freiherr von Leithner[5] die Nachfolge von Geldern zu Arcen als Generalgenieinspekteur an. Leithner, ein anerkannter Spezialist für den Festungsbau, legte die Prinzipien der neu zu errichtenden Werke fest: eine optimale Anpassung an das Gelände, eine Trennung von Batterieblock und Kasemattenblock sowie eine Hauptbewaffnung mit 10-cm-Haubitzen in Panzertürmen als Artillerie und Maschinengewehren zur Nahverteidigung.

Im Frühjahr 1908 fiel für die Hochebene von Lavarone endgültig die Entscheidung zugunsten der Werke Verle, Lusern und Gschwent. Die Befestigung der Cima Vezzena wurde erst im Jahr 1910 beschlossen. Das Hin und Her bei der Festlegung der Standorte der Festungswerke beruhte auf den unterschiedlichen Ansichten des Generalstabschefs Hötzendorf und des Generalgenieinspekteurs Leithner. Hötzendorf bevorzugte grenznahe Standorte mit überlegenen Höhenlagen, um die umliegenden Täler zu beherrschen und den Aufmarsch des Feindes schon vor dem Überschreiten der Landesgrenze behindern zu können. Leithner lehnte diese extremen Standorte ab, da der Feind dadurch schon zu Friedenszeiten Gelegenheit hatte, seine Belagerungsartillerie in Stellung zu bringen. Auch würden die Festungen durch ihre hohen Lagen eine große Zeit des Jahres im Nebel liegen.

Gebaut wurde die Sperrlinie in den Jahren 1908 bis 1915 in zwei Bauabschnitten: Die Werkgruppe Lavarone mit vier Werken wurde in den Jahren 1908 bis 1914 errichtet. Die Werkgruppe Folgaria mit drei Werken folgte in den Jahren 1910 bis 1914. So entstand auf einer Länge von 25 km eines der modernsten Festungssysteme dieser Zeit, das die Entwicklung späterer Linienbefestigungen in Europa mit beeinflussen sollte.

Der Vollständigkeit wegen sei an dieser Stelle erwähnt, dass in dieser Bauperiode von den Österreichern im gesamten Alpenraum außer diesen Werken nur noch das Werk Tombio bei Riva, die Werke Tonale und Presanella sowie das Zwischenwerk Mero am Tonalepass und das Werk Carriola in den Judikarien errichtet wurden.

2 Übersicht über die Werke

Im Sprachgebrauch der österreichischen Militärs wurden einzelne Festungsbauten in der Regel als »Werk« bezeichnet. Die folgende Übersicht zeigt die Zuordnung der einzelnen Werke zu den Werkgruppen sowie deren alte Bezeichnung im italienischen Sprachgebrauch. Zusätzlich aufgeführt sind die Tarnbezeichnungen, die innerhalb des österreichischen militärischen Schriftverkehrs verwendet wurden. Das »T« steht für Festung Trient, gefolgt von den ersten ein oder zwei Buchstaben des Werksnamens. Ausnahmen sind T.P.V., hier steht das »P« für »Posten«, und T.Ch., da das Werk Sebastiano ursprünglich Cherle hieß. Dieser Name wurde 1914 geändert, da er zu leicht mit Verle verwechselt werden konnte. Die Truppe verwendete allerdings auch abweichende Bezeichnungen für die Festungen. So wurden zum Beispiel Feldpostbriefe des Postens Vezzena mit »K.u.K. Werkkommando Cima di Vezzena« gestempelt. Im offiziellen Schriftverkehr taucht für das Werk Sebastiano häufig die Bezeichnung »San Sebastiano« auf. Der Name des Werks Gschwent wurde in zeitgenössischen Dokumenten häufig auch »Gschwendt« geschrieben.

Werkgruppe	österreichische Bezeichnung	italienische Bezeichnung	Tarn-bezeichnung	Höhe ü. M. (m)	Bauzeit
Lavarone	Vezzena	Cima Verle	T.P.V.	1908	1910–1914
	Verle	Busa Verle	T.V.	1508	1908–1913
	Lusern	Campo Luserna	T.L.	1549	1908–1912
	Gschwent	Belvedere	T.G.	1177	1909–1912
Folgaria	Sebastiano	Dosso Cherle	T.Ch.	1445	1910–1913
	Sommo	Sommo Alto	T.So.	1613	1910–1914
	Serrada	Dosso del Sommo	T.S.	1670	1911–1914

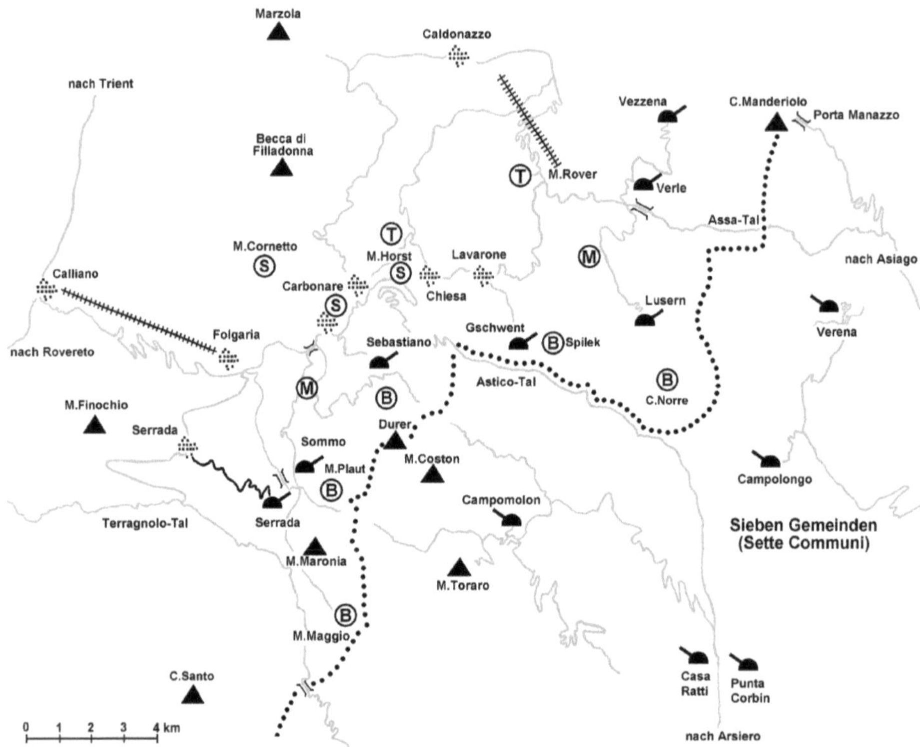

Abbildung 1: Übersichtskarte der Hochebene
Die Karte zeigt die wichtigsten Militäreinrichtungen, die in direktem Zusammenhang mit den Festungen auf beiden Seiten der Staatsgrenze standen.

- Werk bzw. Fort
- Staatsgrenze bis zum 10. September 1919
- Schwerlastseilbahn
- (M) Munitionslager Tezzeli und Cost'Alta
- (B) Beobachtungsposten
- (S) Optische Signalstation
- (T) Telefon- und Telegrafenzentrale

Abbildung 1 zeigt die Situation auf der Hochebene von Folgaria und Lavarone zu Kriegsbeginn. Für die österreichischen Festungen waren schon in Friedenszeiten grenznahe Beobachtungsposten errichtet worden. Zwei Munitionslager für die mobile Festungsartillerie, die im Mobilmachungsfall die eigenen Linien verstärken sollte, lagen bei Tezzeli (T.Te.) und Cost'Alta (T.Co.).

3 Die Planung und Erprobung

Da der Bau von Festungswerken schon immer kostspielig war, mussten für ihre Ausrüstung Mittel und Methoden gewählt werden, die eine möglichst lange Nutzungsdauer der Werke versprachen. Daher konnte oft nicht auf bewährte Bauweisen oder Geräte zurückgegriffen werden, sondern es mussten entsprechende Neuentwicklungen auf technischem Gebiet durchgeführt werden. Zuständig für die Entwicklung und Erprobung der technischen Mittel sowie der Erstellung von Handbüchern und Vorschriften war in Österreich seit 1894 das Technische Militärkomitee (TMK), das direkt dem Kriegsministerium unterstand. Es führte diese Arbeiten in enger Zusammenarbeit mit der Industrie und der Truppe aus. Das TMK gliederte sich wie folgt:

Sektion I	Erprobung und Beurteilung von Waffen und Munition
Sektion II	technische Ausrüstung aller Truppen, Festungskrieg und Befestigungsbau
Sektion III	Statistiken, Heeresverwaltung, Verpflegung und Bekleidung
Sektion IV	technische und naturwissenschaftliche Grundlagen

Für die Erprobung von Waffen stand dem TMK ein Schießplatz in Felixdorf bei Wiener Neustadt zur Verfügung. Hier fanden auch Beschussversuche an Betonbauten und Stahlpanzern statt, um ihre Eignung für den Festungsbau zu prüfen. Des Weiteren besaß das TMK für seine Untersuchungen eigene Labors und Werkstätten. Die Arbeit des TMK war für die Zweckmäßigkeit der Werke von entscheidender Bedeutung und sollte sich im Krieg für die Werksbesatzungen auszahlen.

Planung und Erbauung jedes einzelnen Werks lagen in der Hand von jeweils einem Genieoffizier der k.u.k. Geniedirektion in Trient. Für die Projektierung einer Festung wurden von ihm mehrere Alternativen ausgearbeitet und der Abteilung 8 des k.u.k. Kriegsministeriums in Wien zur Genehmigung vorgelegt. Der daraus ausgewählte Projektplan wurde im weiteren Verlauf ständig verfeinert, um den besten Kompromiss zwischen den finanziellen Möglichkeiten, den neuesten technischen Erkenntnissen und den taktischen Erfordernissen zu finden. Die Planung der technischen Einrichtungen wie Stromerzeugung oder Ventilation wurde vor dem Bau vom Technischen Militärkomitee überprüft. Obwohl Ausrüstung, Baumaterial und wichtige Größen wie Decken- und Wandstärken vorgegeben waren, wurden die einzelnen Werke entsprechend ihrer unterschiedlichen topographischen Lage und taktischen Aufgabe sehr individuell gestaltet.

4 Die Bauzeit und die Baukosten

Die Hochebenen von Folgaria und Lavarone werden von steilen, tiefen Tälern zerfurcht und im Norden von Bergen mit bis über 2000 m Höhe begrenzt, zudem sind sie als Karstgebiete sehr wasserarm. Zum Bau der Werke musste daher erst die notwendige Infrastruktur in Form von Straßen, Seilbahnen sowie Wasserleitungen geschaffen werden. So wurde 1908 von den Pionierabteilungen des 2. und 3. Kaiserjägerregiments die sogenannte Kaiserjägerstraße (auch

Antransport eines Vorpanzers für eine Turmhaubitze zum Werk Lusern im Jahre 1910.
Durch die Zweiteilung des fast 17 Tonnen schweren Panzers wurde ein Transport auf den engen Gebirgsstraßen erst möglich. [Foto KA]

Menadorstraße genannt) von Caldonazzo nach Monte Rover gebaut. Im Jahr 1910 folgte die Fricca-Straße zwischen Vattaro und Carbonare. Die Straße von Calliano im Etschtal nach Folgaria wurde für den Transport der schweren Panzerteile ausgebaut. Diverse Armierungsstraßen wurden zu den Werken errichtet, wie beispielsweise die Straße auf die 1908 m hohe Cima Vezzena. Von Rovereto zu dem Ort Serrada wurde im Juli 1913 eine weitere Straße auf die Hochebene fertig gestellt. Eine erhebliche Zahl der heute nutzbaren Straßen und Wege auf der Hochebene verdankt ihre Entstehung dem Bau der Festungsanlagen und dem nachfolgenden Krieg.

Zwischen Caldonazzo und Monte Rover wurde 1908 eine Schwerlastseilbahn mit einem Höhenunterschied von 825 m errichtet. Sie konnte Einzellasten bis zu 400 kg tragen und förderte 150 t Material am Tag. Eine weitere Seilbahn führte von Calliano nach Folgaria und überwand einen Höhenunterschied von 1022 m. Sie konnte bis zu 48 t an einem Tag befördern. Wasserleitungen und Pumpwerke förderten Wasser aus dem Asticotal in Hochbehälter auf die Hochebenen, um die Baustellen und Festungen zu versorgen.

Nachdem die Werksstraßen fertig gestellt waren, wurden Baracken für die Arbeiter und die Bauleitung errichtet. Soweit diese später nicht als Hilfsziel für die gegnerische Artillerie dienen konnten, wurden sie nach der Fertigstellung der Werke erhalten und zum Teil als Kasernen verwendet.

Die Bauausführung erfolgte durch zivile Firmen, die meist aus dem österreichischen Kernland stammten. Die Bauarbeiten wurden von Beginn an ständig durch Soldaten der Geniedirektion Trient auf die Einhaltung der technischen Vorgaben überwacht. Beteiligt waren die Firmen Madile & Co aus Klagenfurt (Werke Verle und Sebastiano), Burian aus Wien (Werk Lusern), Fleischer & Co (Werk Gschwent) sowie Westermann & Co aus Innsbruck (Werke Sommo und Serrada). Es war diesen Firmen durch die Geniedirektion verboten, italienische Arbeiter auf den Baustellen zu beschäftigen. Auffällig ist, dass die Baufirmen nicht aus dem Trentino stammten. Dies war sogar dann der Fall, wenn es sich um militärisch unbedeutende Einrichtungen wie beispielsweise die Wasserinstallation im Werk Serrada durch die Firma Juhasz aus Graz handelte. Nur für den Straßenbau und die Bauvorbereitung wurden manchmal einheimische Unternehmen wie Maso Valzagher aus Folgaria beim Werk Sebastiano eingesetzt. Ob man am Ende sogar den italienischsprachigen Monteuren aus Österreich nicht vertraute?

Auf der Baustelle eines einzigen Werkes waren bis zu 600 Arbeiter beschäftigt. Beim Bau erfolgten umfangreiche Erdbewegungsarbeiten, die oft mit der Sprengung von Fels für Gräben und Poternen einhergingen. Dabei fielen einige 10 000 m^3 Gestein an, die unter anderem als Baumaterial für den Kasemattenblock verwendet wurden. Die Panzerteile wurden mit der Errichtung des Rohbaus einbetoniert, die kriegsmäßige Ausrüstung mit Waffen dauerte jedoch so lange, dass die Werke nach der Besetzung durch die Stammeinheiten vorerst mit Feldgeschützen in offenen Stellungen verteidigt werden mussten. Weiterhin existierten Pläne, wie die Werke je nach Baufortschritt innerhalb von 30 Tagen in einen provisorischen, verteidigungsfähigen Zustand versetzt werden konnten. Für die langen Bauzeiten waren unter anderem längere Frostperioden im Hochgebirge sowie die Schwierigkeiten beim Transport des Baumaterials und der Panzerteile verantwortlich.

Nach dem Einbau der Geschütze wurde ein Probeschießen (Tormentieren) im Beisein von Spezialisten des Technischen Militärkomitees durchgeführt. Für die 10-cm-Turmhaubitzen der Werkgruppe Lavarone war dies für die Zeit vom 24. bis zum 28. Juli 1912 vorgesehen. Ab dem 16. Oktober 1912 wurden die 6-cm-Kasemattkanonen für alle Werke der Hochebenen von Folgaria und Lavarone ausgeliefert und tormentiert. Die Turmhaubitzen auf der Hochebene von Folgaria wurden 1913 am 24. September (Werk Sebastiano) und 25. September (Zwischenwerk Sommo) eingeschossen. Im Werk Serrada war zu dieser Zeit erst die Hälfte der Turmhaubitzen eingebaut. Als Folge dieser Probeschießen kam es oft zu kleineren Umbauten an den Geschützen oder der Lüftung.

Die in der folgenden Tabelle aufgelisteten Bautermine der Artilleriewerke der Sperrgruppe Lavarone beziehen sich auf die Errichtung der Festungsbauten. Die Zeit für die Installation der Hauptbewaffnung und die technische Ausrüstung bis zur endgültigen Gefechtsbereitschaft ist darin nicht enthalten.

	Verle	Lusern	Gschwent
Baugenehmigung	22.08.1908	31.01.1908	08.05.1909
Baubeginn	22.10.1908	15.07.1908	10.05.1909
Fertigstellung	30.03.1913	30.10.1912	18.05.1912

Festungsbauten waren teure Investitionen. An den knappen Haushaltsbudgets der Habsburger Monarchie scheiterte der Bau zahlreicher weiterer Festungswerke. Die folgende Tabelle zeigt die veranschlagten und die tatsächlichen Baukosten für die Festungen von Folgaria und Lavarone in Kronen.

Werk	veranschlagte Kosten	tatsächliche Kosten
Vezzena	346 000 K	459 000 K
Verle	1 400 000 K	1 834 685 K
Lusern	1 605 400 K	2 259 648 K
Gschwent	1 564 800 K	2 048 520 K
Sebastiano	1 600 000 K	1 682 000 K
Sommo	1 500 000 K	982 000 K
Serrada	1 900 000 K	1 969 000 K

Besonders kostspielig waren die Panzerteile. Die Firma Skoda als alleiniger Lieferant berechnete den Preis im Wesentlichen nach dem Gewicht, wobei 100 kg Stahl etwa 99 Kronen kosteten. Einige Preisbeispiele sind im Folgenden aufgeführt.

Panzerteil	Kosten
drehbarer Beobachtungs- und MG-Stand (B.u.M.)	38 000 K
fixer Beobachtungs- und MG-Stand (B.u.M.f.)	21 000 K
MG-Schild für 2 MG M.7 (Mg.Sch.)	13 000 K
Kasematt-Panzerschild für 2 6-cm-K.K. M.10 (K.P.)	11 000 K
Kasematt-Panzerschild für 1 8-cm-M.K. M.05 (K.P.)	9 000 K
Turmhaubitze M.9, nur Panzer (T.H.)	58 500 K
Lafette für Turmhaubitze M.9 ohne Rohr	32 000 K

Neben den Kosten für die Festungswerke fielen auch erhebliche Spesen für die notwendige Infrastruktur an. Die Seilbahn von Caldonazzo nach Monte Rover kostete 200 000 Kronen, der Ausbau der Fricca-Straße 20 000 Kronen und das weitläufige Wasserversorgungsnetz etwa 400 000 Kronen.

Einschränkungen für die Zivilbevölkerung entstanden durch den engeren und weiteren Bauverbotsrayon, der in 1 bzw. 2 km Abstand um die Festungsanlagen verlief. Die Hochebenen waren zu dieser Zeit als Sommerfrische für die Tridentiner Bevölkerung im Aufschwung begriffen. Der Tridentiner Reichstagsabgeordnete Cesare Battisti[6] reichte 1911 eine Interpellation beim Landesverteidigungsminister ein, in der er sich über die angeblich unmenschliche Unterbringung der Arbeiter, die allgegenwärtigen Verkehrsbehinderungen und die Verhaftungen von vermeintlichen Spionen beklagte. Tatsächlich verfolgten die Italiener von ihren Beobachtungsposten aus die Bautätigkeiten mit extrem langbrennweitigen Teleobjektiven, die erstaunlich detaillierte Fotografien lieferten.

5 Der allgemeine Aufbau der Werke

Bis zur Jahrhundertwende bestanden die österreichischen Gebirgsforts im Wesentlichen aus einem Block, der Unterkunft sowie Fern- und Nahkampfanlagen in sich vereinte. Die Verwendung von Beton und Panzerstahl war noch in der Entwicklung begriffen. Die neuen Festungswerke zeichneten sich hingegen durch eine stärkere räumliche Zergliederung der verschiedenen Komponenten aus. Man versprach sich hiervon eine geringe Trefferwahrscheinlichkeit bei einem Beschuss durch die feindliche Artillerie. Beton und Stahl waren nun die wichtigsten Baumaterialien. Neu war auch der ausgeprägte Einsatz von Maschinengewehren aus gepanzerten Stellungen, so dass die Verteidigung gegen Infanterieangriffe mit einer verhältnismäßig kleinen Besatzung möglich war. Dies war bei der isolierten, grenznahen Lage der Werke von besonderer Bedeutung, um einen möglichen handstreichartigen Überfall des Gegners abwehren zu können.

Die Werke vereinten Nah- und Fernkampfaufgaben in sich und wurden daher auch als Einheitswerke bezeichnet. Zur Bekämpfung der gegnerischen Belagerungsartillerie und von Truppenansammlungen dienten Haubitzen in drehbaren Panzertürmen. Eine Umgehung der Werke durch feindliche Infanterie wurde zusätzlich durch Kanonen in Zwischenraumstreichen, den sogenannten Traditorenbatterien, verhindert. Tote Winkel in der Nähe der Werke konnten durch angegliederte Nahkampfanlagen mit MG in Panzerkuppeln oder Panzerkasematten beherrscht werden. Das direkte Vorfeld konnte mit MG in Panzerkuppeln, aber auch mit den Turmhaubitzen selbst bestrichen werden. Als Hindernis gegen Infanterieangriffe besaßen die meisten Werke einen Frontgraben, der durch Kontereskarpenkoffer verteidigt wurde. Bei einer eventuellen Einschließung konnte die Rückfront durch MG in Kehlkoffern bestrichen werden.

Versucht wurde eine räumliche Trennung von Kampf- und Unterkunftsräumen, um die Besatzung in den Ruhepausen vor der zermürbenden Wirkung eines Trommelfeuers zu schützen. Diese Konzeption kam aber erst bei der etwas später errichteten Werkgruppe Folgaria voll zum Tragen. Die Verbindungen zwischen dem Kasemattenblock, dem Batterieblock, dem Kontereskarpenkoffer und den Nahkampfanlagen erfolgte in der Regel durch bombensichere Poternen, die in den Fels gesprengt oder mit einer Betondecke versehen waren.

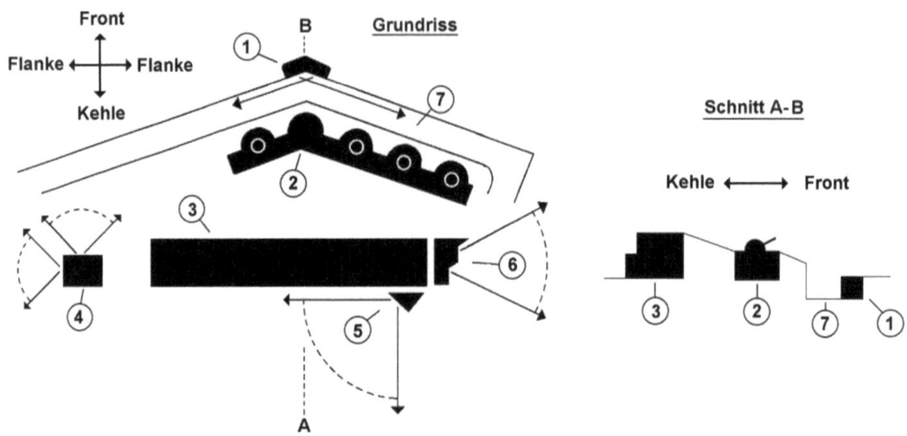

Abbildung 2: Schematischer Aufbau eines österreichischen Sperrforts auf der Hochebene
(1) Kontereskarpenkoffer mit MG und Kasemattkanonen, (2) Batterieblock mit Turmhaubitzen und Beobachtungsstand, (3) Kasemattenblock, (4) Nahkampfanlage mit MG, (5) Kehlkoffer mit MG, (6) Traditorenbatterie mit Minimalschartenkanonen, (7) Frontgraben

6 Die Werksteile und ihre Bauweise

Das hauptsächlich verwendete Baumaterial für die Festungswerke war Stampfbeton. Der erdfeuchte Beton wurde nicht einfach in Formen gegossen, sondern in zirka 20 cm dicken Schichten aufgebracht und mit Handkraft gestampft, bis in ihm keine Hohlräume mehr vorhanden waren. Dieses aufwendige Verfahren erhöhte die Festigkeit wesentlich.
Die Werksdecke würde man heute als Sandwich-Konstruktion bezeichnen:

- Eine 215 bis 250 cm starke Schicht aus hartem Stampfbeton fing mit ihrer trägen Masse die Wucht aufschlagender Geschosse auf und verteilte sie auf eine größere Fläche.
- Die Unterkonstruktion aus Eisentraversen verhinderte ein Abplatzen von Betonbrocken auf der Unterseite und leitete letztlich die Aufschlagsenergie auf die Seiten- und Zwischenwände ab.

Bei Räumen mit großer Deckenspannweite von bis zu 5 m Weite (z. B. Wohnkasematten) waren diese Eisentraversen I-Träger mit einem Normalprofil von 40 cm (NP 40: 40 cm hoch, 15,5 cm breit, 92,3 kg Gewicht je laufenden Meter), die in zirka 35 cm Abstand lagen. Bei Räumen mit kleiner Deckenspannweite (z. B. ein Kontereskarpenkoffer mit 2 m Weite) betrug die Stärke nur NP 30 oder NP 26 (26 cm hoch, 11,3 cm breit, 41,9 kg Gewicht je Meter). Jeder zweite dieser Eisenträger war mit Flacheisen in der Wand verankert. Untereinander waren die Traversen mit Rundeisen verbunden. Zwischen den Eisenträgern lagen 2 mm starke gewölbte Stahlbleche, die ein Abplatzen von kleineren Betonteilen aus den Zwischenräumen bei Granateinschlägen verhindern sollten. Bei der später errichteten Werkgruppe Folgaria wurden zur besseren Lastverteilung zusätzliche I-Träger NP 10 in 35 cm Abstand quer auf die Eisenträger gelegt. Diese Verstärkung wurde jedoch offenbar nicht in jedem Raum verwendet.

Der äußere Rand der Werksdecke, auch als Kordon bezeichnet, erhielt eine Bewehrung aus T-Trägern NP 14, die in 1 bis 2 m Abstand senkrecht nebeneinander standen und nach innen mit Moniereisen verankert waren. Sie sollten ein Abplatzen von Deckenteilen bei Treffern auf den Rand verhindern. Im Werk Gschwent sind die Lücken der ausgebrochenen Profileisen heute noch gut zu erkennen.

Die oberste Betonschicht der Decke war zusätzlich mit 2 cm starken Rundeisen in 50 cm Abstand bewehrt, eine durchgehende dreidimensionale Eisenbewehrung in der Betondecke gab es jedoch nicht. Die Werksdecken wurden gegen das Eindringen von Regen- oder Schmelzwasser durch etwaige Risse im Beton mit einer Zinkblechauflage geschützt. An den in 50 cm Abstand im Beton verankerten Blechstreifen zur Befestigung dieses Blechdaches kann man noch heute den Vorkriegsbeton von Kriegsbauten unterscheiden. Letztere wurden gegen eindringende Nässe geteert.

Die Decken zwischen den Stockwerken wurden von 20 cm starken I-Trägern in 90 cm Abstand gestützt, zwischen denen sich ein flaches Betongewölbe spannte. Gänge und Poternen mit geringer Breite wurden mit einem Tonnengewölbe aus Stampfbeton ohne Eisenunterlage versehen. In der untersten Betonschicht des Tonnengewölbes war ein rautenförmiges Eisennetz von 5 mm Stärke eingearbeitet, das hauptsächlich das Absplittern von Betonstücken verhindern sollte.

Die Bauwerke der Werkgruppe Lavarone waren aufgrund von Schießversuchen mit dem österreichischen 24-cm-Mörser M.98 im Jahr 1903 konzipiert worden. Den Österreichern hätte bei ihrer Planung der Festungen im Jahr 1908 jedoch bekannt sein müssen, dass die Japaner schon 1904 bei der Belagerung der russischen Seefestung Port Arthur im Pazifik mit durchschlagendem Erfolg 28-cm-Küstenhaubitzen eingesetzt hatten. Die Italiener verfügten über den gleichen Geschütztyp und wären somit schon damals in der Lage gewesen, die neu zu errichtenden österreichischen Werke wirksam zu bombardieren.
Die Statik der Bauwerke der Werkgruppe Folgaria wurde nach Schießversuchen mit dem neuen 30,5-cm-Mörser M.11 im Jahr 1913 neu berechnet und noch während des Baus verstärkt, um auch diesem Kaliber standzuhalten. Dazu wurde die Stärke der Betonauflage von zuvor mindestens 2,15 m auf 2,50 m erhöht. Die Konstruktion der Eisenunterlage wurde bis auf die zusätzlichen Querträger beibehalten.

Die Stärke der Rückwände betrug 1,50 m. Die Frontmauern waren je nach Stärke der Felsvorlage 1,20 m bis 3,50 m dick. Die Wandstärke der Innenräume betrug bei der Werkgruppe Lavarone 50 cm. Etwa alle 10 m wurden Wände von 1,20 m Stärke eingezogen, die wie die Schotten eines Schiffes etwaige Explosionswirkungen räumlich begrenzen sollten. Bei der Werkgruppe Folgaria waren die Innenwände durchgängig 1,50 m stark. Diejenigen Innen- und Rückwände, die nicht dem direkten Beschuss ausgesetzt waren, wurden manchmal aus behauenen Steinquadern gemauert. Bei Kehlwänden aus Beton findet man fast immer Füllungen von Felsbrocken, die nur bei Beschädigungen des Betonestrichs zu Tage treten.

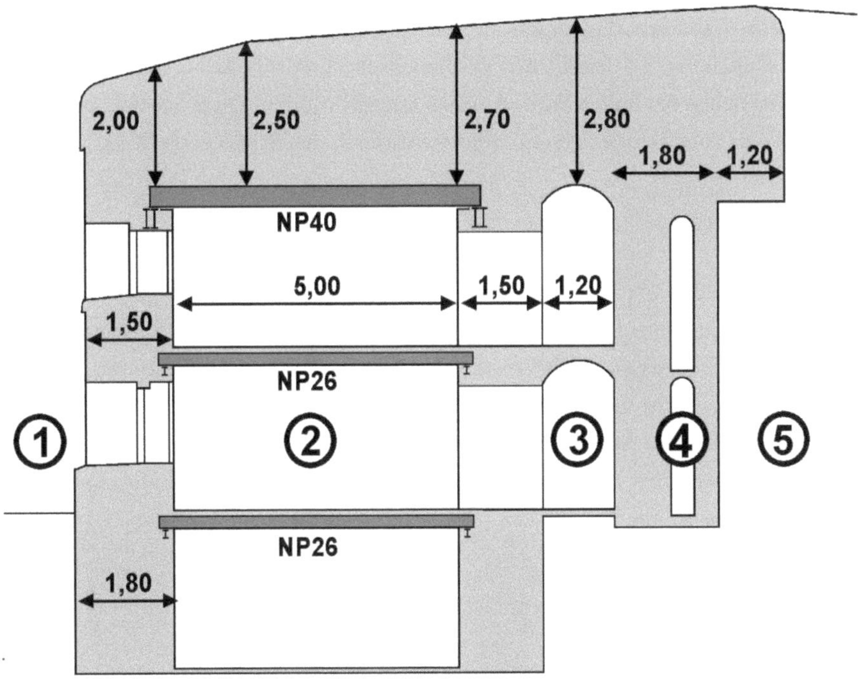

Abbildung 3: Querschnitt durch den Kasemattenblock des Zwischenwerks Sommo
Die etwa 2,50 m starke Betondecke ruhte auf I-Trägern NP 40, die im Abstand von 30 cm lagen. Die Zwischendecken in den unteren Geschossen wurden durch I-Träger NP 26 in einem Meter Abstand gestützt. (1) Fenster mit Stahlläden in der Werkskehle, (2) Kasematte, (3) Gang, (4) Luftgang, (5) Frontseite mit Felsvorlage

TARNEN UND TÄUSCHEN

Die Werke selbst waren durch Tarnungen nicht zu verbergen, man versuchte jedoch die Erkennbarkeit von Einzelheiten durch Camouflageanstriche mit rotbraunen, grünen und weißen Streifen- oder Fleckenmustern zu erschweren. Beim Posten Vezzena sollte die Tarnbemalung einen Tannenwald imitieren. Hervortretende Teile wie die Panzerkuppeln wurden bei Schneelagen weiß gestrichen. In Friedenszeiten wurden die Werke gegen Feindsicht teilweise mit angepflanzten Büschen maskiert. Auch ließ man beim Bau Waldstücke dicht vor den Werken stehen. Die vollständige Abholzung dieser Waldstücke bei der Mobilmachung zur Erlangung eines freien Schussfelds gelang wegen des Arbeitskräftemangels jedoch nicht immer vollständig. Bei den Werken Verle und Lusern versuchten Pioniere im Juni 1915 vergeblich, die Wälder mit Petroleum in Brand zu setzen, um den Italienern eine unbemerkte Annäherung zu erschweren.
Schon im Dezember 1914 schlug die Geniedirektion Trient vor, die abnehmbaren, kuppelförmigen Blechabdeckungen der Turmhaubitzen für den Bau von Scheinbatterien zu ver-

wenden. Beim Werk Serrada wurden im Jahr 1915 die Wetterschutzhauben der Turmhaubitzen zur Täuschung der feindlichen Artilleriebeobachter mit Erfolg angewendet, indem diese Hauben neben der linken Werksflanke aufgestellt wurden. Diese Scheinbatterie zog das feindliche Feuer zum Teil an sich und milderte dadurch den Schaden am Werk.

Der Kasemattenblock

Der Kasemattenblock war Unterkunft für die Besatzung und zugleich logistisches Zentrum eines Werks. Er hatte eine Länge von 40 bis 80 m, eine Tiefe von zirka 15 m und eine Höhe von zwei bis drei Stockwerken. Die Fenster lagen ausschließlich in der Kehlfront. Sie konnten mit Stahlläden aus 3 cm starkem Küraß-Stahl (Kegelläden) geschlossen werden, der Sicherheit gegen Granatsplitter und Gewehrgeschosse bot. Zur Front hin lehnte sich der Kasemattenblock an gewachsenen Felsen an, dazwischen befand sich meist ein Luftgang von 40 cm Breite gegen eindringende Feuchtigkeit.

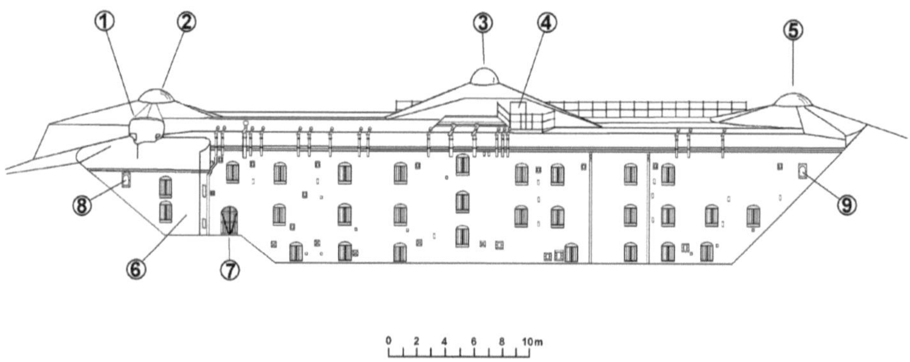

Abbildung 4: Kehle des Kasemattenblocks des Zwischenwerks Sommo
(1) Panzerkuppel für 2 MG, (2) Turmhaubitze, (3) drehbarer Beobachtungsstand, (4) Gefechtsausgang, (5) Turmhaubitze, (6) Kehlkoffer, (7) Werkseingang, (8) und (9) Ansaugöffnungen der Werksventilation

Die Unterbringung der Besatzung war sehr spartanisch. Es waren folgende Wohnflächen pro Kopf vorgesehen:

Mannschaften	2 m²
Offiziere	5 m²
Kommandant	10–15 m²
Werksarzt	10–15 m²

Die Unteroffiziere waren zusammen mit den Mannschaften untergebracht. Der Kommandant und der Werksarzt waren die einzigen, die über ein eigenes Zimmer verfügten. Der einzige Komfort für den Kommandanten bestand aus einem Sessel von Thonet, einem Wandbild, einem Spiegel und einem eigenen Waschgestell. Im Kasemattenblock lagen außer den Unterkünften die folgenden Funktionsräume:

- Die Wache in unmittelbarer Nähe des Werkseingangs und der Kehlverteidigungsanlage.
- Die Küche mit Backofen, Mannschaftskochherd und Kaffeemaschine.
- Mehrere Proviantdepots und manchmal ein Eiskeller.
- Ein Raum für das Stromaggregat mit je einem Raum für die Akkumulatoren und für den Treibstoff.
- Eine Werkstatt mit Schlosser- und Schmiedeausstattung.
- Ein Verbandsraum mit Operationsausstattung sowie ein Krankenzimmer.
- Auf jedem Stockwerk Aborte mit Waschraum, dazu ein bis zwei Badewannen mit Badeöfen.
- Bereitschaftsräume, in denen die Infanteristen oder Artilleristen auf ihren Einsatz warteten.
- Eine Telefonzentrale, meist in der Nähe des Kommandantenzimmers.
- Diverse Depots für Geniematerial (Stacheldraht, Werkzeuge, Baustoffe).
- Magazine für die MG-Munition und für die Artilleriegeschosse und -zünder.
- Eine Gruft mit meist sechs luftdicht verschließbaren Zinksärgen.

Bis auf Gschwent und Vezzena besaßen die Werke Friedenskasernen, die in gedeckten Positionen hinter den Festungen lagen.

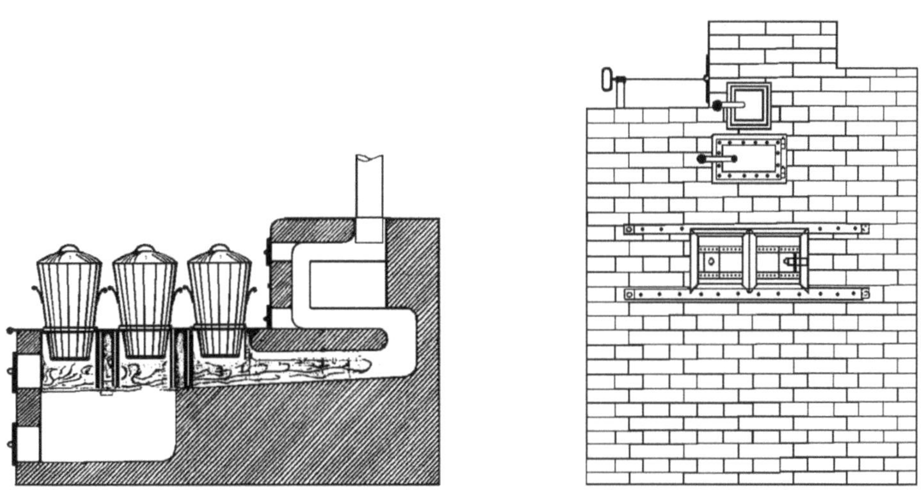

Abbildung 5: Mannschaftskochherd und Backofen des Zwischenwerks Sommo
Dieser Herd enthielt sechs de Mori-Meisnersche Kochtöpfe.

Im Folgenden ist der planmäßige Belagsraum der einzelnen Werke der tatsächlichen Besatzungsstärke am 1. Januar 1915 gegenübergestellt (jeweils mit Angabe der Offiziere/Unteroffiziere und Mannschaften). Betten waren übrigens nur für zwei Drittel der Besatzung vorhanden, da man bei der Planung von einem Schichtbetrieb ausgegangen war, bei dem immer ein Drittel der Besatzung auf Wache oder in Bereitschaft war.

Werk	vorgesehener Belagsraum	tatsächliche Besatzung
Vezzena	1/30	1/45
Verle	5/130	3/233
Lusern	6/218	3/247
Gschwent	4/174	2/189
Sebastiano	5/128	3/236
Sommo	5/90	2/177
Serrada	6/110	4/227

Die Unterkunftsräume waren absolut unterdimensioniert. Während der Kampfhandlungen verschlechterte sich die Lage aufgrund des Verlustes einzelner Räume durch Granateinschläge sowie der sprunghaft ansteigenden Anzahl von einquartierten Truppen und Stäben gravierend.

Die Nahverteidigung erfolgte aus einem Kehlkoffer, der an einer Seite aus der Rückfront des Kasemattenblocks heraussprang. Von hier aus konnte die gesamte Kehle mit MG oder Gewehren bestrichen werden. Gegen Nachtangriffe verfügte der Kehlkoffer über Scheinwer-

»Man kann sagen, dass es sich darin unter normalen Verhältnissen bequem leben und ruhig sterben lässt.« [Trenker, Rocca Alta, S. 44]
Die Werksgruft fasste jeweils sechs luftdicht verschließbare Zinksärge. Die Bilder zeigen die Grüfte der Werke Sommo, Gschwent und Lusern. [Foto SH]

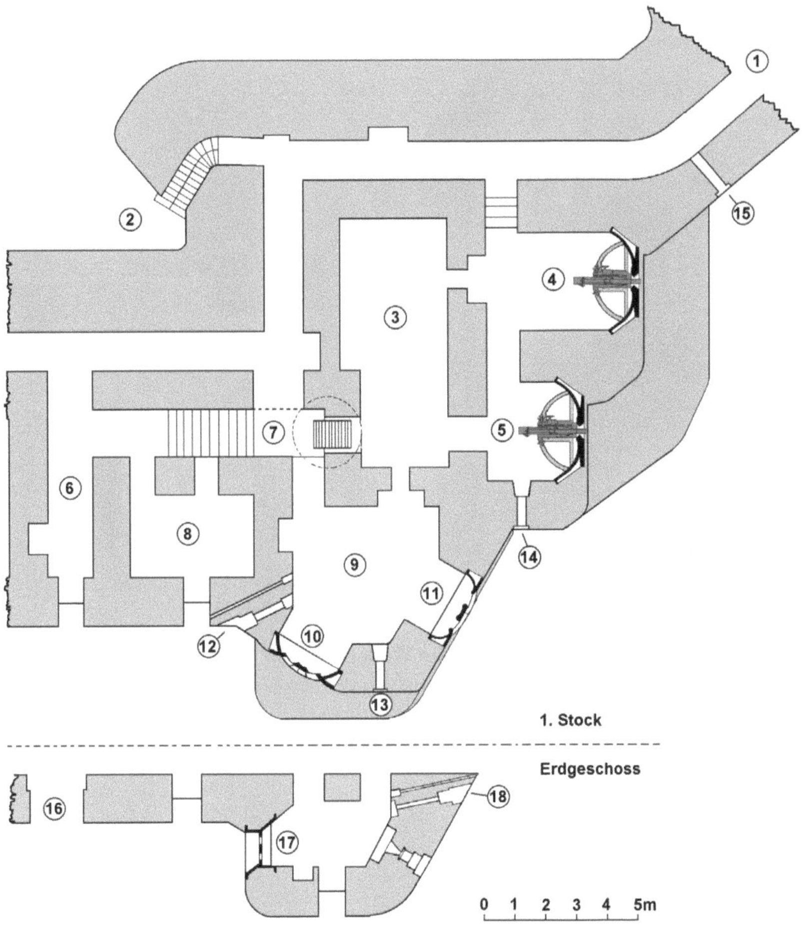

Abbildung 6: Kampfanlagen im Kasemattenblock des Werks Verle

(1) Gang zur Haubitzenbatterie
(2) Deckaufgang in die Infanteriestellung
(3) Munitionsmagazin
(4) Kampfraum für 8-cm-Minimalschartenkanone M.5/9
(5) Kampfraum für 8-cm-Minimalschartenkanone M.5/9
(6) Bereitschaftsraum für Infanterie
(7) drehbarer Beobachtungs- und MG-Stand (B.u.M. 8)
(8) Telefonzentrale
(9) Kehlkoffer
(10) Panzerkasematte für zwei MG M.7/12 (Mg.St.f. 13, Seitenrichtbereich je 100°, zusammen 130°)
(11) Panzerkasematte für zwei MG M.7/12 (Mg.St.f. 14)
(12) optische Signalstation zum Kavernenwerk Busa Grande
(13) ausfahrbarer elektrischer 21-cm-Scheinwerfer, Schwenkbereich 180°
(14) ausfahrbarer elektrischer 21-cm-Scheinwerfer, Schwenkbereich 110°
(15) ausfahrbarer elektrischer 35-cm-Scheinwerfer, Schwenkbereich 150°
(16) Werkseingang mit innerem Zwinger
(17) Panzerkasematte für zwei MG M.7/12 (Mg.Sch. 7, Seitenrichtbereich 30°)
(18) optische Signalstation zum Werk Lusern

Nachkriegsaufnahme des Kasemattenblocks von Werk Gschwent
Die Waffen des hervorspringenden Kehlkoffers erlaubten die Bestreichung des gesamten Kehlgrabens. Das MG-Schild (Mg.Sch. 10) im Obergeschoss des Kehlkoffers ist noch an seinem Platz. Rechts unterhalb davon die Rohre der optischen Signalstation zur Nahkampfanlage Oberwiesen (Lusern). [Foto KA]

Offiziershaus der Werksbesatzung von Lusern
Dieses Haus bot neben der Unterkunft einigen Komfort für die k.u.k.-Offiziere, die hier weitab von Bällen und sonstigen Amüsements in der Abgeschiedenheit ihren Dienst taten. Sogar eine Bibliothek gehörte zur Ausstattung. [Foto KA]

fer. Nach Möglichkeit waren hier auch die optischen Signalstationen untergebracht. Entlang der Kehlfront zog sich meist noch ein Kehlgraben mit einem 12 m breiten Drahthindernis. Entgegen dem angestrebten Ziel, die unterschiedlichen Werksteile nach Möglichkeit räumlich voneinander zu trennen, waren im Kasemattenblock oft auch Kampfanlagen wie die Traditorenbatterie, der drehbare Beobachtungsstand, flankierende Nahkampfanlagen und seltener auch Turmhaubitzen (Werke Sommo und Serrada) integriert.

Der Batterieblock

Die Turmhaubitzen waren in der Regel in einem Batterieblock zusammengefasst. Bei den zuerst gebauten Werken Verle und Lusern betrug der Abstand zwischen den Haubitzen 12 m bis 15 m, er wurde bei den späteren Bauten stetig vergrößert: Bei Gschwent wuchs er auf 19 m, bei Sebastiano auf 24 m und bei Serrada auf bis zu 42 m. Bei letzterem wurden die Haubitzen nicht mehr in einem Block vereint, sondern zu je zwei Stück auf den Batterieblock und den Kasemattenblock verteilt. Bei den meisten Werken lagen die Turmhaubitzen tiefer als die Oberkante des Kasemattenblocks. Die Türme hoben sich dadurch nicht gegen den Horizont ab, was eine Beobachtung durch die gegnerische Artillerie erschwerte. Andererseits konnten sie dadurch die Kehle des Werks nicht direkt bestreichen. Bei den Werken Sommo und Serrada standen jeweils zwei Turmhaubitzen auf der höchsten Stelle des Kasemattenblocks, so dass hier ein Rundumfeuer gewährleistet war.

Die Artilleriebeobachtung erfolgte aus ein bis zwei feststehenden Panzerkuppeln und ein bis zwei drehbaren Beobachtungsständen. Verbunden waren die Turmhaubitzen untereinander durch den Batteriegang, der auch zu den Munitionslagern, den Bereitschaftsräumen für die Geschützbedienungen sowie zum Kasemattenblock führte. Technische Transportmittel wie Aufzüge oder Bahnen standen bei der Werkgruppe Lavarone noch nicht zur Verfügung, die Munition wurde per Hand befördert. In den Werken der Gruppe Folgaria führten Munitionsaufzüge von den Manipulierräumen, in denen die Geschosse vorbereitet wurden, in die Bedienungsräume der Turmhaubitzen.

Ein besonderes Kapitel dieser Befestigungen stellen die Magazine für die Haubitzenmunition dar. Sie waren offensichtlich nach keinen festen Regeln angeordnet. Beim Werk Verle lagen drei Munitionslager im Batterieblock zwischen den Haubitzen. Lusern besaß für die Turmhaubitzen je ein Magazin im Batterie- und im Kasemattenblock. Im Werk Gschwent befand sich das einzige Magazin im Kasemattenblock neben der Küche und unter einer Mannschaftsunterkunft. Bei Sebastiano und Sommo lag unter jeder Turmhaubitze ein eigenes Munitionsmagazin. Serrada besaß im Kasemattenblock zwischen der frontseitigen Felsvorlage und dem Kasemattenhauptgang ein- bzw. zweistöckige Munitionsräume. Die Beleuchtung in den Munitionsmagazinen erfolgte übrigens durch Fenster aus den Nebenräumen und Gängen. Dadurch sollte eine Entzündung der Munition durch elektrische Kurzschlüsse oder Flammen von Petroleumlampen verhindert werden.

Die Werkseingänge

Der Haupteingang auf der Rückseite des Kasemattenblocks lag im Schutz eines Kehlkoffers, von dem aus das Kehlterrain meist mit MG in Panzerkasematten bestrichen werden konnte. Dieser Eingang wurde schon vor dem Kasemattenblock durch den äußeren Zwinger geschützt, einem Hindernis aus hohen Eisengittern mit einem Gittertor. Der Eingang zum Gebäude war mit einem Tauvorhang und einem Gittertor verschlossen. Der Tauvorhang bestand aus 10 mm starken Tauen, die wie eine Gardine vor dem Gittertor hingen, um Luftdruckstöße durch außen explodierende Granaten zu mindern. Der Tauvorhang und das Gittertor ließen sich von der Wache aus bedienen. Dahinter lag eine 1,50 m breite zweiflügelige Tür aus 14 mm starkem Küraß-Stahl, die durch Gewehrscharten verteidigt werden konnte. Der Eingangskorridor mündete nach 5 bis 8 m in den Kasemattengang, der den Hauptverkehrsweg innerhalb des Blocks darstellte. Der Vorraum zwischen der Stahltür und dem Gittertor bildete den inneren Zwinger. Er war durch Gewehrscharten aus der daneben liegenden Wache zu bestreichen.

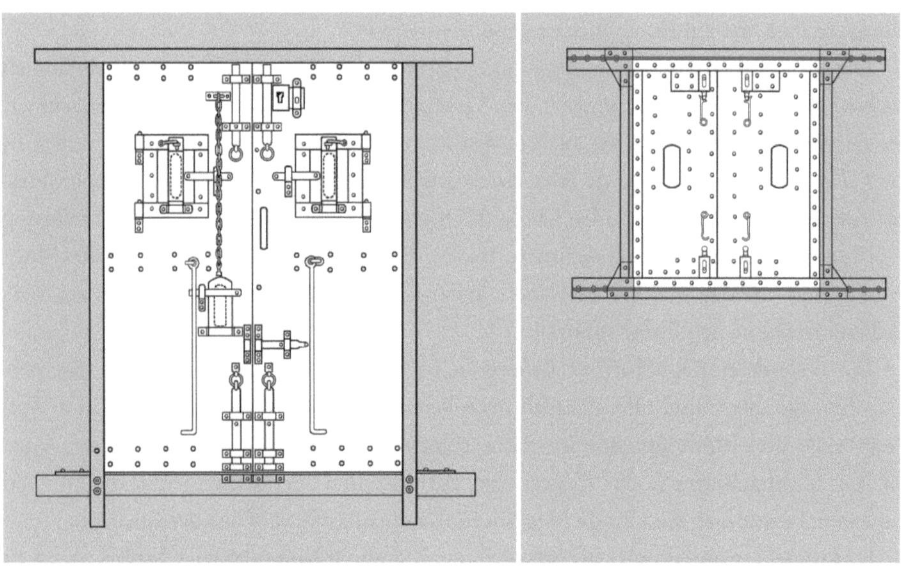

Abbildung 7: Tür und Fensterladen
Links: Gewehrschusssichere Eingangstür des Zwischenwerks Sommo (Innenansicht). Das zweiflügelige Tor bestand aus 1,4 cm starkem Küraß-Stahl und besaß Gewehrscharten zur Nahverteidigung. Vor diesem Tor war zur Brechung von Explosionsdruckwellen eine Gittertür mit einem Tauvorhang angeordnet. Rechts: Die Fensterläden aus 3 cm starkem Küraß-Stahl (Kegelläden) sollten Schutz gegen Granatsplitter und den Beschuss durch kleinkalibrige Gebirgsgeschütze bieten.

Zum schnellen Besetzen des Verdecks für einen Gegenangriff der Werksinfanterie oder zum Ausbessern von Beschussschäden in Gefechtspausen dienten Gefechtsausgänge, die entweder im Verdeck selbst oder auf der Kehlseite des Kasemattenblocks im Obergeschoss lagen. Sie waren durch Türen aus Küraß-Stahl verschlossen, konnten durch eine Gewehrscharte verteidigt werden und wurden von einem Posten bewacht. In der Nähe des Gefechtsausgangs lag ein Bereitschaftsraum, in dem Infanteristen für einen eventuellen Gegenangriff bereitstanden. In manchen Fällen, in denen ein Deckaufgang aus Beton wegen seines hohen Aufzugs das Schussfeld der eigenen Waffen zu sehr behindert hätte, wurden gepanzerte Deckaufgänge, sogenannte Hangards, verwendet.

Die Verbindungspoternen zwischen den Werksteilen konnten durch schusssichere Türen verschlossen werden, um einen eingedrungenen Gegner zu isolieren. Die Gänge konnten zusätzlich mit bereitliegenden Eisenträgern verrammelt sowie mit Drahthindernissen gesperrt werden. Diese Stellen verraten sich einem Besucher heute durch die zahlreichen Eisenhaken in den Wänden, an denen der Stacheldraht befestigt werden sollte.

Um die Besatzung gegen die Gefahren einer Verschüttung in den unterirdischen Poternen und Batteriegängen zu schützen, standen Notausgänge zur Verfügung. Es wurde beim Bau der Festungen sehr darauf geachtet, dass den Soldaten durch Treffer oder Brände niemals der Fluchtweg abgeschnitten werden konnte. Diese Notausgänge, die auch dem unbemerkten Ausschleusen von Patrouillengängern dienten, lagen an den vom Feind abgewandten Seiten der Kampfanlagen. Auch sie wurden von Posten bewacht und durch Stahltüren geschlossen. Gegen Feindfeuer gedeckte, unterirdische Zugänge zu den Werken gab es zu Kriegsbeginn noch nicht. Da die Werksstraßen im Streufeuer der feindlichen Belagerungsartillerie lagen, wurden während des Krieges zuerst Laufgräben gezogen, später wurde mit dem Bohren und Sprengen von Poternen als Zugang begonnen.

7 Die Werksbesatzung

Die vielfältigen technischen Einrichtungen der modernen Sperrwerke machten eine stark spezialisierte Besatzung notwendig. Die Werksbesatzung gliederte sich in:

- Festungsartilleristen für die Bedienung der Geschütze und eingebauten Maschinengewehre sowie für die Artilleriebeobachtung und den Munitionstransport innerhalb der Werke. Auf der Hochebene waren dies Soldaten des k.u.k. Festungsartilleriebaons (FsArtB) Nr. 6 (Trient). Die 1. und 2. Kompanie waren in den Werken der Sperrgruppe Folgaria stationiert, die 3. und 4. Kompanie in denen der Sperrgruppe Lavarone.
- Infanteristen für die Nahverteidigung der Werke sowie für Patrouillengänge. Diese Aufgabe übernahmen Detachements der Tiroler Landesschützen vom k.k. 1. Regiment (Trient).
- Telefonisten der Festungstelefonabteilung III/5 für den Betrieb des Artillerie- und Festungstelefonnetzes
- Telegrafisten für den Betrieb der optischen Signaleinrichtungen
- Sappeure zur Bedienung der Stromaggregate und Akkumulatoreneinrichtung von der 4. Kompanie des Sappeurbataillons Nr. 14 (Trient)
- Scheinwerferwärter für die Bedienung der Gefechtsscheinwerfer. Sie stammten von den beiden Beleuchtungsabteilungen des FsArtB Nr. 6.
- Ein Arzt und mehrere Sanitäter
- Zwei bis fünf Diener für die Offiziere
- Personal der Geniedirektion Trient für die baulichen Belange der Werke

Für die Bedienung der Waffen waren die folgenden Mannschaftsstärken notwendig:

8-mm-Maschinengewehr M.7/12	je 2 Mann
6-cm-Kasemattkanone K.K. M.10	je 3 Mann
8-cm-Minimalschartenkanone M.K. M.5/9	je 4 Mann
10-cm-Turmhaubitze T.H. M.9	je 4 Mann

Dazu rechnete man die Hälfte als Ablösung sowie 10 bis 20 Mann für Artilleriebeobachtung und Feuerleitung, Vorbereitung und Transport der Munition sowie als Melder. Das Werk Verle benötigte demnach mindestens 130 Artilleristen für die Bedienung aller Waffen. Der Dienstrhythmus im Kriegsfall sah vor, dass ein Drittel der Besatzung in Ruhe in den Wohnkasematten lag, ein Drittel in Bereitschaft in der Nähe der Gefechtspositionen und ein Drittel auf Wachposition an den Waffen. Die Ablösung erfolgte alle sechs Stunden.

Die österreichische Festungsartillerie galt wegen der Vielzahl zu bedienender moderner technischer Einrichtungen als eine Truppe von besonderer Zuverlässigkeit und Fähigkeit. Das FsArtB Nr. 6 wurde am 1. Mai 1911 aufgestellt, die vier Feldkompanien waren in den Werken stationiert, die Ersatzkompanie in Trient. Der Baonsstab hatte seinen Sitz in Chiesa di Lavarone. Eine Kompanie hatte im Frieden eine Stärke von 4 Offizieren sowie 98 Unteroffizieren und Mannschaften. Sie wurde im Mobilmachungsfall durch Reservisten verstärkt. Zu diesen Feldkompanien kamen noch die Beleuchtungs- und Telefonabteilungen hinzu, die in den Festungen wichtige Aufgaben zu erfüllen hatten. Die Soldaten dieser Einheit kamen aus Krakau und Przemysl (beide heute Polen), Lemberg (heute Ukraine) und Innsbruck (Österreich). Das FsArtB Nr. 6 setzte sich ethnisch zu je einem Drittel aus Deutschen, Italienern und Polen zusammen. Diese Einheit wurde am 1. Mai 1918 in das k.u.k. schwere Artillerieregiment Nr. 14 eingegliedert. Zu Kriegsbeginn war Major Stanislaus Jelinek der Kommandant des FsArtB Nr. 6 und zugleich der Sperrkommandant der Festungslinie. Offensichtlich wurde das FsArtB Nr. 6 zu dieser Zeit mit Soldaten aus dem FsArtB Nr. 5 (Trient) aufgefüllt. Aus diesem Baon stammten beispielsweise die späteren Werkskommandanten von Verle (Lt. Julius Papak) und Vezzena (Fähnrich Leo Schwarz).

Die Tiroler k.k. Landesschützen waren seit dem 1. Juni 1906 Österreichs erste Hochgebirgstruppe (Landwehrgebirgsregimenter) und eine Eliteeinheit. Das 1. Bataillon des Landesschützenregiments Nr. 1 war der Festung Trient zugewiesen und teilweise auf der Hochebene stationiert. Die Kasernen lagen bei Monte Rover[7], Chiesa di Lavarone[8] und Folgaria. Die Soldaten dieses Regiments stammten aus den Ergänzungsbezirken Salzburg, Innsbruck und Trient. Diese Truppe war zu etwa 60 Prozent deutschsprachig, 40 Prozent sprachen italienisch. Das Sappeurbataillon Nr. 14 aus Trient war zu beinahe 100 Prozent deutschsprachig.

Von der Geniedirektion Trient kam das Personal für den fortifikatorischen Baudienst. Hierzu gehörten der Fortifikationswerkmeister und der landsturmpflichtige Ingenieur, die für die Bauerhaltung zuständig waren. Ihre Arbeit sollte für die Werke im Rahmen der »technischen Verteidigung« während des Krieges eine besondere Bedeutung erhalten.

Im Krieg kamen zu diesen Truppen noch Arbeiterabteilungen des k.k. Landsturms hinzu. Diese meist älteren Männer hatten die Hauptlast beim Transport von Munition und Baumaterial zu tragen. Besonders gefährlich waren ihre Einsätze bei den Reparaturen der Werke unter feindlichem Feuer. Entsprechend hoch waren die Verluste dieser Landsturmarbeiter.
Die Offiziere der Werke stammten größtenteils von der Festungsartillerie, die Landesschützen stellten jeweils mindestens einen Offizier. Die Frage, ob der Werkskommandant Artille-

rist oder Infanterist war, wurde durch eine einfache Regel entschieden: Der jeweils rangälteste Offizier war automatisch Werkskommandant. So kamen zu Kriegsbeginn die Kommandanten der Werke Gschwent (Lt. Friedrich Trakl) und Sommo (Lt. Rudolf Kalifius) von den Landesschützen, die restlichen Kommandanten wurden von der Festungsartillerie gestellt. Die Werkskommandanten blieben im Zuge ihrer militärischen Laufbahn zu Friedenszeiten jedoch nicht lange auf diesen Posten. So kam es, dass die Kommandanten der meisten Werke erst nach Dezember 1914 in diese Position kamen und somit über keine sehr lange Erfahrung verfügen konnten. Die Zusammensetzung der normierten Sicherheitsbesatzung der Werke, wie sie entsprechend den Vorkriegsvorschriften berechnet war, zeigt die Tabelle auf S. 41.

Kappenabzeichen des Festungsartilleriebaons Nr. 6 als Erinnerung an die Zeit auf den Hochebenen von Folgaria und Lavarone mit dem Wahlspruch »In Treue Fest auf jeder Front«
Das Beobachtungsflugzeug vom Typ Etrich-Taube über der stilisierten Turmhaubitze entsprach in Wirklichkeit eher einem Wunschdenken. [Foto SH]

Österreichische Landesschützen bei einer Hochgebirgs-Übung in den Dolomiten [Foto SP]

Normierte Sicherheitsbesatzung der Sperrgruppen Folgaria und Lavarone

		Vezzena	Verle	Lusern[9]	Gschwent	Sebastiano	Sommo	Serrada
Festungsartillerie mit Festungs-beleuchtungsabteilung	Offiziere	2	7	9	5	8	5	5
	Unteroffiziere	1	34	34	19	36	19	26
	Mannschaften	33	175	183	143	188	123	181
Landesschützen	Offiziere	–	1	1	1	1	1	1
	Unteroffiziere	2	3	3	3	6	3	6
	Patrouillenführer	2	3	3	3	3	3	3
	Mannschaften	11	23	36	32	50	23	51
	Offiziersdiener	–	1	1	1	1	1	1
Festungstelegrafenabteilung	Telegrafisten	2	2	2	2	2	2	2
	Telefonisten	3	3	6	4	6	4	3
Geniedirektion	Fortifikations-Werkmeister	–	1	1	–	–	1	–
	landsturmpflichtige Ingenieure	1	1	1	1	1	–	1
	Sappeure, Unteroffiziere	–	1	1	1	1	1	1
	Sappeure, Mannschaften	1	1	2	2	2	2	2
Sanitätsabteilung	Ärzte	1	1	1	1	1	1	1
	Offiziersdiener	1	1	1	1	1	1	1
Summe	Artilleristen	34	209	217	162	224	142	207
	Infanteristen	15	29	42	38	59	29	60
	Offiziere	3	9	11	7	10	7	7

8 Die technische Ausrüstung der Werke

Obwohl die Bewaffnung zum wichtigsten Teil einer Festung gehörte, hing ihre Einsatzfähigkeit wesentlich von einer zweckmäßigen Ausrüstung ab, die ein Überleben der Besatzung und einen wirksamen Einsatz der Waffen ermöglichen sollte. Hierzu gehörten verschiedene technische Kommunikationsmittel für die Verbindung innerhalb eines Werkes oder zu den rückwärtigen Stäben sowie den Nachbarwerken. Die Beleuchtung ermöglichte den Kampf bei Nacht, die Ventilation ermöglichte erst ein Überleben in den engen Kasematten und Kampfräumen. Für all dies benötigte man eine Stromversorgung, die unabhängig von der Außenwelt war.

Die Kommunikationsmittel

Die Kommunikation von den Festungswerken nach außen erfolgte hauptsächlich über Telefon. Es gab auf der Hochebene zwei unabhängige militärische Telefonnetze: das Festungstelefonnetz mit der Zentrale in Chiesa di Lavarone sowie das Artillerietelefonnetz mit seiner Zentrale in Monte Rover. An das Artillerietelefonnetz waren auch die Munitionslager bei Tezzeli und Cost'Alta sowie die vorgeschobenen Beobachtungsposten der Werke angeschlossen. Die Leitungen wurden in tiefen Gräben geführt, von denen man sich eine größere Beschussfestigkeit als von Freilandleitungen versprach.

Die von außen ins Werk kommenden Leitungen liefen dort in der Telefonzentrale zusammen. Auch innerhalb eines Werks gab es zwei Telefonnetze, die ebenfalls in der Telefonzentrale zusammenliefen:

- Das Artillerietelefonnetz, an dem die Artilleriebeobachtungsstände, die Geschützstände sowie die MG-Stände der Nahverteidigungsanlagen hingen.
- Das Festungstelefonnetz, mit dem das Kommandantenzimmer, das Wachzimmer, die Posten an den Nebeneingängen, der Maschinenraum und die optischen Signalstationen untereinander verbunden waren.

In der Telefonzentrale auf dem Monte Cornetto liefen bei der Maioffensive 1916 im wahrsten Sinne des Wortes alle Fäden zusammen.
Die Gesichter der Telefonisten zeugen von aufmerksamer Anspannung. [Foto SP]

Eine Besonderheit dieser Festungen waren die optischen Signalstationen, mit deren Hilfe die Werke mit Blinkzeichen untereinander in Verbindung standen. Diese drahtlose Nachrichtenverbindung war nicht so empfindlich gegen Artilleriebeschuss wie das Telefon mit seinen Leitungen. Bei einem starken Bombardement störten jedoch die Rauchwolken der Explosionen die Sicht. Auch war die Übertragungsgeschwindigkeit nicht so hoch wie beim Telefon.

Die Blinksignale wurden mit der Festungssignallaterne M.11 gegeben. Gelesen wurden die Lichtsignale der Gegenstation mit dem Festungsfernrohr M.9 der Firma Zeiss in Jena. Die Lichtsignale konnten damit auch bei sonnigem Wetter bis auf eine Entfernung von 8 km aufgenommen werden. Als Leuchtmittel diente eine Azetylenflamme, die ein gleißend weißes Licht erzeugte. Das Azetylengas wurde in der Laterne durch eine Reaktion von Karbid mit Wasser erzeugt. Die Signaleinrichtung war somit unabhängig von jeder Stromversorgung, sie konnte jedoch alternativ auch elektrisch betrieben werden. Die Blinkzeichen wurden durch eine Blechblende erzeugt, die mit einem Tasthebel zwischen die Flamme und den Reflektor geschwenkt werden konnte. Obwohl die Signallaterne fest eingebaut war, besaß sie eine Visiereinrichtung, mit der sie genau auf die Gegenstation ausgerichtet werden konnte. Damit der Gegner die Signale nicht mitlesen konnte, wurden die Lichtquellen durch lange Rohre abgeschirmt. Ein Rohr zum Senden und ein paralleles, dünneres Rohr zum Beobachten der Gegenstation waren für jede Verbindung fest in der Außenwand des Werks eingelassen. Diese

Röhren sind heute noch teilweise erhalten. Die heute noch oft sichtbaren sieben Schraubenlöcher um das Senderohr herum stammen von der Konsole, mit der die Signallaterne an der Wand befestigt war. Verbindungen bestanden mindestens zu den beiden Nachbarwerken sowie zu einer der beiden Zentralen auf dem Monte Rust (damals noch Monte Horst genannt) und dem Monte Cornetto.

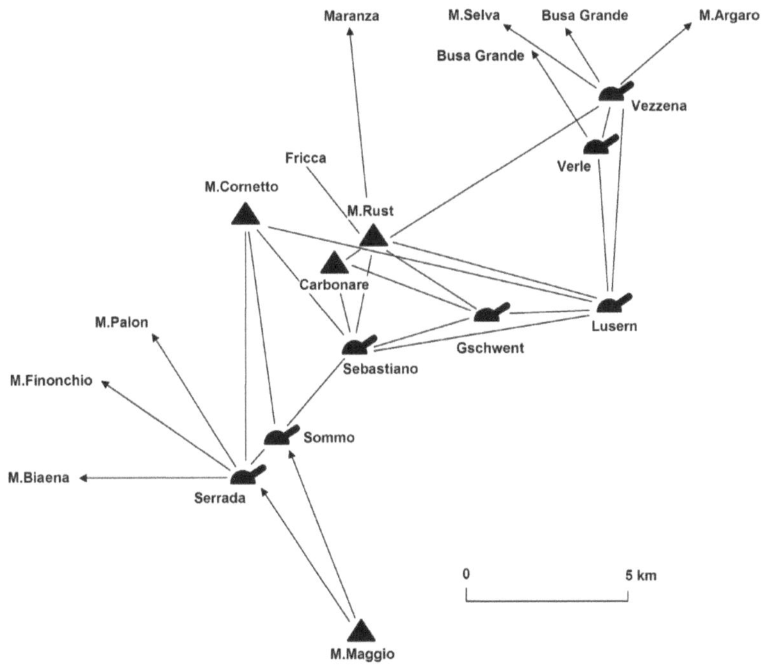

Abbildung 8: Optisches Verbindungsnetz
Die Verbindung von Lusern nach Gschwent und Sebastiano erfolgte über das Nahkampfwerk Oberwiesen als Vermittler. Die Verbindung nach Carbonare war für ein ursprünglich dort geplantes Panzerwerk gedacht. Der Monte Palon (2080 m) war ein befestigter Berg auf der Westseite des Etschtals, der Monte Finonchio (1693 m) östlich von Rovereto war der westliche Eckpfeiler der Verteidigungslinie auf der Hochebene von Folgaria. Auf dem Monte Argaro war 1913 ein Werk der nie verwirklichten Sperrgruppe Brenta Nord geplant gewesen. Busa Grande war ein geplantes Blockhaus nördlich von Levico, 1915 wurde dort ein Kavernenwerk errichtet. Die Verbindungen der Telefonzentrale Monte Rover zum Blockhaus Maranza und zum Werk Tenna sind wegen der Übersichtlichkeit nicht eingezeichnet.

Innerhalb der Werke wurden neben dem Telefon auch Sprachrohrleitungen eingesetzt. Die Artilleriebeobachtungsstände und die Geschütze waren damit direkt miteinander verbunden, um eine unmittelbare Feuerleitung zu gewährleisten. Die Verständigung reichte damit bis zu 200 m weit. Alarmklingeln und Signalleuchten dienten zur allgemeinen Alarmierung der Werksbesatzung.

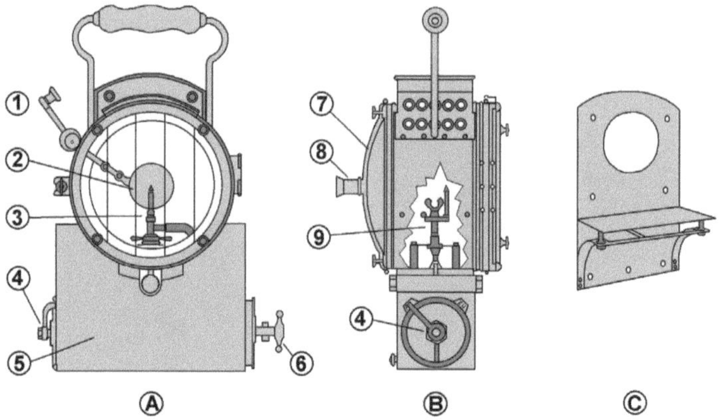

Abbildung 9: Festungssignallaterne M.11
(A) Frontansicht der Laterne, (B) Seitenansicht, die Seitenwand ist durchbrochen gezeichnet, um den Brenner sichtbar zu machen, (C) Wandkonsole, (1) Taster, (2) Blende, (3) Brenner, (4) Stellhebel Gas auf – Gas zu, (5) Wasserbehälter und Azetylenentwickler, (6) Verschluss des Karbidraums, (7) 20,5-cm-Reflektor, (8) Visiereinrichtung, (9) Brenner mit Korn der Visiereinrichtung.

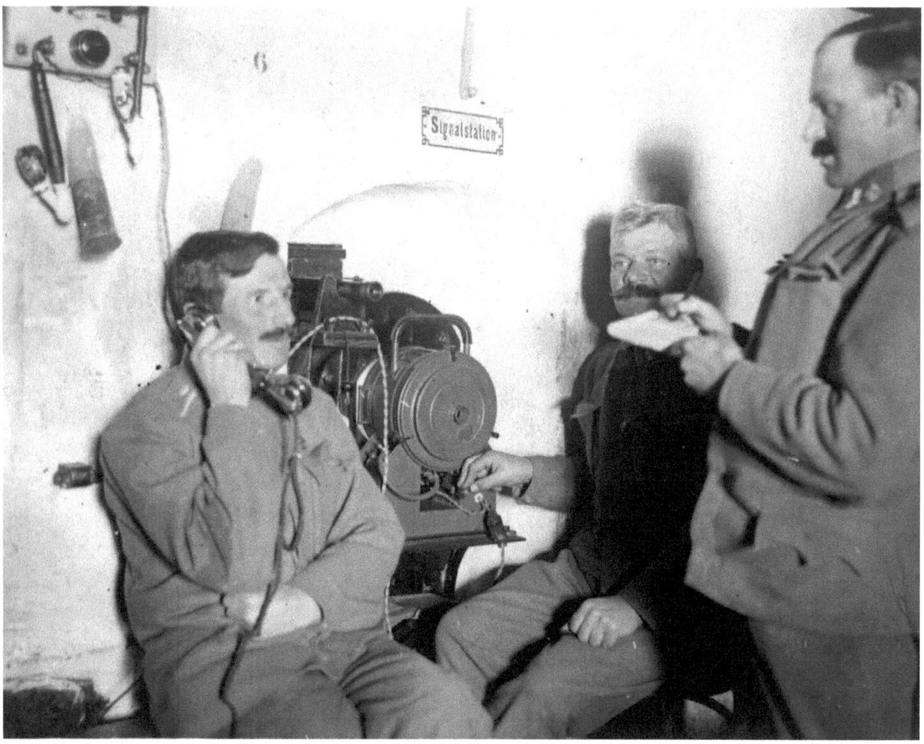

Zeitgenössische Postkarte mit der Lichtsignalstation in einer unbekannten Festung
Der Soldat in der Bildmitte hat seine Hand am Taster der Festungssignallaterne. Links von der Laterne erkennt man das Fernrohr zur Beobachtung der Gegenstation. [Foto SH]

Um Kommandos an die Batterie oder die Scheinwerfer zu senden, wurden Glühlampen-Indikatoren verwendet. Hierzu konnte man an einem Geber mit Druckschaltern Kommandos auswählen, die dann auf einem oder mehreren Empfängern Lampen aufleuchten ließen. Jeder Druckschalter und jede Lampe entsprachen einem festgelegten Kommando, das von den Aufschriften der Glühlampen-Indikatoren abzulesen war. Dieses Verfahren hatte den Vorteil, dass es auch bei großem Lärm wie dem Feuern der Haubitzen funktionierte und Befehle mehreren Empfängern gleichzeitig gesendet werden konnten.

Die Werke besaßen offensichtlich keine Brieftaubenstationen. Im Mobilisierungsfall sollten jedoch Brieftauben von regionalen Brieftaubenzüchtervereinen beschlagnahmt werden. Ob sie eingesetzt wurden, ist nicht bekannt, immerhin wurden aber einige Besatzungsmitglieder im Frühjahr 1915 auf einen Brieftaubenkursus in Trient abkommandiert.

Die Stromversorgung und Beleuchtungseinrichtungen

Für viele Einrichtungen wie die Ventilation, die Wasserpumpen, Kompressoren und die Innen- und Außenbeleuchtung wurde elektrischer Strom benötigt. Ein öffentliches Stromnetz gab es zu dieser Zeit auf der Hochebene noch nicht, es wäre bei einem Beschuss auch zu störanfällig gewesen. Für die Stromerzeugung waren die Festungen daher mit eigenen Kraftstationen, bestehend aus Verbrennungsmotor, Dynamo sowie Akkumulatoren ausgestattet. Die Art der Antriebe für die Stromgeneratoren spiegelt den raschen technischen Fortschritt dieser Epoche wider. Die Werke Lusern und Gschwent verfügten über jeweils einen Benzinmotor, der im letzteren Fall 60 PS leistete. Dieser Treibstoff hatte den großen Nachteil, leicht entzündlich zu sein und explosive Gase bilden zu können. Die Angst vor den Auswirkungen eines Treffers in das Benzindepot sollte den Kommandanten des Werks Lusern im Mai 1915 zu der verhängnisvollen Aufgabe der Festung bewegen. Die danach gebauten Werke Verle und Sebastiano besaßen schon je einen Dieselmotor mit stehendem Zylinder und einer Leistung von 35 PS, dessen Treibstoff wesentlich ungefährlicher war. Um die Auswirkungen eines möglichen Maschinenausfalls zu mildern, wurden in den beiden zuletzt errichteten Werken Sommo und Serrada jeweils zwei Dieselmotoren mit je 33 PS und liegendem Zylinder eingebaut. Auch heute noch fallen diese beiden Werke durch ihre großen Maschinenräume auf, die sich nach außen durch die Betonrinnen für die beiden Auspuffe verraten. Das Werk Vezzena besaß keine eigene Stromversorgung, es wurde wahrscheinlich über ein Panzerkabel von Verle aus mit Strom gespeist.

Die Benzinmotoren der Werke Gschwent und Lusern stammten wohl von der Wiener Gasmotorenfabrik Langen & Wolf. Der 13 bis 15 t schwere Motor hatte wahrscheinlich nur einen liegenden Zylinder, eine Drehzahl von etwa 140 Umdrehungen in der Minute und eine selbstständige Drehzahlregulierung. Das Schwungrad hatte einen Durchmesser von drei Metern.

Abbildung 10: Benzinmotor der Firma Langen & Wolf
Dieser Typ wurde wahrscheinlich in den Werken Lusern und Gschwent verwendet. [Bild DM]

M.A.N.-Dieselmotor der Baureihe DM
Von diesem Typ waren wahrscheinlich die Motoren der österreichischen Festungswerke Verle und Sebastiano. [Foto MA]

Die Einzylinder-Viertakt-Dieselmotoren der Werke Verle und Sebastiano stammten wahrscheinlich von der deutschen Maschinenfabrik Augsburg-Nürnberg AG (M.A.N.). Die Motoren leisteten jeweils 33 bis 35 PS bei zirka 200 Umdrehungen pro Minute. Ein solcher Dieselmotor hatte einen Hubraum von 30 Litern und einen Verbrauch von etwa 8 Litern Dieselöl je Stunde. Der Treibstoffvorrat von bis zu 16 000 Litern Dieselöl reichte demnach für 45 bis 90 Tage. Die Motoren waren wassergekühlt. Hierfür stand eine eigene Kühlwasserzisterne zur Verfügung. In einigen italienischen Festungen wurden übrigens nachweislich ebenfalls Dieselmotoren der Firma M.A.N. eingesetzt. Lieferant für die Dieselmotoren der Werke Sommo und Serrada war wiederum die Firma Langen & Wolf.

Der Strom wurde von einem direkt mit dem Motor gekoppelten Gleichstrom-Dynamo erzeugt, der bei einer 33-PS-Maschine 16,8 Kilowatt Leistung hatte. Über Panzerkabel wurden angegliederte Nahkampfanlagen (bei Lusern) oder Pumpenhäuser für die Wasserversorgung (bei Verle und Lusern) mit Strom versorgt. Die Akkumulatoren standen in einem besonders belüfteten Raum und sollten zumindest für die Beleuchtung eine Stromreserve von drei Stunden garantieren. Die Spannung von 70 bis 80 Volt hielt man damals für ungefährlich niedrig.

Die Innenbeleuchtung der Werke erfolgte mit elektrischen Kohle- oder Metallfadenglühlampen, als Reserve standen Petroleumlampen zur Verfügung.

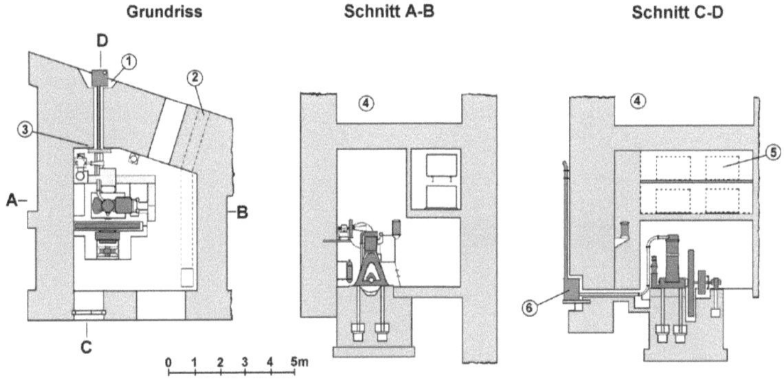

Abbildung 11: Stromaggregat des Werks Sebastiano
Das Werk besaß nur einen einzigen Einzylinder-Dieselmotor von M.A.N. (wahrscheinlich ein zirka 35-PS-Viertaktaggregat). Der Motor wurde mit Pressluft gestartet. (1) Auspuffrohr und Luftaustritt für die Kühlluft, (2) Frischlufteintritt, (3) Ventilator mit Kühler, (4) Akkumulatorenraum, (5) 4 Tanks für je 1400 l Dieselöl, (6) Auspufftopf

Scheinwerfer kamen mit unterschiedlichen Durchmessern für verschiedene Zwecke der Außenbeleuchtung zum Einsatz. Die kleineren Scheinwerfer arbeiteten mit Glühlampenlicht, größere mit Lichtbogenlampen. Für die Nahfeldbeleuchtung in Front- und Kehlgräben setzte man meist Scheinwerfer mit einem 21-cm-Reflektor ein, für die Intervallbeleuchtung zwischen den Werken 35-cm-Scheinwerfer, deren Reichweite jedoch nur etwa 350 m betrug.

Das Werk Gschwent verfügte über einen ausfahrbaren und einen offen aufgestellten 90-cm-Scheinwerfer zur Ausleuchtung des Asticotals. Die Reichweite dieser großen Scheinwerfer betrug bis zu 8 km. Da man die Stromversorgung von Vezzena nicht für zuverlässig genug hielt, besaß dieses Werk 30-cm-Azetylenscheinwerfer.

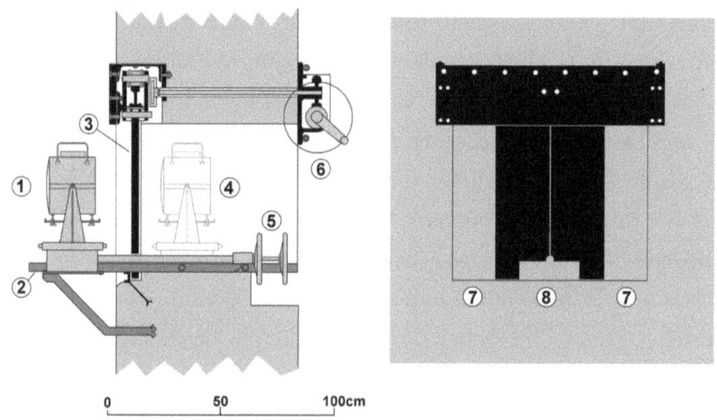

Abbildung 12: Ausstoßbarer 21-cm-Scheinwerfer in Mauerscharte
Links Seitenansicht, rechts Frontansicht bei geschlossenen Blenden. (1) Elektrischer 21-cm-Scheinwerfer, ausgefahren (2) Führungsschiene, (3) zweiteilige, 3 cm starke Panzerblende, (4) Scheinwerfer in eingefahrenem Zustand, (5) Handräder zum Schwenken des Scheinwerfers (6) Getriebe zur Bedienung der Panzerblenden, (7) Mauernischen für Panzerblenden, (8) Panzerblenden. Die beiden Panzerblenden wurden zum Herausfahren des Scheinwerfers zur Seite geschoben und danach wieder verschlossen, so dass die Bedienungsmannschaft geschützt blieb. Der 35-cm-Scheinwerfer war ähnlich aufgebaut.

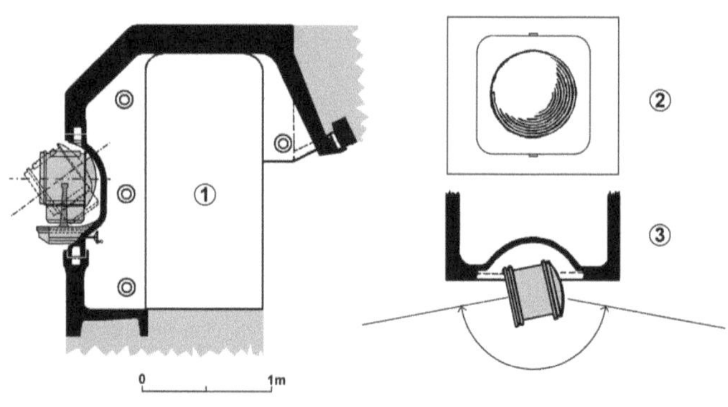

Abbildung 13: 35-cm-Scheinwerfer mit Drehblende in Panzerstand
(1) Seitenansicht, (2) Frontansicht der Panzerblende, (3) Aufsicht

Die Scheinwerfer für die Beleuchtung der Umgebung standen meist in Mauerscharten mit splittersicheren Stahlblenden, seltener in gepanzerten Scheinwerferhangards (S.H.). Für einen größeren Schwenkbereich waren sie manchmal seitlich ausfahrbar gestaltet. Scheinwerfer unter Panzern in Leuchtschartenblenden wurden fast immer flankierend eingesetzt, da frontal wirkende Einrichtungen zu empfindlich gegen Beschuss waren. Man verließ sich bei frontalen Angriffen auf mobile Scheinwerfer, die auf dem Verdeck aufgestellt werden konnten, sowie auf die Beleuchtung durch die Nachbarwerke.

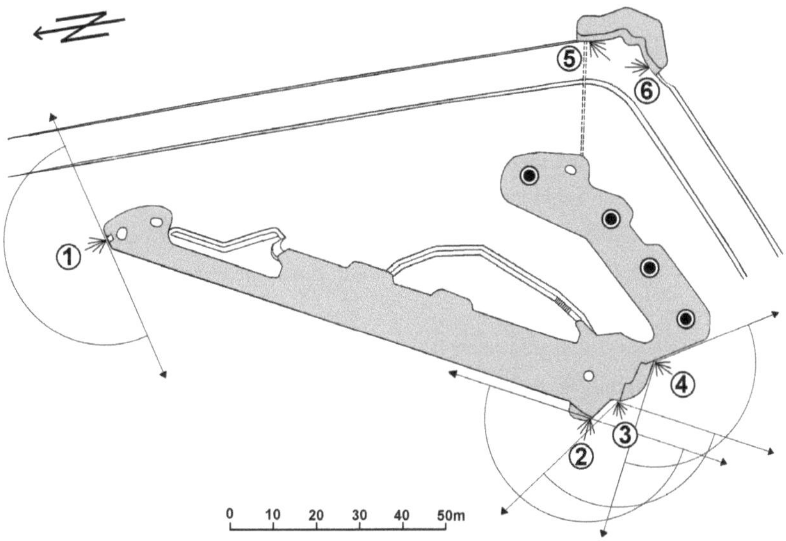

Abbildung 14: Scheinwerferausstattung des Werks Verle
(1) 35-cm-Scheinwerfer in Panzerstand, (2) und (3) 21-cm-Scheinwerfer für den MG-Stand, (4) 35-cm-Scheinwerfer für die Kanonenbatterie, (5) und (6) 21-cm-Scheinwerfer zur Grabenausleuchtung. Zusätzlich zu diesen eingebauten Scheinwerfern konnten noch mobile Scheinwerfer auf der Infanterielinie aufgestellt werden.

Als weiteres Beleuchtungsmittel kamen Leuchtpistolen zum Einsatz, für die besondere Ausschusslöcher in den Werksdecken oder MG-Panzern vorhanden waren. Die Löcher in den Decken wurden bei feindlichem Beschuss jedoch bald durch Betontrümmer verschüttet. Einen besonderen Panzer für Leuchtpistole (Ausschuss nach schräg oben) und Pistole zur Nahverteidigung (Ausschuss nach schräg unten) besaß der 1. Stock des Kontereskarpenkoffers im Werk Serrada. Für die Turmhaubitzen standen 10-cm-Leuchtschrapnells M.99 zur Verfügung, mit denen das Gefechtsfeld bis auf eine Entfernung von etwa 2000 m großräumig erhellt werden konnte.

Die Lüftungsanlagen

Die damals neuen Sprengstoffe auf Nitrobasis wie Melinit oder Ekrasit setzten bei der Explosion große Mengen an giftigen Stickoxiden sowie Kohlenmonoxid frei. Diese Gase sollten bei den Festungskämpfen in Belgien und Frankreich im Jahr 1914 noch vor der Einführung der eigentlichen Giftgase wie Chlorgas oder Phosgen eine starke Bedeutung wegen des Erstickens oder zumindest Lähmens der Werksbesatzungen erhalten.

Bei einer Belagerung oder Beschießung war die natürliche Lüftung durch die Fenster nicht mehr möglich, da diese zum Schutz vor Granatsplittern verrammelt werden mussten. Die österreichischen Werke verfügten daher über elektrische Belüftungsanlagen. Dazu wurde Luft aus der Kehle des Kasemattenblocks angesaugt und durch mindestens zwei Ventilatoren über verschiedene Lüftungskanäle in die Räume gepresst. Bei der Werkgruppe Folgaria wurde die Ansaugluft durch den Trennspalt zwischen frontseitiger Felsvorlage und Kasemattenblock geleitet. Dies führte zu einem Temperaturausgleich zwischen Außen- und Innenluft sowie zum Auskondensieren von Luftfeuchtigkeit an den kalten Felswänden. Dieser Effekt verminderte im Sommer die Schwitzwasserbildung an den Betonwänden und Eisenträgern. Nebenbauten wie Batterieblöcke, Nahkampfanlagen oder Kontereskarpenkoffer besaßen eigene Lüftungsanlagen. Die Entlüftung erfolgte für jeden Raum getrennt durch Lüftungslöcher in der Außenwand.

Als Ventilator kam der Typ Sirocco Nr. 2 ½ Typ A der Firma White, Child & Beney in Wien zum Einsatz. Seine Förderleistung betrug bei elektrischem Antrieb 45 bis 100 m³/min und im Handbetrieb etwa die Hälfte. Diese Förderleistung reichte für den Kasemattenblock für etwa zwei Luftwechsel je Stunde, was zwar für Friedenszeiten ausreichte, aber gegen das Eindringen von Sprenggasen zu knapp bemessen war.

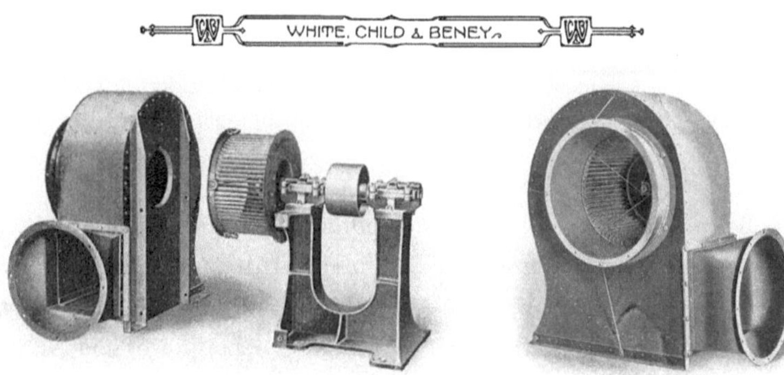

Abbildung 15: Sirocco-Zentrifugal-Ventilator Typ A
Links im Bild das Gehäuse mit ausgebautem Lüfterrad, der Antrieb erfolgte entweder über einen Transmissionsriemen mit einem Elektromotor oder bei einem Stromausfall per Hand. Rechts ist der vollständige Ventilator abgebildet. Von diesen Ventilatoren hing die Kampffähigkeit der Festungen während der Beschießungen in entscheidendem Maße ab. [Bild DM]

Künstlich belüftet wurden insbesondere die Räume, die von sich aus giftige Gase freisetzen konnten wie Munitionslager, Akkumulatorenräume, Latrinen und bei Serrada auch die Gruft. Ein Probeschießen des Werks Lusern im Jahr 1913 zeigte, dass insbesondere die Lüftung der Kampfräume wegen der eigenen Schussgase nachgebessert werden musste. Dazu wurden unter anderem tragbare Ventilatoren benutzt. Gasfilter wurden zu dieser Zeit noch nicht eingesetzt, man verließ sich darauf, dass die Ansaugluft außerhalb des Trefferbereichs der gegnerischen Artillerie lag und somit rein war.

Für den Fall, dass durch Brand oder Explosion in bestimmten Bereichen des Werks Sauerstoffmangel herrschen sollte, waren für die Rettungstrupps sogenannte Selbstretter vorhanden. Diese Geräte der Lübecker Firma Dräger waren ursprünglich für die Grubenwehren im Bergbau entwickelt worden. Sie wurden im Ersten Weltkrieg in modifizierter Form für U-Boot-Fahrer und Pioniertruppen eingesetzt. Eine Sauerstoffflasche mit einem Volumen von 2,5 Litern in Verbindung mit einer Kali-Patrone, die die ausgeatmete Kohlensäure entfernte, erlaubte einen geschlossenen Luftkreislauf, der den Träger 45 Minuten lang von der Außenluft unabhängig machte. Eine Rauchbrille hielt Qualm und Gase von den Augen fern, eine Nasenklammer stellte sicher, dass nur Luft aus dem Atemsack des Selbstretters eingeatmet wurde.

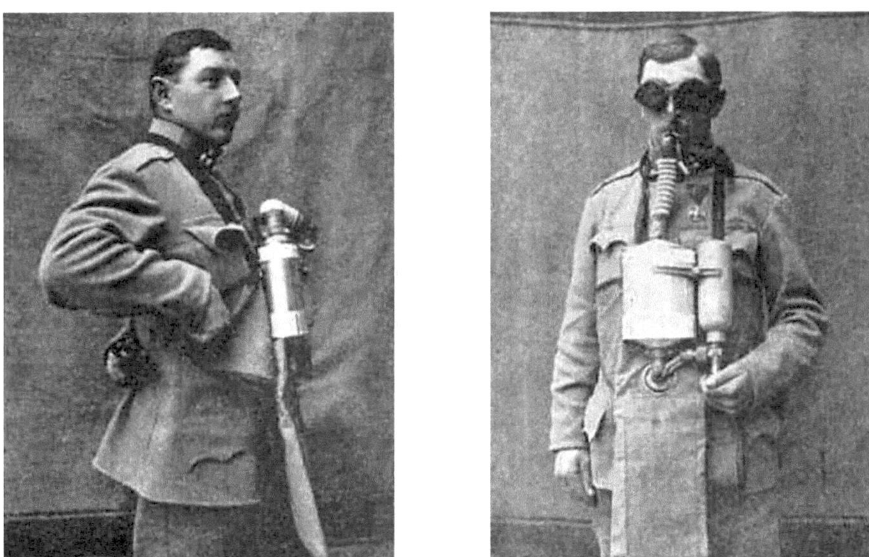

Abbildung 16: Österreichischer Soldat mit Drägerschem Selbstretter [Bild SH]
Das rechte Bild zeigt den Soldaten mit aufgesetzter Rauchbrille und Nasenklammer.

Die Wasserversorgung

Außer den Werken Verle und Lusern verfügte kein Werk über einen eigenen Brunnen. Für Sebastiano, Sommo und Serrada musste das Wasser über Rohrleitungen aus dem Asticotal bei Cueli[10] auf die karstige Hochfläche gepumpt und von dort über ein weiteres Pumpwerk bei Malga Mora auf die drei Festungen verteilt werden. Gschwent erhielt sein Wasser aus dem 1,5 km entfernten Ort Longhi, der Posten Vezzena wurde vom Werk Verle über eine 1,5-Zoll-Leitung mit Wasser versorgt.

Im Keller des Kasemattenblocks befanden sich jeweils zwei Zisternen mit einigen hundert Hektolitern Fassungsvermögen, eine für das Trinkwasser und eine für das Kühlwasser des Stromaggregats. Die Zisternen wurden auch über die Regenrinnen des Daches und über eigens errichtete Regenauffangflächen gespeist. Berechnet wurde der Wasserbedarf mit 1,8 l Trinkwasser und 4,8 l Brauchwasser je Mann und Tag. Der Wasservorrat reichte für mindestens 45 Tage, bei dem isoliert liegenden Posten Vezzena für sogar 90 Tage. Da die Wasserversorgung für eingeschlossene Festungen von jeher ein empfindlicher Punkt war, führte der Kommandant ein besonderes Zisternenjournal über die Wasservorräte.

9 Die Bewaffnung und Panzerung der Werke

Österreich war bei der Bewaffnung dieser Werke neue Wege gegangen. Die bisher im k.u.k.-Reich übliche Vielfalt von Mörsern, Kanonen und Sturmabwehrgeschützen in drehbaren Panzerkuppeln wurde durch eine universell einsetzbare Turmhaubitze ersetzt. Zur Flankierung der Intervalle zwischen den Festungen wurden Kanonen und Haubitzen in Traditorenbatterien eingesetzt, die Bestreichung der Hindernisgräben erfolgte mit Kasemattkanonen und Maschinengewehren. Alle Geschütze waren Schnellfeuergeschütze, die sich mit Ausnahme der Kasemattkanone von der Standardbewaffnung der Feldartillerie ableiteten.

Neu war bei diesen Werken die intensive Nutzung des Maschinengewehrs, das sich bei der Abwehr von Sturmangriffen außerordentlich bewähren sollte. Die Werke besaßen 15 bis 22 Maschinengewehre unter Panzern sowie zusätzliche Maschinengewehre, die die Werksinfanterie bei einem Gegenstoß im Feld einsetzen konnte. Wenn man bedenkt, dass zu Kriegsbeginn in den europäischen Armeen auf durchschnittlich 200 Infanteristen ein MG kam, stellte die Werksbewaffnung für die damalige Zeit eine ungeheure Feuerkraft dar.

Die Festungen setzten auch in Bezug auf die Stärke und die Anzahl von Panzerbauteilen neue Maßstäbe. Im Gegensatz zu den Gepflogenheiten anderer Länder galt bei diesen Bauteilen die Devise, dass möglichst keine Panzerteile eingebaut werden sollten, von denen nicht auch eine Waffenwirkung ausgehen konnte.

Als Panzermaterial für Kuppeln und Stirnpanzer wählte man den P-2-Stahl der Firma Skoda in Pilsen. Es handelte sich dabei um einen sehr zähen Chrom-Nickel-Stahl, der eine Zerreißfestigkeit von 45 kg/mm^2 besaß. Seine Tauglichkeit wurde im Jahr 1904 durch Beschussversuche mit dem 24-cm-Mörser M.98 erprobt. Als Fluss-Stahl ermöglichte er die Herstellung unregelmäßiger Formen, wie sie die zahlreichen Varianten der Beobachtungs- und MG-Stände aufwiesen. Seine Zähigkeit wurde bewusst höher bewertet als die größere Härte des gleichzeitig entwickelten Nickel-Stahls vom Typ P-1. Panzerbauten aus 200 mm starkem P-2-Stahl galten als »bombensicher«, weil sie auch schweren Steilfeuergeschossen widerstehen konnten.

Für MG-Panzerschilde, die wegen ihrer gedeckten Lage in der Kehlfront nicht durch schweres Wurffeuer bedroht waren, wurde das 1892 entwickelte Panzermaterial P-0 verwendet. Dies war ein Fluss-Stahl, der etwas härter, aber mit einer Zerreißfestigkeit von 35 kg/mm² weniger zäh als der P-2-Stahl war. Die Panzerschilde waren mit 60 mm Stärke schwächer ausgeführt und wurden als »gebirgsgeschützsicher« bezeichnet.

Die Panzerbauteile wurden in der zeitlichen Reihenfolge der Projektierung durchnummeriert, wobei andere Werke, die zeitgleich in Österreich erbaut wurden, mit einbezogen wurden. An der Innenwand eines fixen MG-Panzerstands war beispielsweise in erhabener Schrift zu lesen: »MG.ST.F.48 T.SO.« (Maschinengewehrstand (fix) Nr. 48, Festung Trient, Werk Sommo). Die Panzerteile wurden oft individuell für bestimmte Aufgaben hergestellt. Es sollen in dieser Epoche etwa 70 verschiedene Formen hergestellt worden sein.

DIE PANZERBAUTEILE FÜR MASCHINENGEWEHRE

In den Festungen der Hochebene wurde das wassergekühlte Maschinengewehr M.7 oder M.7/12 System Schwarzlose mit dem Kaliber 8 mm eingesetzt. Während das Modell M.7 eine Feuergeschwindigkeit von nur 300 Schuss je Minute gestattete, waren es beim moderneren Modell M.7/12 schon 560 Schuss je Minute. Die Lebensdauer eines Gewehrlaufs betrug 10 000 bis 20 000 Schuss, es wurden daher je MG noch 4 Ersatzläufe bereitgehalten. Der Munitionsvorrat belief sich normalerweise auf 20 000 Patronen je MG. Beim Posten Vezzena betrug der Vorrat 40 000 Schuss je MG, da die exponierte Lage auf dem Gipfel einen sicheren Munitionsnachschub erschwerte.

Zur Bedienung gehörten je Gewehr ein Vormeister als Schütze und ein Helfer, der den Munitions- und Wassernachschub sicherzustellen sowie die leeren Patronenhülsen zu entsorgen hatte. Da die verschossenen Patronenhülsen giftige Gase von sich gaben, fielen sie nach dem Schuss automatisch durch einen Schlauch in einen Wasserbehälter, in den auch der Dampfablassschlauch des Kühlwassers führte. Zum Schutz der Gewehrmündung, die aus der Panzerscharte ragte, wurde eine gewehrschusssichere Platte mit Mundstück auf die Mündung des MG gesetzt. Die Scharten konnten durch gewehrschusssichere Blenden verschlossen werden. Diese Blenden lagen außen vor den Panzerständen und wurden mit Ketten, die durch die Schießscharten ins Innere reichten, an den Schartenrahmen herangezogen. Diese Konstruktion vermied komplizierte Scharniere, die leicht zu beschädigen gewesen wären.

Eingesetzt wurde das Maschinengewehr in MG-Ständen, die nach ihrer Bauform in Panzerkuppeln und Panzerkasematten unterschieden werden können[11]. Die MG-Stände waren 1908 vom Technischen Militärkomitee in Zusammenarbeit mit der Firma Skoda entwickelt worden. Für den Leser mag es manchmal verwirrend sein, dass aus einer Bezeichnung wie

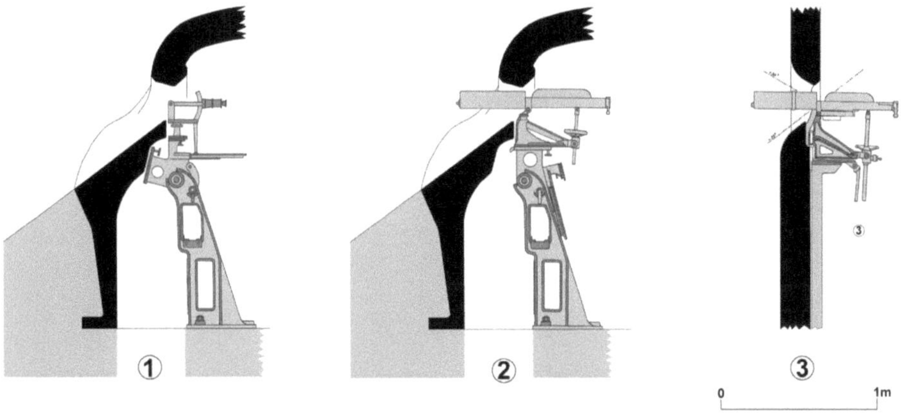

Abbildung 17: MG-Lafetten in Panzereinbauten
(1) und (2): Plantisch- und Maschinengewehrgestell M.7 in Panzerkuppel, (1) mit montiertem Zeiss Doppelfernrohr M.8 und Plantischplatte, (2) mit montiertem MG M.7, (3) Maschinengewehrlafette M.11 in Panzerwand

»MG-Stand« nicht erkennbar ist, ob es sich hierbei um eine Panzerkuppel oder aber um eine Panzerkasematte handelt.

Die Panzerkuppeln

Panzerkuppeln waren aus einem Stück gegossene Stände mit elliptischem Grundriss und einer haubenförmigen Decke, die entweder die Betondecke überragte oder bündig mit ihr abschloss. Die Panzerung bestand aus 200 mm starkem P-2-Stahl. Der schräge Aufgang wurde meist mit einem angeschraubten Deckenpanzer (Panzerkalotte) von innen verstärkt. Sie waren in der Regel mit zwei MG bewaffnet und wurden als fixer oder feststehender MG-Stand (Mg.St.f. oder Mg.St.) bezeichnet. Eine Panzerkuppel konnte auch zu Beobachtungszwecken eingesetzt werden. Dazu wurde das Plantisch- und Maschinengewehrgestell M.7 verwendet, das den wechselweisen Einsatz der Waffe oder eines Doppelfernrohrs gestattete. In diesem Fall bezeichnete man die Panzerkuppel als fixen Beobachtungs- und Maschinengewehrstand (B.u.M.f.). Äußerlich unterschieden sich die MG-Stände und die fixen Beobachtungs- und MG-Stände nicht. Die Panzerkuppeln besaßen zum Teil zusätzlich Schaulöcher oder Scharten für Leuchtpistolen. Durch die Schaulöcher war auch eine Nahverteidigung mit Pistolen möglich. Der Seitenrichtbereich eines MG betrug meist 100 Grad, der Höhenrichtbereich richtete sich nach den Erfordernissen des Geländes. Der Winkel zwischen den zwei Scharten betrug meist 0 oder 80 Grad, so dass der gesamte Bestreichungswinkel bei zwei Scharten je nach Modell von 100 bis 180 Grad reichte.

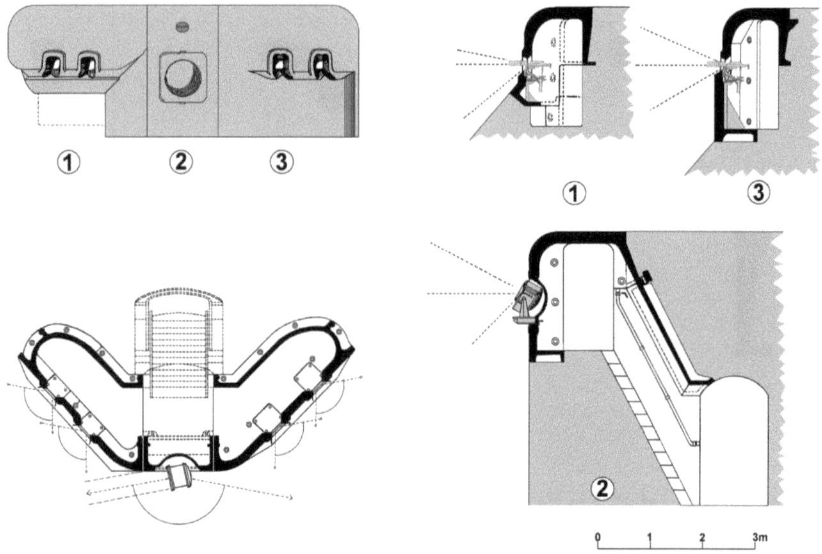

Abbildung 18: Bombensicherer Maschinengewehrstand (fix) (Mg.St.f.)
Sonderausführung für 4 MG M.7 und einen Hangard für einen 35-cm-Scheinwerfer (Kasemattenblock Serrada, rechte Flanke). Der Stand war aus drei Teilen zusammengesetzt, die gesamte bombensichere Konstruktion aus 20 cm starkem P-2-Stahl wog 48,5 Tonnen. (1) Mg.St.f. 15, (2) Scheinwerferhangard S.H. 13, (3) Mg.St.f. 16

Der fixe Beobachtungs- und Maschinengewehrstand (B.u.M.f. 5) des Werks Verle wird ab dem Sommer 1916 wieder einbetoniert.
Vor der Scharte sieht man die schusssichere Verschlussblende liegen. Im Hintergrund erhebt sich die Cima Vezzena. [Foto KA]

Eine der beiden dreiteiligen Panzerkuppeln auf dem Kasemattenblock von Serrada, von der Werksbesatzung kurz »der linke Dreiteiler« genannt.
Die rechte der vier Scharten ist für den Scheinwerfer bestimmt, die drei anderen für Maschinengewehre. Die Kuppel trägt noch die weiße Wintertarnung. Die Aufnahme stammt wahrscheinlich aus dem Frühjahr 1916. Nach einem Jahr Beschießung ist die kunstvolle Spenglerarbeit der Blechverkleidung noch erstaunlich gut erhalten. Rechts unten im Bild ist die Öffnung für eine Lichtsignalverbindung zu erkennen. [Foto SP]

Die Werke besaßen von diesen Panzerkuppeln zwei (Vezzena) bis acht (Sommo) Stück. Die Ausformung wurde nach den Geländeerfordernissen oft sehr individuell gestaltet. Im Werk Serrada wurde zum Beispiel ein dreiteiliger Beobachtungsstand für drei MG und einen 21-cm-Scheinwerfer sowie ein dreiteiliger Stand für vier MG und einen 35-cm-Scheinwerfer auf dem Kasemattenblock eingesetzt. Die mehrteiligen Panzerkuppeln stießen bei der Führung auf wenig Sympathie, da die unvermeidlichen senkrechten Trennfugen die Stabilität der Haube beeinträchtigten. Auch barg ein unglücklicher Treffer die Gefahr, dass gleich mehrere Panzerstände vernichtet wurden. Der Beobachtungsstand für zwei MG wog etwa 18 t, ein dreiteiliger Stand wog bis zu 48 t. Belüftet wurden die Panzerkuppeln über Schlauchleitungen, die an die Ventilation angeschlossen waren.

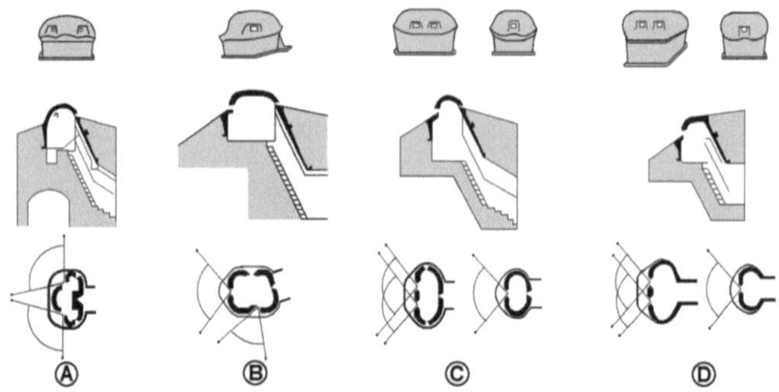

Abbildung 19: Verschiedene Bauformen der Panzerkuppeln für Beobachtung und Maschinengewehr (B.u.M.f.)

Dargestellt ist jeweils von oben nach unten die Frontansicht, der Seitenriss und der Grundriss des bombensicheren fixen Beobachtungs- und Maschinengewehrstands (B.u.M.f.). Ohne die Vorrichtung für ein Fernrohr wurde die gleiche Panzerkuppel als fixer Maschinengewehrstand (Mg.St.f.) bezeichnet.

(A) B.u.M.f. für zwei MG mit einem Bestreichungswinkel von jeweils 100°. Da die MG-Scharten um 80° versetzt waren, ergab sich für beide MG zusammen ein Bestreichungswinkel von 180°. Die Kuppel wog 18,2 t. Beispiele: Beobachtungsstände Verle, Lusern.

(B) B.u.M.f. mit drei Fernrohrscharten, davon zwei auch für MG. Die Bestreichungswinkel der einzelnen MG betrugen 100° und 60°. Dieser Typ wurde nur im Werk Gschwent in zwei spiegelbildlichen Versionen eingebaut. Eine Kuppel wog 18,5 t.

(C) B.u.M.f. mit überragender Haube, Bestreichungswinkel der MG jeweils 100°. Durch die parallele Anordnung der MG-Scharten betrug der Bestreichungswinkel für zwei MG zusammen ebenfalls 100°. Beispiele für die Panzerkuppel mit zwei MG: Nahkampfanlagen Verle, Sebastiano, Serrada. Die Kuppel für ein MG wurde nur im Werk Sommo verwendet. Die Kuppel für 1 MG wog 14 t, die Ausführung für 2 MG 18,3 t.

(D) B.u.M.f. mit Haube in Deckenflucht, Bestreichungswinkel der MG jeweils 100°, bei zwei MG zusammen ebenfalls 100°. Beispiele für Kuppel mit zwei MG: Vezzena, Serrada. Die Kuppel für ein MG wurde in Folgaria und Lavarone nicht verwendet. Die Kuppel für 1 MG wog 13 t, die Ausführung für 2 MG 17,5 t.

Die Panzerkasematten

Panzerkasematten für Maschinengewehre gab es in zwei grundsätzlich unterschiedlichen Ausführungen:

- Die eine Ausführung bestand aus einer mannshohen Panzerwand mit MG-Scharten, die oben und seitlich in eine Betonwand eingelassen war und bündig mit der Außenwand abschloss. Diese Panzerkasematte wurde ebenfalls als fixer Maschinengewehrstand (Mg.St.f. oder Mg.St.) bezeichnet. Die Panzerwand bestand aus P-2-Stahl, der Seitenrichtbereich lag bei 100 Grad. Die »bombensichere« Ausführung war 200 mm stark und 20 t schwer, die »feldgeschützsichere« Ausführung maß 120 mm und wog etwa 10 t. Ähnlich wie bei den Panzerkuppeln konnten diese Panzerstände auch mit einem Fernrohr ausgestattet werden. In diesem Fall wurden sie ebenfalls als feststehende Beobachtungs- und Maschinengewehrstände (B.u.M.f.) bezeichnet.

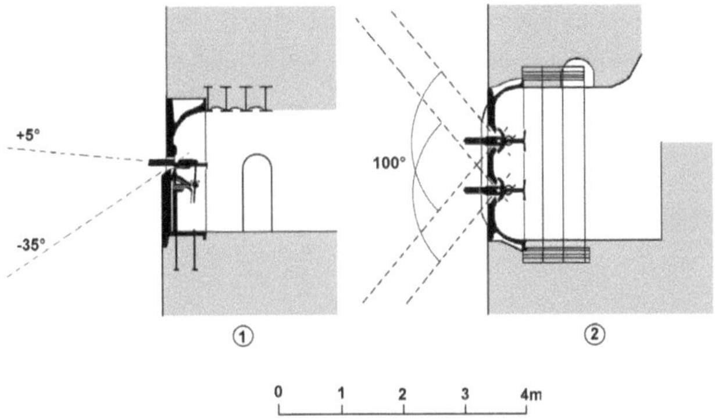

Abbildung 20: Bombensicherer Maschinengewehrstand aus 200 mm starkem P-2-Stahl in Kasematte (Mg.St.f.)
(1) Seitenansicht, (2) Aufsicht, (3) Frontansicht, die von außen sichtbaren Teile sind dunkel gezeichnet.

Bombensicherer Maschinengewehrstand für zwei MG (Mg.St.f. 20) in der linken Nahkampfanlage (Anlage IV) im Werk Gschwent
Die Panzerwand aus Chrom-Nickel-Stahl der Sorte P-2 von Skoda in Pilsen hatte eine Stärke von 20 cm und ein Gewicht von etwa 20 t. [Foto KA]

- Eine grundsätzlich andere Ausführung war das MG-Panzerschild, das zirka 50 cm hinter der äußeren Mauerflucht angeordnet war, so dass es dem Auftreffen schwerer Wurfgeschosse nicht ausgesetzt war. Diese Stände wurden durch einen Meter hohe, »gebirgsgeschützsichere« Maschinengewehrschilde (Mg.Sch.) aus 60 mm starkem P-0-Stahl geschützt und wogen etwa 2,2 t. Der Seitenrichtbereich betrug meist 45 Grad je MG.

Granatsicheres MG-Schild mit zwei Maschinengewehren (Mg.Sch. 8) in der rechten Nahkampfanlage (Anlage I) des Werks Geschwent

Da der Panzer aus P-0-Stahl feindabwärts lag, war er nur 6 cm stark. Darüber ein Scheinwerferwärter mit einem ausfahrbaren 21-cm-Scheinwerfer. Im Ernstfall wurde dieser natürlich von innen bewegt! [Foto KA]

Auch in den Panzerkasematten wurden die MG in der Regel paarweise eingesetzt. Verwendet wurden Panzerkasematten in Kehlkoffern, Kontereskarpenkoffern oder Flankierungsanlagen.

Als weitere, aber seltener genutzte Möglichkeit konnte das MG in gepanzerten Mauerscharten einzeln verwendet werden. Diese Scharten wurden an der inneren Mauerflucht angebracht, das Mauerwerk war dann als Treppen- oder Maulscharte ausgebildet. Diese Scharten wurden Gewehrscharten (G.S.) oder Panzerscharten (P.S.) genannt. Eingesetzt wurden sie nur in minder gefährdeten Bereichen der Werke Lusern und Gschwent.

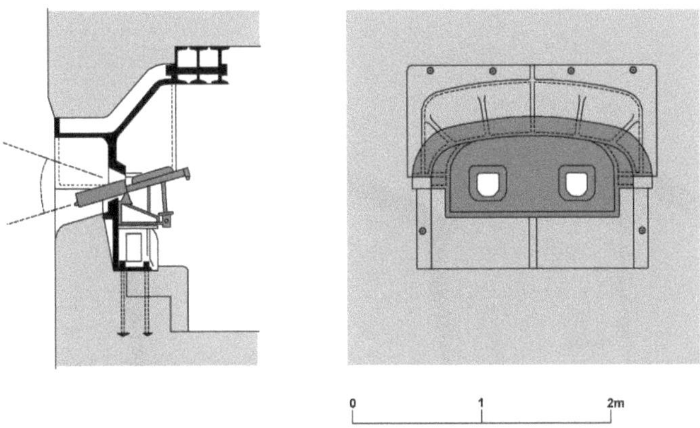

Abbildung 21: Gebirgsgeschützsicheres Maschinengewehrschild aus 60 mm starkem P-0-Stahl in Panzerkasematte (Mg.Sch.)
Links: Seitenansicht, rechts Frontansicht, die von außen sichtbaren Teile sind dunkel gezeichnet

Die Hangards für MG und Scheinwerfer

Die gepanzerten Hangards[12] vereinten drei unterschiedliche Aufgaben in sich:

- Sie wurden als bombensichere Gefechtsausgänge für werkseigene Infanteriestellungen verwendet.
- Sie dienten als offener Aufstellort eines MG M.7 / 12 in einem MG-Kippgestell M.11.
- Sie beherbergten einen 21-cm-Scheinwerfer für die Vorfeldbeleuchtung.

Der Eingang mit einer 200 mm starken bombensicheren Decke aus P-2-Stahl und splittersicherer Tür öffnete sich zur feindabgewandten Seite. Das MG wurde bei einem drohenden Infanterieangriff mit seinem Schutzschild aus 7 mm starkem Stahlblech am Infanteriewall befestigt und innerhalb einer Minute feuerbereit gemacht. Von der Bedienung war dabei nur der MG-Schütze außerhalb des Hangards. Der Scheinwerfer war an der Innenseite der Tür installiert und konnte beim Öffnen derselben herausgeschwenkt werden. Er wurde dann an einem Gestell gehisst, so dass er über die Wallbrüstung hinausreichte. Der Einsatz des Maschinengewehrs und des Scheinwerfers war erst vorgesehen, nachdem das Artilleriebombardement des Angreifers aufgehört hatte und ein gegnerischer Infanterieangriff unmittelbar bevorstand. Der Hangard war als Maschinengewehr- und Scheinwerferhangard (M.u.S.H.) in den vorgelagerten Stützpunkten des Zwischenwerks Sommo zu finden. Als Scheinwerferhangard ohne MG (S.H.) findet man ihn auf den Verdecksaufgängen von Vezzena, Sommo und Sebastiano, als reiner Ausgang (H.) wurde er auf dem Batterieblock von Lusern eingebaut. Die Verwendung dieser Abkürzungen wich in der Praxis jedoch häufig vom tatsächlichen Verwendungszweck der Hangards ab. Beim Werk Sommo und Serrada wurden allerdings auch bombensichere Panzerkuppeln mit MG und Scheinwerfer als M.u.S.H. bezeichnet, obwohl sie von ihrer Form her keine Hangards darstellten.

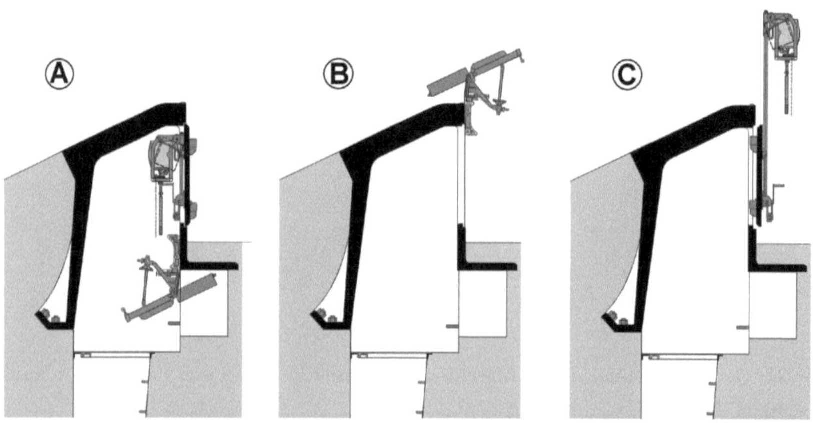

Abbildung 22: Bombensicherer Maschinengewehr- und Scheinwerferhangard (M.u.S.H.)
Der Zugang erfolgte über eine Steigleiter von unten, die Feindrichtung liegt links.
(A) MG und Scheinwerfer in Ruhestellung, (B) MG M.7 im MG-Kippgestell M.11 am Wall in Feuerbereitschaft, (C) Gehisster 21-cm-Scheinwerfer an geöffneter Tür. Der Hangard hatte ein Gewicht von etwa 10 t.

Der drehbare Beobachtungs- und MG-Stand

Die dritte und aufwendigste Bauform des Maschinengewehrpanzers war der drehbare Beobachtungs- und Maschinengewehrstand (B.u.M., im Weiteren als drehbarer Beobachtungsstand bezeichnet). Dieser Stand war in der Regel einmal je Werk vorhanden. Der drehbare Beobachtungsstand lag üblicherweise auf der höchsten Stelle des Werks und war dadurch oft der einzige Punkt, von dem aus eine vollständige Rundumsicht möglich war. Er wurde daher auch manchmal als Kommandantenkuppel bezeichnet.

Der drehbare Beobachtungsstand hatte eine Kuppel von 800 mm Höhe und 1960 mm Durchmesser, die über elastische Puffer auf einem Kuppelring ruhte. Ihre Scheitelstärke betrug 200 mm. Der Kuppelring selbst war über Kugeln auf dem Wulst des fest einbetonierten

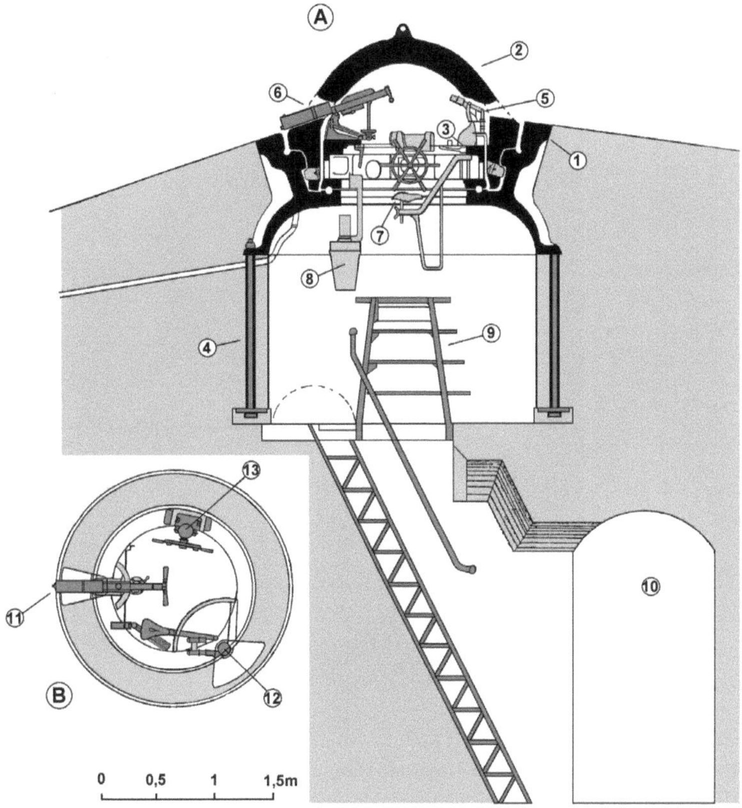

Abbildung 23: Drehbarer bombensicherer Beobachtungs- und Maschinengewehrstand (B.u.M.) (A) Seitenansicht, (B) Aufsicht auf die Kuppel, (1) feststehender Vorpanzer, (2) drehbare Kuppel, (3) Kuppelring, (4) Verankerung des Vorpanzers, (5) Plantisch mit Fernrohr, (6) Scharte mit MG M.7, (7) schwenkbarer Sitz, (8) Wasserbehälter für verschossene MG-Patronenhülsen, (9) Podium, (10) Zugangspoterne, (11) MG-Scharte, (12) Fernrohrscharte, (13) Drehantrieb für die Kuppel

Vorpanzers drehbar gelagert. Ähnlich wie die Turmhaubitzen konnte die Kuppel zum Drehen um 1 bis 10 mm angehoben und in sechs Stellungen arretiert werden. Der 10 cm starke Vorpanzer bestand aus einem Stück und war einen Meter tief in die Betondecke eingelassen.

Die Kuppel besaß eine Scharte für ein Fernrohr (Zeiss-Doppelfernrohr mit 12facher Vergrößerung) und eine weitere Scharte für ein MG M.7. Der Winkel zwischen den beiden Scharten betrug 130 Grad. Der Turm konnte also so gestellt werden, dass beide Scharten dem Feindfeuer abgewandt waren. Der Stand bot nur einem Mann Platz, so dass jeweils nur eine Scharte benutzt werden konnte. Das Fernrohr hatte einen Seitenrichtbereich von 82,5 Grad und einen Höhenrichtbereich von +/- 20 Grad. Die Beobachtung der Front konnte also in der Regel ohne Drehen des Turmes erfolgen. Das MG hatte einen unsymmetrischen Seitenrichtbereich von -10 bis +15Grad und einen Höhenrichtbereich von +/-20 Grad. Zum

Drehbarer Beobachtungs- und Maschinengewehrstand des Postens Vezzena (B.u.M. 14)
Dieser Turm stand ursprünglich auf der höchsten Stelle des Verdecks, bevor er durch das schwere Bombardement im August 1915 untergraben wurde und schließlich Ende September 1915 14 m tief den Hang hinabrollte. Die Aufnahme entstand möglicherweise in den späten 1930er Jahren nach seinem Ausbau durch Schrotthändler. Der Vorpanzer und die Maschinengewehrscharte in der Kuppel sind gut zu erkennen. Im Hintergrund rechts der fixe MG- und Beobachtungsstand (B.u.M.f. 12). [Foto KA]

Schießen musste der Turm nicht arretiert werden, so dass der kleine Seitenrichtbereich ausreichte. Für besonders steile Abhänge konnte der Höhenrichtbereich in einem Sektor bis zu -35 Grad erhöht werden. Die Gewichte betrugen:

Kuppel	9,5 t
Vorpanzer	8,5 t
Inneneinrichtung	1,6 t
Summe	**19,6 t**

Der Zugang erfolgte bei den Panzerständen in der Regel, wie in Abbildung 23 gezeigt, direkt von unten. In den Werken Verle und Lusern hatten die Beobachtungsstände einen seitlichen Zugang ähnlich wie bei den fixen Panzerkuppeln, der durch einen Rückenpanzer (Panzerkalotte) am Vorpanzer geschützt war.

Die 10-cm-Turmhaubitze M.9

Die Hauptbewaffnung der Werke waren jeweils zwei bis vier 10-cm-Turmhaubitzen T.H. M.9 in drehbaren Panzertürmen. Die Entwicklung der Turmhaubitze M.9 ging auf einen Entwurf des Genie-Oberst Ellison von Nidlef aus dem Jahr 1907 zurück. Er sah entgegen den in dieser Zeit meist verwendeten Turmlafetten, in denen die Geschützlafette fest an die Turmkalotte gekoppelt war, eine vollständige Entkopplung von Geschütz und Turm durch den Einsatz einer besonderen Minimalschartenlafette vor. Diese Konstruktion versprach mehrere Vorteile: Zum einen musste zum seitlichen Richten des Geschützes nicht immer der tonnenschwere Turm bewegt werden, so dass Zielwechsel schneller vorgenommen werden konnten. Zum anderen befürchtete man bei einer festen Kopplung von Geschütz und Turmkalotte, dass letztere beim Abschuss in Schwingungen geraten könnte, die sich dann wieder auf das Geschützrohr übertragen und dessen Treffsicherheit beeinträchtigen könnten. Weiters konnte das Geschütz samt Lafette bei einer Beschädigung des Panzerturms ausgebaut und außerhalb des Werks eingesetzt werden. Von dieser Möglichkeit wurde bei den Werken Verle und Lusern im Krieg reger Gebrauch gemacht.

Der Prototyp der Turmhaubitze Modell M.6 hatte eine Kuppelstärke von nur 160 bis 200 mm. Die Depression der Haubitze betrug nur -8 Grad, dafür war die Kuppel um etwa 20 cm flacher als die des Nachfolgemodells M.9. Das Rohr des Versuchsgeschützes war nur 1,475 m lang und ragte praktisch nicht aus der Schießscharte der Kuppel heraus. Im Jahr

Turmhaubitze Nr. II des Werks Serrada nach einem Kuppeltreffer während der Reparaturarbeiten
Im Hintergrund erkennt man den Gipfel des Col Santo, der vom Mai 1915 bis zum Mai 1916 in italienischer Hand war. [Foto SO]

1908 erfolgte die Erprobung des Typs M.6 auf dem Schießplatz Felixdorf bei Wiener Neustadt, indem 25 kg Ekrasit auf der 200 mm starken Kalotte aus P-2-Stahl gezündet wurden. Es entstand nur ein Eindruck von 16 mm Tiefe in der Kuppel, Rissbildung wurde nicht beobachtet. Allerdings platzten auf der Innenseite Splitter des Panzers ab und beschädigten Teile der Einrichtung. Dieser Prototyp wurde später als mittleres Geschütz in der Batterie des Werks Gschwent eingebaut. Bei dem später in den Werken verwendeten Modell M.9 wurde die Scheitelstärke der Panzerkuppel auf 250 mm erhöht, wodurch sich das Gewicht der Kuppel von 15,8 t auf 18,7 t erhöhte. Durch eine geänderte Anordnung des Vorholers am Geschütz konnte die maximale Depression des Rohrs auf -15 Grad erhöht werden. Dies bot den Vorzug, von erhöhten Gebirgspositionen aus ein wirksames Sturmabwehrschießen gegen angreifende Infanterie durchführen zu können. Die Gewichte der Panzerteile betrugen:

Kuppel	18,7 t
Vorpanzer (2 Teile)	8,9 t + 7,7 t
Eingangsdecke	2,3 bis 4 t
Gesamtgewicht	**ca. 39 t**

Der Panzerturm hatte einen Innendurchmesser von 2,68 m. Er ruhte auf einem Vorpanzer, der aus zwei miteinander verschraubten Segmenten aus 25 cm starkem Gussstahl bestand. Der Vorpanzer war einen Meter tief in der Betondecke eingelassen, seine Stärke verjüngte sich nach unten auf zirka 7 cm. Der Zugang erfolgte über eine Treppe von schräg unten, so dass ein besonderer Eingangspanzer über der Decke der Zugangspoterne im Anschluss an den Vorpanzer notwendig war. Der Ringwulst am oberen Rand des Vorpanzers war auf seiner Unterseite mit 24 Aussparungen versehen, die jeweils um 15 Grad versetzt waren. Ein beweglicher Kuppelriegel rastete in dieser Verzahnung ein und fixierte den Turm in einer der 24 Positionen. Sechs Klauendübel unterhalb des Ringwulstes verhinderten, dass die Turmkalotte bei einem Treffer abgeworfen wurde. Im Turm befand sich ein auf Kugeln gelagertes, drehbares Podium, auf dem auch die Haubitze in Minimalschartenlafette stand. Um den Turm in eine der 24 Positionen zu drehen, wurde er mit zwei Hebevorrichtungen, die mit jeweils zwei Gummipuffern an vier Stellen der Kalotte ansetzten, um einen Millimeter angehoben, so dass sein Gewicht nicht mehr auf dem Vorpanzer, sondern auf dem Podium lagerte. Nach dem Lösen des Kuppelriegels konnte das Podium mitsamt der Kuppel in die gewünschte Position gedreht werden. Die Kuppel wurde anschließend wieder auf den Vorpanzer abgelassen und mit dem Kuppelriegel gegen Verdrehen gesichert. Die Haubitze wurde dann durch seitliches Schwenken um das Pivot der Minimalschartenlafette feingerichtet. Zur Beseitigung von etwaigen Verklemmungen konnte der Turm um bis zu 10 mm angehoben werden. Die Drehung um ein Segment (15 Grad) mit Anheben und Absenken dauerte 15 Sekunden. Für den Nahkampf konnte jedoch auch in angehobener Stellung geschossen werden, die entsprechende Drehung dauerte dann nur noch fünf Sekunden.

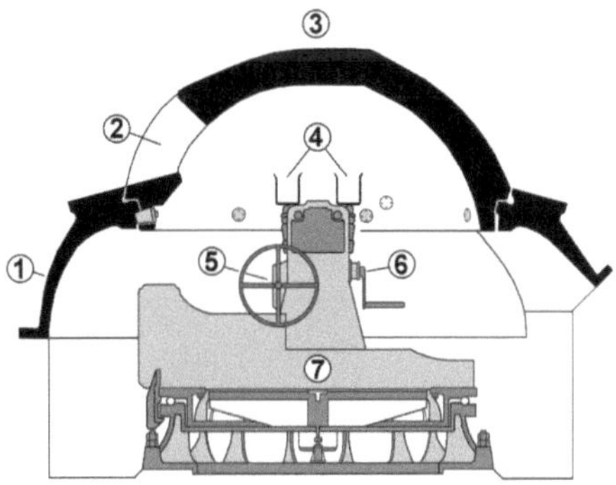

Abbildung 24: Mechanik der Panzerkuppel
Links: Panzerkuppel von der Seite, rechts: Panzerkuppel von hinten. Die Haubitze ist wegen der besseren Übersichtlichkeit nicht eingezeichnet. (1) Vorpanzer, (2) Schießscharte, (3) Panzerkuppel, (4) Ansetzpunkte der Hebevorrichtung an der Panzerkuppel, (5) Schwenkvorrichtung zum Drehen des Podiums und der Kuppel, (6) Hebevorrichtung, (7) drehbares Podium, (8) Visierscharte

Die abgeworfene Panzerkuppel der Turmhaubitze Nr. III des Werks Lusern offenbart im Mai 1916 die sonst verborgenen Details der Inneneinbauten.
Das Geschütz wurde im September 1915 entfernt. Durch den weggeschossenen Beton liegt der Vorpanzer bloß und schief auf den Trümmern. (1) Kuppel-Hebevorrichtung, (2) drehbares Podium, (3) Trennfuge des zweiteiligen Vorpanzers, (4) Spuren von zwei Treffern auf dem Rand des Vorpanzers, (5) auf dem Kopf liegende Panzerkuppel, (6) zwei von insgesamt vier Ansetzpunkten der Kuppelhebevorrichtung, (7) Putzloch zum Reinigen des Spalts zwischen Panzerkuppel und Vorpanzer (insgesamt zwei Stück), (8) Löcher für die Klauendübel zum Fixieren der Panzerkuppel auf dem Vorpanzer (insgesamt sechs Stück) [Foto SB mit Bearbeitung durch den Autor]

Der Seitenrichtbereich in der Minimalschartenlafette betrug +/- 11,25 Grad (400 Strich[13]), der Zielbereich überlappte sich also mit denen der links und rechts liegenden Kuppelpositionen. Ein häufiges Wechseln der Turmposition bei Zielen an der Grenze zwischen zwei Kuppelpositionen konnte dadurch vermieden werden. Auch war es möglich, bei einer blockierten Kuppel zumindest noch in einem beschränkten Seitenrichtbereich zu wirken. Die Seitenrichtung wurde vom Batteriekommandanten nicht mit einer Zahl zwischen 0 und 6400 Strich angegeben, sondern mit der Kuppelstellung für die Panzerkuppel, gefolgt von der Seitenrichtung für die Haubitze in ihrer Minimalschartenlafette. Das Kommando vom Beobachtungsstand an den Geschützführer lautete dann beispielsweise »Kuppelstellung 16 – Seite 137«. Der Planzeiger des Zielfernrohrs in den drehbaren und feststehenden Beobachtungsständen erlaubte das Ablesen der Zielrichtung in eben jener Bezeichnungsweise. Der Höhenrichtbereich betrug -15 bis +43 Grad. Der große Höhenrichtwinkel bedingte eine hohe Schartenöffnung für das Geschütz. Gegen Witterungseinflüsse wurden die Geschütz- und die Zielfernrohrscharte durch einen besonderen Blechaufbau geschützt, der im Kampf abgenommen wurde.

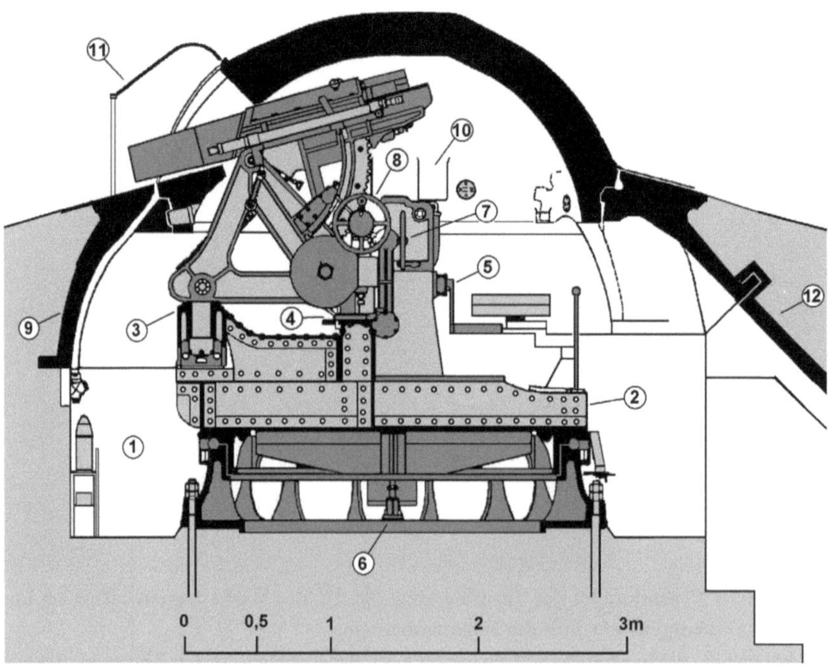

Abbildung 25: 10-cm-Turmhaubitze T.H. M.9
(1) Ringgalerie mit Bereitschaftsmunition, (2) drehbares Podium, (3) Pivotblock zum seitlichen Schwenken des Geschützes, (4) Schleifblock als Auflage für die Geschützlafette, (5) Hebe- und Schwenkvorrichtung für die Turmkalotte, (6) Schraubengewinde, (7) Seitenrichtmaschine für das Geschütz in der Minimalschartenlafette, (8) Höhenrichtmaschine, (9) Vorpanzer, (10) Kuppel-Hebevorrichtung, (11) Wetterschutzhaube, (12) Eingangspanzer

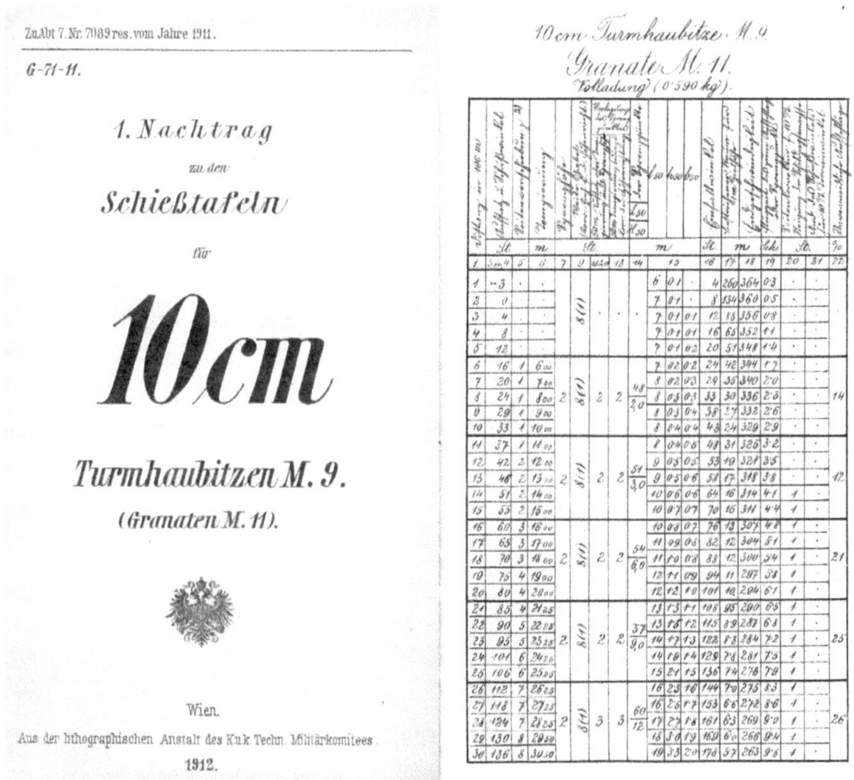

Abbildung 26: Schießtafel für die Turmhaubitze M.9 [Bild SH]
Dieses Tabellenwerk enthielt die sogenannten Schießelemente. Die Artilleristen mussten hieraus blitzschnell die notwendige Stärke der Treibladung, die verschiedenen Richtwinkel für das Geschütz und die Tempierung der Schrapnells ablesen und dann an ihren Haubitzen bzw. Granaten einstellen.

Die Turmhaubitze M.9 ging aus der leichten Feldhaubitze M.99 hervor. Hierfür wurde das Geschützrohr zur Steigerung der Reichweite von 1,475 m (L13) auf 1,765 m (L17) verlängert. Die 10-cm-Haubitzen hatten ein nominales Kaliber von 10,4 cm. Das Rohr aus Stahlbronze mit progressivem Drall und hydraulischer Rücklaufbremse ermöglichte bei einer Mündungsgeschwindigkeit von 370 m/s für die Schrapnellgranate M.9 und für die Sprenggranate M.11 eine Reichweite von 7,3 km. Diese Reichweite der Turmhaubitzen erlaubte die Deckung des nächsten und meist auch übernächsten Nachwerks, wenn dieses durch Infanterieangriffe bedroht sein sollte. Das Visierfernrohr auf unabhängigem Aufsatz[14] galt zu dieser Zeit als absolut modernes Richtmittel. Der Flachkeilverschluss erlaubte eine Schussfolge von bis zu 10 Schuss in der Minute. Erst wenn man bedenkt, dass die entsprechende Feldhaubitze nur das Abfeuern von einem Schuss pro Minute erlaubte, wird einem verständlich, wie groß die Feuerkraft einer befestigten Haubitzenbatterie im Vergleich zu einer Feldbatterie gewesen ist!

Als Munition diente neben anderen Modellen die 16,2 kg schwere Schrapnellgranate M.9, gefüllt mit 758 Füllkugeln Kaliber 11,7 mm, sowie die Ekrasitgranate M.11. Der Munitionsvorrat betrug planmäßig 400 Ekrasitgranaten und 600 Schrapnellgranaten je Geschütz, er wurde jedoch nach der Mobilmachung verdoppelt. In der Ringgalerie lagerte die Bereitschaftsmunition von 57 Schuss. Die verschossenen Patronenhülsen wurden in einem Sack gesammelt und im Manipulierraum wieder mit einer neuen Treibladung versehen. Die Patronen konnten mit acht verschieden starken Ladungen gefüllt werden, so dass gemeinsam mit der Rohrerhöhung sowohl die Reichweite als auch der Einfallswinkel der Geschosse beeinflusst werden konnten. Die starke Depression des Höhenrichtbereichs ermöglichte den Einsatz des Geschützes zum Sturmabwehrschießen im direkten Vorfeld. Dazu konnte der Brennzünder der Schrapnellgranate auf eine Distanz von bis zu 5 m tempiert[15] werden. Außer in Südtirol wurden diese Turmhaubitzen nur noch in einigen Werken in Bosnien-Herzegowina[16] eingebaut.

Bei weiteren Schießversuchen mit dem 30,5-cm-Mörser M.11 im Jahr 1913 zeigte sich, dass der niedrige Vorpanzer einen Schwachpunkt der Panzerung darstellte. Daraufhin konzipierte man das Nachfolgemodell T.H. M.14 für 10- und 15-cm-Haubitzen mit einem 2,30 m tiefen und bis zu 30 cm starken Vorpanzer. Die Stärke der Panzerkuppel wurde von 25 cm auf 30 cm erhöht. Das Kuppelgewicht stieg dadurch von 18,7 auf 22,5 t, das des Vorpanzers sogar von 17,6 auf 51 t. Diese Turmhaubitze war für das Werk Valmorbia vorgesehen, wurde aber wegen des Kriegsbeginns dort nicht mehr eingebaut.

Die Traditorenbatterie

Die Traditorenbatterie zur Bestreichung der Räume zwischen zwei benachbarten Werken war gegen direkten feindlichen Beschuss und Sicht durch ihre seitliche Lage im Werk und durch Mauervorsprünge in Feindrichtung geschützt. Die Geschütze standen in Minimalschartenlafetten hinter bombensicheren Kasematt-Panzerschilden (K.P.). Diese Geschütze konnten erst dann in Aktion treten, wenn der Gegner einen Durchbruchsversuch zwischen den Werken versuchte. Da bei einem Sturmangriff zu dieser Zeit keine schweren Waffen mitgeführt werden konnten, war die anstürmende Infanterie den auf sie lauernden Traditorengeschützen wehrlos ausgeliefert.

Kanonen konnten als Flachfeuergeschütze dazu nur in einigermaßen übersichtlichem Gelände eingesetzt werden, wie es beispielsweise auf dem Vezzena-Sattel der Fall war. Daher erhielten Lusern und Verle als einzige Werke dieser Sperrlinie jeweils eine Kanonenbatterie mit je zwei 8-cm-Minimalschartenkanonen M.K. M.5 / 9. Das Werk Sebastiano besaß als einziges Fort der Alpenfront eine Traditorenbatterie mit zwei 10-cm-Kasematthaubitzen K.H. M.12 zur Deckung des durch zahlreiche Senken unterbrochenen Zwischenraums zu den Werken Sommo und Serrada. In den Werken Gschwent, Sommo und Serrada waren ursprünglich ebenfalls Traditorenbatterien projektiert, aus Kostengründen aber nicht verwirklicht worden.

8-cm-Minimalschartenkanone M.5 in ausgelagerter Stellung
Möglicherweise handelt es sich bei dieser Aufnahme um das Geschütz des Werks Verle, das im Herbst 1915 am Fuße der Cima Vezzena im Stützpunkt Nr. 50 eingebaut wurde. [Foto SH]

Angegliedert an die Traditorenbatterie waren ggf. MG- und Scheinwerferstände. Ebenerdige Scharten wie bei Lusern wurden durch Gewehrscharten flankierend geschützt.

Die 8-cm-Minimalschartenkanone M.5 und M.5/9

Die 8-cm-Minimalschartenkanone M.K. M.5 war ein Abkömmling der Feldkanone M.5, dem Hauptgeschütz der österreichischen Feldartillerie im Ersten Weltkrieg. Sie hatte ein nominales Kaliber von 76,5 mm. Das Stahlbronzerohr aus einem Gussstück hatte eine Länge von 2295 mm (L30). Österreich war zu dieser Zeit das einzige Land in Europa, das Schnellfeuerkanonen mit Bronzerohren[17] verwendete. Die Züge des Rohrs besaßen einen progressiven Drall. Die dadurch erreichte hohe Rotationsgeschwindigkeit des Geschosses sollte die Treffsicherheit verbessern. Der Flachkeilverschluss sowie die Rücklaufbremse mit automatischem Vorholer begünstigten die hohe Feuergeschwindigkeit von 12 bis 20 Schuss in der Minute, die zum Sturmabwehrschießen in den Intervallen notwendig war. Ein Zielfernrohr mit unabhängigem Aufsatz ermöglichte genaues Punktfeuer.

Die Minimalscharte bedingte, dass der vertikale Drehpunkt des Geschützes weit nach vorn verlegt wurde, so dass zum Gewichtsausgleich ein 400 kg schweres Gegengewicht verwendet wurde, das über Seilrollen in einem Schacht unter dem Geschütz hing. Der Seitenrichtbereich betrug 80 Grad, der Höhenrichtbereich für die Kasemattkanone M.5 betrug +20 bis -15 Grad. Das bombensichere Kasematt-Panzerschild hatte eine Stärke von 200 mm und ein Gewicht von 9,0 t.

Die Schussweite erreichte 6,5 km für die 6,5 kg schweren Schrapnell- und Sprenggranaten. Zur Sturmabwehr konnten Kartätschen bis 400 m weit geschossen werden. Der Munitionsvorrat betrug planmäßig 150 Sprenggranaten und 350 Schrapnellgranaten je Geschütz. Er wurde vor Kriegsbeginn auf über 1000 Schuss je Geschütz erhöht.

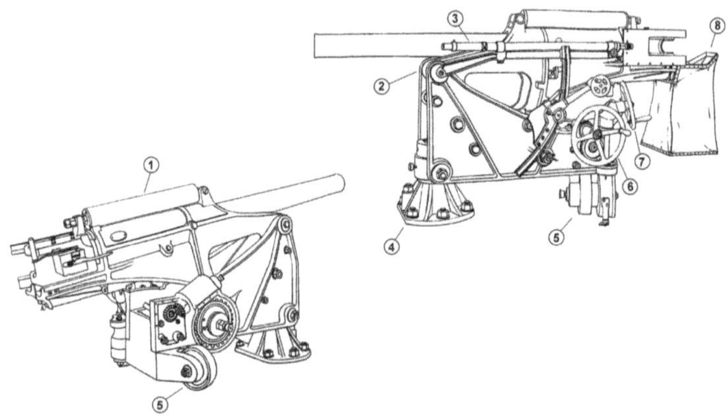

Abbildung 27: 8-cm-Minimalschartenkanone M.5
(1) Vorholvorrichtung, (2) Drehpunkt der Rohrwiege, (3) Visierfernrohr, (4) Pivotblock, (5) Laufrollen, (6) Höhenrichtmaschine, (7) Seitenrichtmaschine, (8) Hülsenfangsack

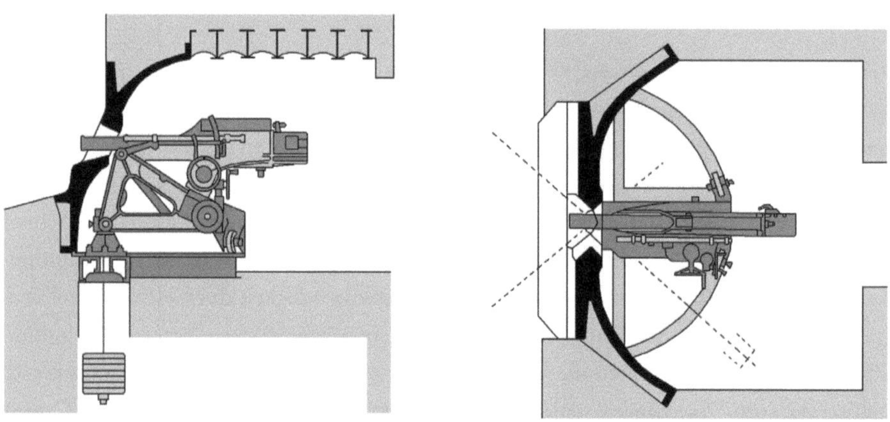

Abbildung 28: 8-cm-Minimalschartenkanone M.5/9 hinter bombensicherem Kasematt-Panzerschild (K.P.)
Links Seitenriss, rechts Grundriss. Man beachte die geänderte Lafettierung gegenüber dem Modell M.5.

Beim moderneren Muster M.5 / 9 aus dem Jahr 1909 wurden die Lafette und die Rohrwiege so verändert, dass das Rohr kaum noch aus der Geschützscharte herausragte. Das Modell M.5 / 9 wurde wahrscheinlich in den Werken Verle und Lusern eingesetzt. Das Geschütz samt Panzerung und Einbauten kostete zirka 120 000 Kronen.

Die 10-cm-Kasematthaubitze M.12

Die 10-cm-Kasematthaubitze K.H. M.12 leitete sich aus der Turmhaubitze M.9 ab, die hydraulische Rücklaufbremse saß jedoch wie bei dem Prototyp M.6 oberhalb des Geschützrohrs. Sie ermöglichte die Bekämpfung von Zielen in den Intervallen, die sich der direkten Beobachtung entzogen, weil sie in Tälern oder Senken lagen. Die ballistischen Daten glichen der Turmhaubitze M.9. Die Kasematthaubitze M.12 hinter Kasematt-Panzerschild wurde nur im Werk Sebastiano eingebaut. Weitere Geschütze dieses Typs waren für das Werk Valmorbia vorgesehen, sie kamen dort jedoch nicht mehr zum Einbau.

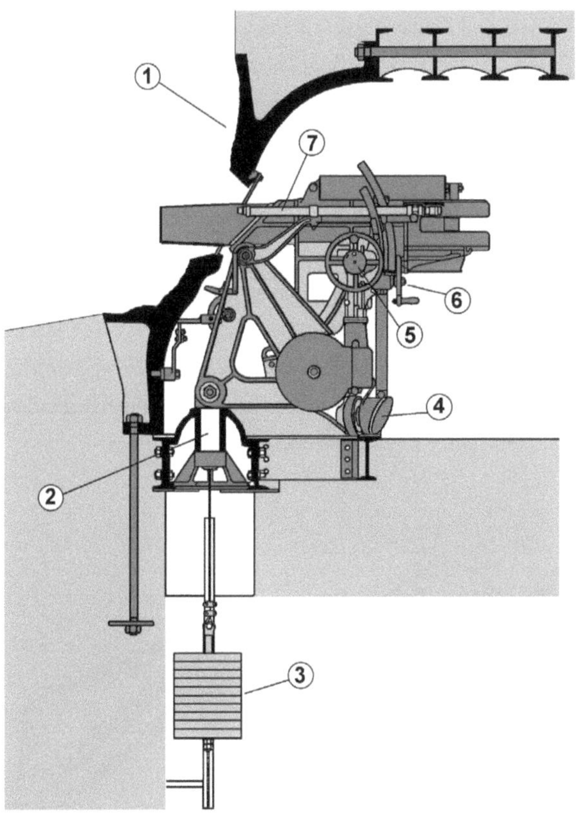

Abbildung 29: 10-cm-Kasematthaubitze K.H. M.12 hinter bombensicherem Haubitz-Kasemattpanzerschild (H.KP.)
(1) Stirnpanzer, (2) Pivotblock, (3) Gegengewicht, (4) Laufrollen, (5) Höhenrichtmaschine, (6) Seitenrichtmaschine, (7) Visierfernrohr

Nahkampfanlagen und Konter- eskarpenkoffer

Um jedes Werk befand sich ein 15 m breites Drahthindernis zur Abwehr von Infanterieangriffen. Auch wurden Minenfelder (Landtorpedos) angelegt. Ein Frontgraben von 8 m Breite und 8 m Tiefe, der in den Fels gesprengt war, erschwerte die Annäherung feindlicher Infanterie.

Die Grabenverteidigung erfolgte aus einem Kontereskarpenkoffer, der meist so in die äußere Grabenwand [18] eingepasst war, dass nur die feindabwärts gelegene Wand des Koffers sichtbar war. Nur bei dem Werk Gschwent ragte der Kontereskarpenkoffer in den Graben, da dieser linear und nicht gewinkelt ausgeführt war. Diese Grabenwehr konnte erst dann in Aktion treten, wenn der Gegner im Begriff war, den Hindernisgraben zu durchschreiten. Theoretisch befand sich der Angreifer dann in der misslichen Lage, vor und hinter sich die steile Felswand zu sehen, links und rechts deckungsloses Gelände und neben sich eine Werksbesatzung, deren Waffen und Panzerung er nichts Gleichwertiges entgegensetzen konnte. Andererseits war die Besatzung des Kontereskarpenkoffers während des Gefechts zur Untätigkeit verurteilt, solange der Feind nicht bis zum Graben vorgedrungen war.

Die Gräben waren zu den Werksflanken hin offen, so dass die Waffenwirkung des Kontereskarpenkoffers über das eigentliche Werksgelände hinausreichte. Die Kontereskarpenkoffer waren meist mit zwei bis vier 6-cm-Kasemattkanonen K.K. M.10 hinter Stirnpanzern und zwei bis vier MG in Panzerkasematten bewaffnet. Des Weiteren besaß der Kontereskarpenkoffer ein bis zwei 21-cm-Scheinwerfer zur Ausleuchtung des Grabens und eine Ausfallpforte für Gegenangriffe der Besatzung. Verbunden war der Kontereskarpenkoffer mit dem Hauptwerk über eine Poterne, die 3,5 m unter dem Graben in den Fels getrieben war. Meist lag der Kontereskarpenkoffer im Schussbereich der MG einer gegenüberliegenden Panzerkuppel, so dass die toten Winkel auf seiner Decke gedeckt waren.

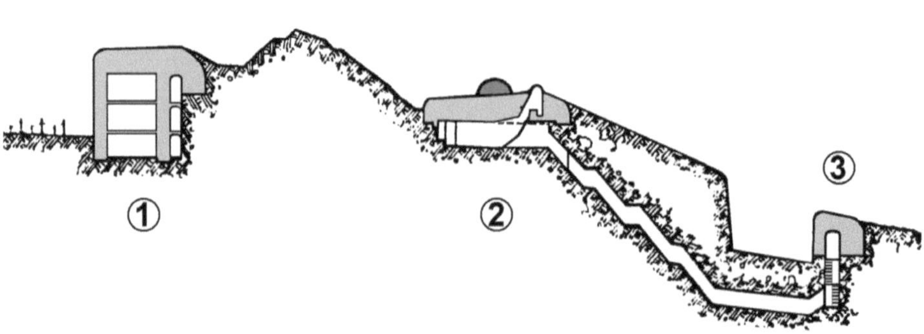

Abbildung 30: Seitenriss durch das Werk Verle
(1) Kasemattenblock, (2) Batterieblock, (3) Frontgraben mit Kontereskarpenkoffer

Der Graben vor dem Kontereskarpenkoffer des Werks Serrada liegt im Frühjahr 1916 noch im tiefen Schnee, der in diesem Fall Angreifer und Verteidiger gleichermaßen behindert hätte. Das Obergeschoss des Koffers beherbergte vier Maschinengewehre, die beiden 6-cm-Kasemattkanonen im Erdgeschoss sind hinter der Schneewechte verborgen. [Foto SP]

Regendachförmige Abweisgitter über den Schießscharten dienten der Abwehr von Pionierangriffen mit Brandrohren, die von der Decke des Koffers herabgelassen werden konnten, um sie vor den Schießscharten zu zünden und somit die Besatzung auszuräuchern. Auffallend an den meisten Werken war der weitgehende Verzicht auf Gewehrscharten, die allenfalls zur Flankierung ebenerdig liegender MG- oder Kanonenscharten eingesetzt wurden. Die Gewehrscharten waren als Treppenscharten ausgebildet und mit einem 14 mm starken Panzerschild versehen. Die Treppe war mit Hartholz ausgekleidet, das als Kugelfang diente und das Herumfliegen von Gesteinssplittern verhindern sollte.

Einige Werke besaßen eigenständige Nahkampfanlagen, die abgesetzt vom Kasemattenblock schusstote Winkel im Nahbereich der Werke erfassen sollten. Sie waren mit MG in Panzerkasematte oder Panzerkuppel bewaffnet und verfügten über elektrische Scheinwerfer. Bei kurzen Entfernungen zum Kernwerk erfolgte die Verbindung durch Poternen (Verle, Gschwent, Sommo und Serrada), bei Lusern über Laufgräben.

Für den Fall, dass der Gegner in das Werksgelände eindringen sollte und demzufolge mit feindlichem Artilleriebeschuss auf die Werksdecke nicht mehr zu rechnen war, waren bei einigen Werken betonierte oder in den Fels gesprengte Schützengräben vorhanden. Zu Kriegsbeginn wurden auf den Werksdecken zusätzlich Sandsackstellungen für die Infanterie errichtet, die den Beschuss durch die italienische Belagerungsartillerie jedoch nur wenige Minuten überstanden haben dürften.

Die 6-cm-Kasemattkanone M.10

Die 6-cm-Kasemattkanone K.K. M.10 hatte ein nominales Kaliber von 5,7 cm, die Rohrlänge betrug 1425 mm (L30), das Rohrgewicht 127 kg. Die Minimalschartenlafette wog 535 kg. Auch dieses Geschütz besaß eine Rücklaufbremse und einen Flachkeilverschluss, so dass eine Feuergeschwindigkeit von 12 bis 15 Schuss je Minute erreicht wurde. Da ihr Einsatzschwerpunkt im Sturmabwehrschießen auf kurze Distanzen und nicht im Bekämpfen von Punktzielen lag, begnügte man sich mit einer Visiereinrichtung mit Kimme und Korn.

Der Richtwinkel betrug horizontal 40 bis 100 Grad, vertikal -35 bis +20 Grad. Die Panzerstände für die Kasemattkanonen entsprachen weitgehend denen der MG-Stände. Verschossen werden konnten Kartätschen M.98 mit 82 Füllkugeln Kaliber 16 mm, das Schrapnell M.98 mit 111 Füllkugeln Kaliber 12 mm und Sprenggranaten M.98 mit einem Geschossgewicht von 2,7 kg. Mit einer Kartätschensalve konnte der Frontgraben auf seiner ganzen Länge freigeschossen werden. Der Munitionsvorrat betrug 200 Granaten und 400 Kartätschen je Geschütz.

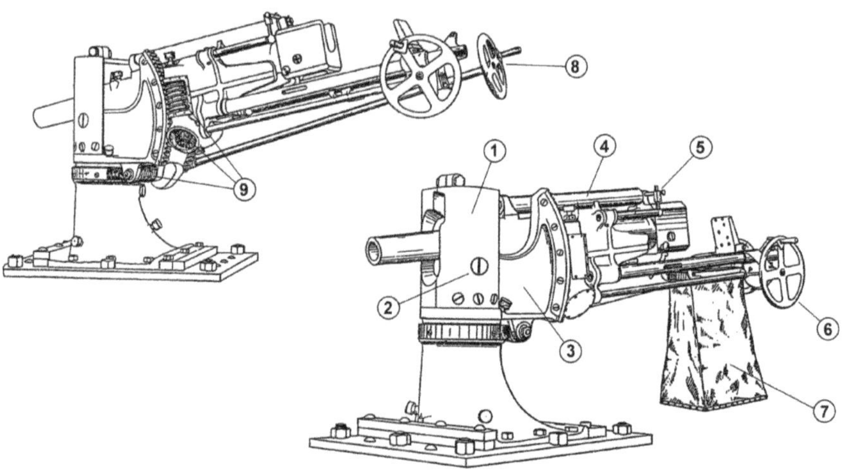

Abbildung 31: 6-cm-Kasemattkanone K.K. M.10
(1) Schartenblende, (2) Wiegendrehbolzen, (3) Wiege, (4) Vorholvorrichtung, (5) Aufsatz (Visiereinrichtung), (6) Höhenrichtmaschine, (7) Hülsenfangsack, (8) Seitenrichtmaschine. Im Bild oben links sind die Abdeckungen der Schneckenantriebe (9) abgenommen.

Die Kasemattkanone wurde stets paarweise in Panzerkasematten eingestellt. Eine drehbare Schartenblende verschloss hierbei den Spalt zwischen dem Panzerschild und dem Geschützrohr, um die Bedienung vor Nahangriffen zu schützen. Ja nach ihrer Gefährdung durch direktes Feuer waren die Panzerschilde 12 cm stark (feldgeschützsicher) oder 20 cm stark (bombensicher).

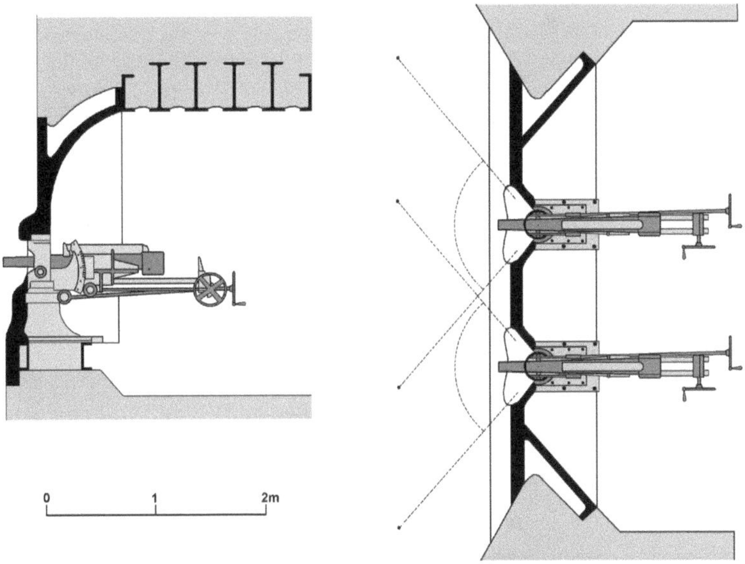

Abbildung 32: 6-cm-Kasemattkanone M.10 hinter feldgeschützsicherem Kasematt-Panzerschild (K.Sch.)
Links: Seitenriss, rechts: Grundriss. Der Panzerschild hatte ein Gewicht von 13 Tonnen.

Die Feuerleitung

Das Verfahren zur Leitung der Artillerie soll am Beispiel des Werks Lusern dargestellt werden. Die beiden 8-cm-Minimalschartenkanonen bildeten die Kanonenbatterie, die vier 10-cm-Turmhaubitzen waren in zwei Halbbatterien zu je zwei Geschützen zusammengefasst. Das Feuer der Artillerie konnte von drei gepanzerten Beobachtungsständen auf dem Kernwerk (zwei drehbare und ein feststehender) mittels Sprachrohrverbindung oder Telefon geleitet werden. Hierbei wurden je nach Bedarf und Beobachtungsmöglichkeiten entweder alle Geschütze von einem Beobachter gemeinsam geführt, oder aber die Feuerkraft wurde auf die drei Batterien bzw. Halbbatterien aufgeteilt, so dass sie unabhängig voneinander unterschiedliche Ziele bekämpfen konnten. Zu den drei Beobachtern des Kernwerks kamen noch je einer auf den Nahkampfanlagen Viaz und Oberwiesen sowie der vorgelagerte Beobachter auf der Cima Norre hinzu. Diese Beobachter mussten wegen der größeren Entfernung zu den Batterien das Feuer über Telefon leiten. Dieses System erlaubte es, sich der jeweiligen Gefechtssituation sehr flexibel anzupassen und die Geschütze optimal einzusetzen.

Zur Feuerleitung gehörte auch die Berechnung der sogenannten Schießelemente. Je nach gewünschter Reichweite mussten den Kanonieren die Höhenrichtwerte, die Tempierung der Schrapnellgranaten sowie bei den Haubitzen die Anzahl der Ladungen vorgegeben werden. Zur schnellen Berechnung dieser Daten dienten den Artillerieoffizieren die für den jeweiligen Geschütz- und Granattyp passenden Schießtafeln.

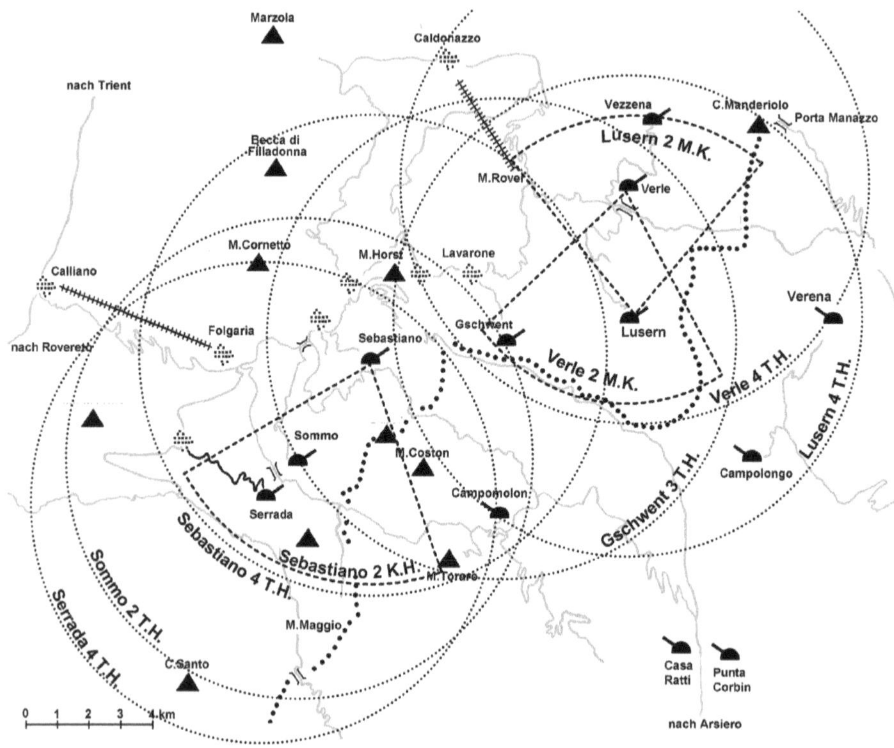

Abbildung 33: Artillerieplan der österreichischen Festungen
Die Karte zeigt die theoretischen Reichweiten der 10-cm-Turmhaubitzen M.9 (T.H.) mit 7,3 km, der 10-cm-Kasematthaubitzen M.12 (K.H.) mit 7,3 km und der 8-cm-Minimalschartenkanonen M.5/9 (M.K.) mit 6,5 km. Bei höher gelegenen Zielen wie beispielsweise dem Fort Verena war die Reichweite je 100 m Höhenunterschied um etwa 100 m kürzer. Die Grafik zeigt eindrucksvoll die dichten und überlappenden Schussbereiche, die bis weit über die Staatsgrenze reichten.

WERKSBEWAFFNUNG: EINE ZUSAMMENFASSUNG

	Vezzena	Verle	Lusern	Gschwent	Sebastiano	Sommo	Serrada
Fernkampfgeschütze in Panzerkuppeln	—	4 10-cm-T.H. M.9	4 10-cm-T.H. M.9	3 10-cm-T.H. M.9	4 10-cm-T.H. M.9	2 10-cm-T.H. M.9	4 10-cm-T.H. M.9
Flankierungsgeschütze hinter Stirnpanzer	—	2 8-cm-M.K. M.5/9	2 8-cm-M.K. M.5/9	—	2 10-cm-K.H. M.12	—	—
Grabengeschütze hinter Stirnpanzer	—	4 6-cm-K.K. M.10	2 6-cm-K.K. M.10	—	2 6-cm-K.K. M.10	—	2 6-cm-K.K. M.10
Panzerkasematten (Mg.St., Mg.St.f., Mg.Sch., B.u.M.f.)	—	4 mit je 2 MG	4 mit je 2 MG[19]	7 mit je 2 MG 2 mit je 1 MG	5 mit je 2 MG	1 mit 2 MG	3 mit je 2 MG
Panzerkuppeln (Mg.St., Mg.St.f., B.u.M.f.)	2 mit je 2 MG	3 mit je 2 MG	3 mit je 2 MG[20]	2 mit je 2 MG	3 mit je 2 MG	4 mit je 2 MG 4 mit je 1 MG	4 mit je 2 MG 1 mit 3 MG 1 mit 4 MG
Drehbare Beobachtungs- und MG-Stände (B.u.M.)	1 mit 1 MG	1 mit 1 MG	2 mit je 1 MG	—	1 mit 1 MG	1 mit 1 MG	1 mit 1 MG
Hangards für MG (M.u.S.H.)	—[21]	—	—	—	—	3 mit je 1 MG	—
MG in Mauerscharte (G.S., P.S.)	—	—	3	2	—	—	—
Anzahl Festungs-MG M.7 gesamt	5	15	19	22	17[22]	18	22

10 Die historischen Quellen

Wer sich heute ernsthaft mit der Geschichte der einzelnen Festungen beschäftigt, ist hauptsächlich auf historische Quellen angewiesen. Bei den Recherchen in diesen Quellen stößt man regelmäßig auf die Namen von Hauptmann Rudolf Schneider[23], Hauptmann Eugen Luschinsky[24] und Karl Lipscher.

Hauptmann Schneider projektierte um 1908 das Werk Gschwent und war im Krieg ab dem 1. Juli 1915 im Geniestab des Sperrgruppenkommandos Lavarone (Gruppe Ellison). Seine Aufgabe war es, die technische Verteidigung der Werke sicherzustellen, die notwendigen Reparaturmaßnahmen zu veranlassen und für Nachschub von Baumaterial und Arbeitern zu sorgen. Im Jahr 1943 verfasste er im Auftrag der deutschen Wehrmacht eine Denkschrift über die österreichische Landesbefestigung im Ersten Weltkrieg. Seine Berichte über die Festungen, ihre Schäden sowie die Reparaturarbeiten sind meist von großer Genauigkeit und Verlässlichkeit gekennzeichnet. Allerdings neigte Schneider, wie die meisten Genieoffiziere, dazu, den Wert der Festungsanlagen überzubewerten.

Hauptmann Luschinsky war der Planer des Werks Sebastiano, er galt als Spezialist für Panzerkonstruktionen in Festungswerken. Im Krieg war er ebenfalls für die Genietruppe tätig und verfasste einige Berichte über österreichische und auch italienische Festungen. Leider neigte Luschinsky in seinen Beschreibungen manchmal zu Verwechslungen, Irrtümern und Ungenauigkeiten, so dass die von ihm verfassten Darstellungen nicht ungeprüft übernommen werden können.

Erheblich erschwert wird die Forschung durch das Fehlen wichtiger Unterlagen wie beispielsweise der meisten Originale der Werkstagebücher der Kommandanten. Auf diese Wissenslücke stieß schon in den 1920er Jahren Karl Lipscher. Über seine Person ist wenig bekannt, möglicherweise war er im Krieg als Landsturmingenieur mit dem Festungskrieg in Berührung gekommen. Er fertigte mit großem Fleiß, aber wenig Detailkenntnissen angebliche Abschriften von wichtigen Originalquellen an, die aber in Wirklichkeit oft von ihm erfunden worden waren. Hierzu gehören Beschreibungen über die Trefferwirkung der italienischen Beschießung, Verlustlisten der Besatzung sowie angebliche Abschriften von Originalen einiger Werkstagebücher. Sein Gesamtwerk über die Festungen der Hochebene umfasst fast 1500 Schreibmaschinenseiten. Diese von einer blühenden Fantasie gekennzeichneten Schriftwerke strotzen geradezu von Verwechslungen von Daten, Truppen und Vorkommnissen. Zudem hat Lipscher viele Lagepläne und Skizzen sogar regelrecht erfunden. Leider haben diese Schriften, von denen er Hunderte von Seiten in manchmal unterschiedlichen Versionen anfertigte, mit der Zeit ihren Weg als sogenannte »unechte Akten« in alle Archive genommen. Erschwerend kommt hinzu, dass diese Mischung aus Wahrheit und Dichtung bei einer oberflächlichen Betrachtung und aus einem Abstand von 80 Jahren durchaus authentisch wirken kann. Karl Lipscher gab seinem Werk übrigens den Titel »Folgaria-Lavarone, wie es wirklich war«!

Besonders wichtig sind die Aufzeichnungen des Kommandanten des Werks Lusern, Oberleutnant Josef Schaufler. Er schrieb vom 3. Juni 1915 bis zum 22. Mai 1916 die wesentlichen Vorgänge in dieser Festung in knappen Worten auf. Leider existieren derartige authentische Berichte von den anderen Werken heute nicht mehr. Nach dem Krieg verfasste Schaufler eine Veröffentlichung (»Österreichische Panzerwerke unter schwerstem Feuer«), in der er für den August 1915 einen Zustandsbericht des Werks Lusern zitierte, der aber in Wirklichkeit die schweren Zerstörungen vom 12. April 1916 beschreibt. Es bleibt ungeklärt, ob es sich hierbei um einen Irrtum Schauflers[25] oder eine gewollte Dramatisierung der Zeit der stärksten Angriffe der Italiener im August 1915 handelt.

Als ein wichtiges Mittel zur Rekonstruktion der damaligen Geschehnisse hat sich die Auswertung von zeitgenössischen Fotografien erwiesen. Diese unparteiischen Dokumente, die von offizieller oder privater Seite erstellt wurden, zeigen die Dinge, wie sie wirklich waren. Sie sollen daher auch in dem vorliegenden Buch eine wichtige Rolle spielen. Aus verständlichen Gründen wurden Fotografien jedoch meist in beschussfreien Momenten aufgenommen, so dass sie oft eine unrealistisch friedliche Stimmung wiedergeben. Die niedrige Empfindlichkeit der Filme sowie die noch nicht weit entwickelte Blitzlichttechnik sind die Gründe dafür, dass sich heute fast ausschließlich Außenaufnahmen finden lassen. Authentische Einblicke in das Innere der Werke bleiben uns dadurch heute weitgehend versagt.

Unterlagen über die technischen und militärischen Aspekte dieses Festungskrieges sind in den Archiven von Wien und Trient ausreichend vorhanden. Diese offiziellen militärischen Berichte sind aber naturgemäß meist sehr knapp gefasst und gehen wenig auf die Atmosphäre in den Festungen und die Stimmungslage der Besatzung ein. Die menschlichen oder vielmehr unmenschlichen Seiten dieses Festungskrieges sind daher von offizieller Seite weit weniger gut dokumentiert worden. Die Betroffenen selbst hatten während des Krieges meist andere Sorgen, als ihre Erlebnisse und Eindrücke schriftlich festzuhalten. Nach dem Kriegsende 1918 folgten fast zwei Jahrzehnte des Verdrängens und Vergessens, bis in der Mitte der 1930er Jahre das allgemeine Interesse am Ersten Weltkrieg wieder erwachte. Dies erklärt die große Bedeutung der Romane des Schauspielers und Regisseurs Luis Trenker[26] (»Sperrfort Rocca Alta«, 1938) und des Schriftstellers Fritz Weber[27] (»Granaten und Lawinen«[28], 1932) als wichtige Quellen für Einblicke in das Leben der Werksbesatzung.

Trenker und Weber dienten als Offiziersanwärter des Festungsartilleriebaons Nr. 6 im Werk Verle. Weber wurde am 1. September 1915 zum Leutnant befördert und war Kommandant der Traditorenbatterie. Die Beschreibungen Webers sind gekennzeichnet durch technische Genauigkeit und einen für damalige Verhältnisse unpathetischen und unparteiischen Stil. Trenker hingegen nutzte seine dichterischen Freiheiten sehr stark aus und reicherte seine Romane mit Versatzstücken aus anderen Begebenheiten des Gebirgskrieges wie beispielsweise den Minensprengungen an. Seine Darstellungen bieten jedoch viele Einblicke in die menschlichen Schicksale von Helden, Feiglingen, Deserteuren und stummen Duldern. Daher haben beide Bücher heute ihre Berechtigung als authentische Stimmungsbilder für die menschliche Situation der Werksbesatzung.

11 Die Lage auf den Hochebenen zu Kriegsbeginn

Die österreichischen Befestigungen waren ursprünglich zur Sicherung der eigenen Ausgangspositionen für einen Präventivschlag gegen Italien errichtet worden. Der Krieg gegen Russland ab dem August 1914 brachte dieses Szenario jedoch durcheinander: Jeder Mann wurde an der Ostfront gebraucht, an eine militärische Initiative gegen Italien war nicht mehr zu denken. Als sich abzeichnete, dass Italien seine neutrale Haltung gegenüber Österreich aufgeben könnte, bot das Habsburgerreich von sich aus den italienischsprachigen Teil Südtirols als »Opfergabe« an Italien an. Offensichtlich reichte Italien dieses Zugeständnis nicht aus, die Gebietsversprechungen der Alliierten Frankreich und England waren zu verlockend: Am 23. Mai 1915 erklärte Italien den Krieg.

Die österreichische Führung sah Südtirol unter diesen Umständen im Grunde als nicht verteidigungsfähig an, die Truppenverhältnisse am 23. Mai 1915 waren zu ungünstig. Italien war jedoch auf einen Angriffskrieg militärisch nicht vorbereitet und ergriff nur zögerlich die Initiative. Zudem kamen auf österreichischer Seite durch die Aufbietung der Standschützen unerwartet etwa 15 000 hochgebirgstaugliche Kämpfer an die Front in Südtirol. Beides zusammen verhinderte, dass Südtirol nicht schon in den ersten Wochen überrannt wurde.

Zu Beginn des Ersten Weltkriegs im August 1914 hatte Österreich vorsorglich mit der feldmäßigen Befestigung der Grenze zu seinem Verbündeten Italien begonnen. Der Genie-Direktor von Riva, Oberst von Ellison,[29] wählte hierzu vom Gardasee ausgehend die Linie Monte Altissimo (2079 m), Coni Zugna (1864 m), Val Arsa, Monte Pasubio (2235 m) und Terragnolotal, die sich an die Festungslinie der Sperrgruppen Folgaria und Lavarone anschloss. Ende Dezember 1914 begann man auf Befehl des Armeekommandos mit dem Bau einer zweiten, weiter zurückgesetzten Widerstandslinie Riva, Creino, Monte Biaena, Fojaniche, Rovereto, Monte Finonchio und Serrada. Obwohl bis April 1915 auch die erste grenznahe Widerstandslinie unter hohem Arbeitsaufwand fertig gestellt worden war, besetzte man sie zu Beginn der Kampfhandlungen mit Italien im Mai 1915 nicht. Statt dessen zog man sich auf die zweite, kürzere Linie zurück. Diese zweite Linie bot den Vorzug der geringeren Ausdehnung und der besseren Übersicht bzw. der einfacheren Befehlsverhältnisse. Die aufgegebene erste Linie sollten die Österreicher jedoch bei all ihren Offensiven während des Ersten Weltkrieges im Bereich des Pasubio nicht wieder erreichen!

Für den italienischen Generalstabschef Cadorna[30] waren die Hochebenen von Folgaria und Lavarone ein Nebenkriegsschauplatz. Er wollte zum einen durch eine Bedrohung Südtirols österreichische Kräfte binden, andererseits musste er aber auch die eigene linke Flanke bei einer italienischen Offensive an der Isonzofront sichern. Gleichwohl hätte ein italienischer Durchbruch die Möglichkeit eröffnet, durch das Etschtal vorzustoßen und über das Pustertal sowie den Vinschgau die gesamte Alpenfront aufzurollen. Cadornas Schwerpunkt hingegen lag am Isonzo, wo er gegen Österreich bis 1917 die berüchtigten 11 Isonzoschlachten schlug, bevor es den Österreichern mit deutscher Unterstützung in der 12. Schlacht gelang, die italienische Front über den Tagliamento bis zum Piave hin zu überrennen.

Italien hatte in den Jahren 1906 bis 1915 den Raum Asiero – Primolano mit einer Reihe von Panzerwerken befestigt. Diese sollten von meist exponierten Gipfellagen aus einen möglichen Vorstoß Österreichs in die Poebene verhindern. Mit ihren weitreichenden 14,9-cm-Kanonen waren die Forts Verena und Campolongo in der Lage, etliche österreichische Werke und ihre Zufahrtswege zu beschießen. Um die österreichischen Festungen ausschalten zu können, hatten die Italiener schon vor Kriegsbeginn im Herbst 1914 Batterien für ihre Belagerungsartillerie gebaut. Sie lagen meist in der Nähe ihrer Panzerwerke, deren Infrastruktur und Beobachtungsmöglichkeiten sie nutzten. Diese Batterien lagen oft außerhalb der effektiven Reichweite der österreichischen Werksartillerie.

Die 1. italienische Armee unter Generalleutnant Brusati hatte hierfür zu Kriegsbeginn sechs 28-cm-Batterien zu je zwei Haubitzen sowie eine 21-cm-Batterie mit vier Mörsern zur Verfügung. Die 28-cm-Batterien wurden wie folgt aufgestellt:

Ort	Lage	Ziel
Spelonca di Neve	südlich des Forts Verena	Sperrgruppe Lavarone
Costa di Civello	südwestlich des Forts Verena	
Bosco Azari	westlich des Forts Verena	
Campomolon	am Fort Campomolon	Sperrgruppe Folgaria
Cimonello di Toraro	nordöstlich des Monte Toraro	
Forcella Molon	westlich des Forts Campomolon	

Während die ersten drei Batterien die Werke der Sperrgruppe Lavarone bombardieren sollten, waren die letzten drei für die Werkgruppe Folgaria bestimmt. Die 21-cm-Mörserbatterie bei der Porta di Manazzo östlich des österreichischen Postens Vezzena beschoss hauptsächlich das Werk Verle. Im Juli 1915 kam noch eine 28-cm-Batterie mit drei Haubitzen bei Vallone del Lova am Borcola-Pass zur Beschießung des Werks Serrada hinzu. Ab August 1915 wurde am Eingang des Renzolatals in das Assatal eine 30,5-cm-Haubitzenbatterie mit zwei Geschützen aufgestellt, die besonders den Werken Verle und Lusern sehr schweren Schaden zufügen sollte.

Zu Kriegsbeginn marschierte die italienische 34. Infanteriedivision (ID) gegen die Werkgruppe Lavarone auf, gegen die Werkgruppe Folgaria war es die 9. ID. Zu diesem Zeitpunkt stand auf der Hochebene auf österreichischer Seite nur die 180. Infanteriebrigade unter Generalmajor Ignaz von Verdross[31]. Diese setzte sich im Wesentlichen aus dem X. Marschbaon des Landesschützenregiments Nr. 1, dem k.k. Landsturmbaon Nr. 1, den Standschützenbaonen Reutte 1, Kufstein, Kitzbühel, Glurns, Schwaz, Sterzing, Meran 1 und Gries sowie den Besatzungen der sieben Festungen zusammen. Das Kräfteverhältnis soll zu Kriegsbeginn auf der Hochebene 7400 Österreicher gegen 18 000 Italiener betragen haben. Die eigentlich zur Unterstützung der österreichischen Werke vorgesehen Artillerie, das FsArtB Nr. 5 sowie die Infanterie lagen ausgeblutet in Galizien an der russischen Front.

12 Die Festungen im Krieg

Im Jahr 1912 erschien eine österreichische Studie von Macalitz, in der die Niederkämpfung eines Hochgebirgsforts beschrieben wurde. Eine imaginäre »Mierz-Feste«, die in Bezug auf Bewaffnung und Bauausführung den Werken der Sperrkette Lavarone-Folgaria sehr ähnlich war, wurde darin vom Gegner mit sechs 24-cm-Mörsern belagert und in 14 Tagen Beschießung mit 4800 Granaten sturmreif geschossen, um anschließend durch Infanterie und Pioniere genommen zu werden. Die Mierz-Feste hielt einer 20-fachen Übermacht drei Wochen stand, die taktische Aufgabe war somit voll erfüllt worden. Der Autor rechnete sogar vor, dass die Munition der Belagerer teurer war als das Werk selbst. Die Ereignisse des Kriegsjahrs 1915 sollten einige interessante Parallelen zu dieser Studie aufzeigen.

Das schwere italienische Vorbereitungsfeuer begann am 2. Tag nach der Kriegserklärung vom 23. Mai 1915. Am 25. Mai um 3.55 Uhr morgens gab das italienische Fort Verena den ersten Schuss auf der Hochebene ab, die schweren 28-cm-Haubitzen eröffneten am gleichen Tag das Feuer. Die österreichischen Festungswerke sollten von nun ab ein Jahr lang unter Beschuss liegen. Abgesehen von dem Störfeuer, das in diesen Jahren an allen Fronten Europas zum Alltag gehörte, kam es zu insgesamt vier schweren Bombardierungen:

- Vom 25. Mai bis Ende Juni 1915 wurden alle Werke auf den Hochflächen schwer bombardiert. Am 30. Mai erfolgte nach einer mehrtägigen Beschießung ein Vorstoß gegen die Werke der Gruppe Lavarone, ein wirklicher Durchbruch wurde jedoch nicht versucht.
- Vom 15. August bis Mitte September 1915 wurden wiederum sämtliche Werke mit Ausnahme von Gschwent und Sommo stark beschossen. Während dieses mehrtägigen Trommelfeuers kam es am 24. August 1915 zu einem ernsten, aber erfolglosen Durchbruchsversuch bei der Werkgruppe Lavarone.
- Im Oktober 1915 kam es vor der Winterpause im Hochgebirge zu den letzten schweren Gefechten für das Kriegsjahr 1915 bei den Werkgruppen Folgaria und Lavarone.

- Von Anfang April bis zum 20. Mai 1916 wurden im Rahmen der Störung der österreichischen Gegenoffensive hauptsächlich die Werke Lusern und Gschwent schwer beschossen.

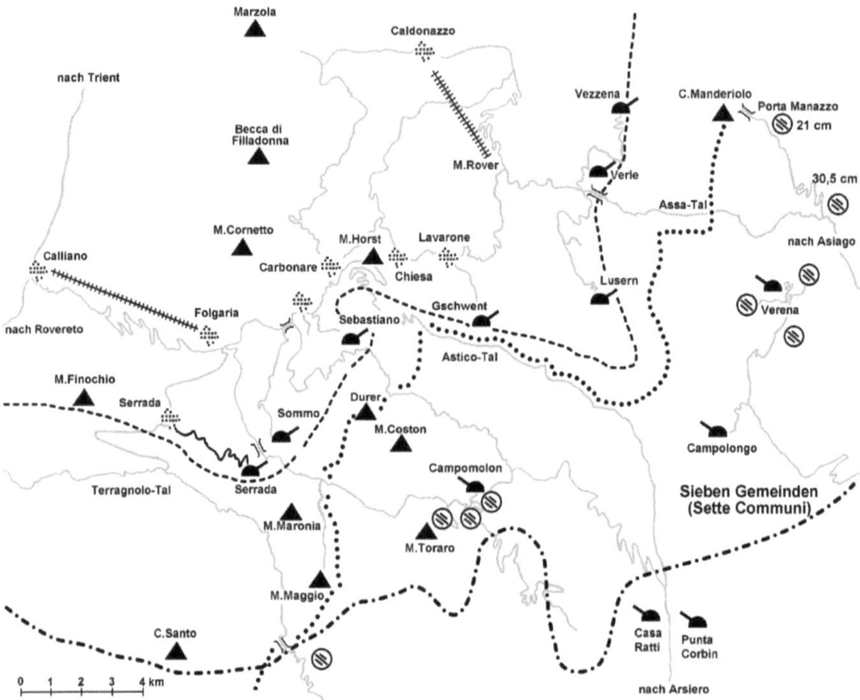

Abbildung 34: Frontverläufe im ersten Kriegsjahr bis zur österreichischen Maioffensive 1916

Werk bzw. Fort

italienische 28-cm-Batterie, andere Kaliber sind gesondert bezeichnet

Staatsgrenze bis 10. September 1919

Frontlinie am 23. Mai 1915

Frontlinie am 26. Juni 1916

Der Auftakt im Mai 1915

Zur ersten Beschießung im Mai und Juni 1915 setzten die Italiener 12 28-cm-Haubitzen ein, die hauptsächlich die Werke Verle, Lusern und Serrada bombardierten. Alleine die Werke Lusern und Verle wurden im Mai zusammen mit etwa 2000 28-cm-Granaten belegt. Diese Bombardierung erfolgte zu einem Zeitpunkt, als Festungen nach dem schnellen Fall der bel-

Die 28-cm-Küstenhaubitze wirkte mit ihrem dickwandigen Geschützrohr sehr klobig. Da sie in ausreichender Stückzahl verfügbar war, wurde sie zu Kriegsbeginn das »Arbeitspferd« der italienischen Belagerungsartillerie. [Foto FN]

gischen und französischen Sperrforts im Jahre 1914 als hoffnungslos unterlegen gegenüber der modernen Belagerungsartillerie galten. Die gegenteilige Erfahrung mit der hartnäckigen und erfolgreichen Verteidigung der Forts von Verdun sollten die Militärs in Europa erst ein Jahr später machen.

Anfangs versuchte die österreichische Festungsartillerie die italienische Belagerungsartillerie zu bekämpfen. Da diese jedoch an der Grenze der Reichweite der 10-cm-Turmhaubitzen lag und gegen die hierfür notwendige Artilleriebeobachtung gut gedeckt und überhöht aufgestellt war, blieb ein Erfolg aus. Nach einigen Wochen wurde diese Art der Munitionsverschwendung ergebnislos eingestellt.

Bei der italienischen Bombardierung zeigte sich sofort, dass die Vorpanzer der Turmhaubitzen den 28-cm-Bomben nicht gewachsen waren. Es kam an diesen Stellen zu Durchschlägen der Panzerungen, die durch vorhergehende Treffer auf die Werksdecke ihrer schützenden Betonvorlage beraubt waren. Die moralische Wirkung des Bombardements und der ersten eigenen Opfer auf die kriegsunerfahrene Werksbesatzung war zunächst verheerend, ihr Vertrauen in ihre Werke stark angegriffen. Der Kommandant des Werks Verle brach unter dem

Eindruck des Trommelfeuers am 26. Mai 1915 psychisch zusammen. Der Kommandant des Werks Lusern ließ aus dem gleichen Grund am 28. Mai 1915 die weiße Fahne hissen. Diese dramatischen Ereignisse sollen im Folgenden näher betrachtet werden.

Die zeitweise Räumung des Werks Verle

Die Räumung des Werks Verle und das Versagen seines Kommandanten, Oberleutnant Albert Giebermann, wurden durch die Romane von Luis Trenker und Fritz (Friedrich) Weber bekannt. Zahlreiche Bücher schilderten seitdem die Vorgänge im Werk Verle hauptsächlich auf der Grundlage dieser Quellen. Im Folgenden soll versucht werden, die tatsächlichen Geschehnisse auf Grund von historischen Quellen zu rekonstruieren. Hierzu gehören die Gefechtsberichte der 180. IBrig sowie die zahlreichen Zeugenaussagen, die von der Kommission zur Erhebung militärischer Pflichtverletzungen in den Jahren 1919 bis 1921 zu diesem Fall erhoben worden sind.

Während die Nachbarwerke Vezzena und Lusern schon ab dem Morgen des 25. Mai 1915 unter schwerem italienischen Feuer lagen, begann die eigentliche Bombardierung von Verle erst am 26. Mai zwischen 4 und 5 Uhr morgens. Der Werkskommandant, Oberleutnant Giebermann, hätte eigentlich auf seinem Posten in einem der gepanzerten Beobachtungsstände sein sollen, stattdessen zog er sich apathisch in den Kehlkoffer zurück. Schon kurze Zeit später, gegen 7.45 Uhr, durchschlug eine 28-cm-Granate den Vorpanzer der Turmhaubitze Nr. II, wobei zwei Mann der Bedienung getötet und zwei weitere schwer verwundet wurden. Giebermann bekam in der Folge der Bombardierung und ihrer unerwartet gravierenden Wirkung einen Nervenzusammenbruch. Der Batteriekommandant, Leutnant der Reserve Julius Papak, bat ihn gegen 9 Uhr um Befehle zur Feuereröffnung der Turmhaubitzenbatterie auf Ziele auf dem Costesin-Rücken. Der völlig apathische Kommandant antwortete daraufhin, sie könnten machen, was sie wollten, er fühle sich nicht fähig zu kommandieren.

Gegen 20 Uhr meldete Giebermann an den Kommandanten der Sperre Lavarone, Major Stanislaus Jelinek, dass sich das Werk nur noch sehr schwer halten könne. Verle hatte bis dahin etwa 50 Volltreffer erhalten, allerdings war die Werksdecke an keiner Stelle durchschlagen worden. Jelinek befahl daraufhin, das Werk bis auf eine kleine Mannschaft für die Traditorenbatterie und die Maschinengewehre zur Nahverteidigung zu räumen und den Großteil der Besatzung zur Bereitschaft in die 700 Meter entfernte Kaserne Verle zurückzu- ziehen. Jelinek rechtfertigte diesen Befehl später damit, dass die Festungen entgegen den ursprünglichen Erwartungen dem italienischen Feuer nicht widerstehen konnten. Da die Besatzung größtenteils zur Untätigkeit verurteilt war, sei es besser gewesen, sie während der Beschießung in Sicherheit zu bringen.

Am 26. Mai gegen 22 Uhr teilte Giebermann Papak mit, dass das Werk bis auf 40 Mann und zwei Unteroffiziere zu räumen sei. Die beiden Fähnriche (Offiziersanwärter) Friedrich Weber und Hugo Knöpfmacher meldeten sich daraufhin freiwillig, ebenfalls im Werk bleiben zu dürfen. Dieser Wunsch wurde ihnen von Giebermann auch gewährt. Oberleutnant

Giebermann verließ anschließend mit drei Mann das Werk und ging zur Kaserne, während Papak befehlsgemäß den Auszug der etwa 120 Mann aus dem Werk unter Mitnahme von fünf Maschinengewehren und der notwendigen Munition und Verpflegung leitete.

Am 27. Mai morgens lebte die Beschießung des Werks durch die Italiener erneut auf. Leutnant Papak verlangte von Oberleutnant Giebermann weitere Befehle. Dieser blieb jedoch weiterhin unfähig, einen Entschluss zu fassen. Um etwa 18 Uhr des gleichen Tages kehrte Papak auf eigenen Entschluss in das Werk zurück. Er übernahm als dienstältester Offizier im Werk das Kommando und veranlasste das Einrücken des Fähnrichs Alois Wolf, des Werksarztes Dr. Wunderer sowie der gesamten Mannschaft. Spätestens am 30. Mai hatte Verle wieder seine volle Besatzung. Oberleutnant Giebermann kehrte jedoch nicht wieder in das Werk zurück. Es lässt sich heute nicht mehr genau nachvollziehen, ob er sich weiterhin in der Kaserne oder in einem Unterstand auf dem Cost'Alta-Rücken aufhielt. Erst als Major Jelinek einige Tage später versuchte, Giebermann im Werk Verle telefonisch zu erreichen, stellte er fest, dass dieser nicht wieder auf seinen Posten zurückgekehrt war. Am 30. Mai teilte Giebermann Papak im Werk Verle telefonisch seinen Entschluss mit, dass er nicht mehr in die Festung zurückkehren wolle. Giebermann meldete sich anschließend beim Arzt Dr. Koch in Monte Rover krank. Er wurde nach einer ersten Untersuchung, bei der ein vollständiger Zusammenbruch seines Nervensystems festgestellt wurde, vom Artillerie-Kommandanten des Abschnitts, Oberst Terboglav, persönlich ins Festungsspital nach Trient gebracht. Leutnant Papak wurde mit dem provisorischen Kommando über Verle betraut.

Die Verwirrungen um die wahre Lage des Werks Verle und seinen Kommandanten spiegeln eindrucksvoll die allgemeine Nervosität in den ersten Kriegstagen und die Unerfahrenheit der Offiziere bei der Einschätzung der Lage und der Führung einer Festungsfront wider. Hierzu mag die Tatsache beigetragen haben, dass die Befehlskommandos in diesem Abschnitt gerade in dieser entscheidenden Zeit wechselten. Bis zum Kriegsbeginn führte Oberst Sparber von der 51. Halbbrigade das Kommando über diesen Grenzabschnitt, der neue Kommandant, Generalmajor Verdross von der 180. IBrig, übernahm das Kommando erst in der besonders kritischen Zeit Ende Mai 1915.

Da das persönliche Fehlverhalten des Werkskommandanten Giebermann keine dramatischen Auswirkungen hatte, maß man dem Fall von Seiten des Sperrkommandos zuerst keine besondere Bedeutung bei. Ohne die persönlichen Antipathien zwischen Giebermann und Trenker, die in dessen Roman »Sperrfort Rocca Alta« später thematisiert wurden, wäre dieses Ereignis kaum zu dieser Popularität gelangt.

Die versuchte Übergabe des Werks Lusern

Bis zum 28. Mai nachmittags hatte auch das Werk Lusern schwer unter dem Beschuss gelitten. Von den vier Turmhaubitzen war nur noch eine gefechtsbereit, der rechte drehbare sowie der mittlere fixe Beobachtungsstand hatten schwere Treffer erhalten. Durch die Risse im Batteriegang schimmerte das Tageslicht. Die Besatzung hatte sich zu ihrem Schutz in den

Kontereskarpenkoffer und die dorthin führende Felspoterne zurückgezogen. Kurze Zeit nach dem psychischen Versagen des Kommandanten der Nachbarfestung Verle ließ der Werkskommandant von Lusern, Oberleutnant Emanuel Nebesar, am 28. Mai 1915 den Kriegsrat zusammentreten. Dieser setzte sich aus dem Kommandanten und fünf weiteren Offizieren samt dem Werksarzt zusammen und kam zu dem Entschluss, das Werk aufzugeben. Da die Telefonverbindung durch den schweren Beschuss unterbrochen war und die Lichtsignalverbindung durch den Rauch der Explosionen behindert wurde, hatte der Kommandant keine klare Vorstellung über die tatsächliche Lage des Werks. Möglicherweise wähnte er sich schon von italienischen Truppen eingeschlossen. Die Luft im Werk muss durch den Beschuss sowie durch die dicht gedrängte Mannschaft in der engen Felspoterne zu diesem Zeitpunkt sehr schlecht gewesen sein, so dass schon einige Männer ohnmächtig geworden waren. Obwohl die Werksdecke noch an keiner einzigen Stelle durchschlagen worden war, glaubte der Kommandant, das Werk stehe kurz vor dem Zusammenbruch. Hierzu soll angeblich auch die psychologische Wirkung des bei jedem Einschlag herabrieselnden Verputzes beigetragen haben, hinzu kam die Angst vor einer möglichen Explosion des Benzindepots. Der Kommandant ließ die Waffen und technischen Einrichtungen oberflächlich sabotieren. Anschließend wurden auf dem Hauptwerk und der Nahkampfanlage Oberwiesen weiße Fahnen gehisst und das Werk samt seiner beiden Nebenanlagen von den Offizieren und der Mannschaft verlassen.

Um 16.18 Uhr beobachteten die Nachbarwerke die weißen Fahnen auf dem Hauptwerk und der Nahkampfanlage Oberwiesen. Das Brigadekommando ordnete daraufhin sofort das Niederholen der weißen Fahnen sowie Sperrfeuer durch die Werke Verle und Gschwent an, um zu verhindern, dass die Italiener das Werk Lusern besetzen konnten.

Das Sperrkommando war sich rasch im Klaren über den tatsächlichen Zustand des Werkes, so dass eine sofortige Wiederbesetzung angeordnet wurde. Leutnant Schäfer von der Werksbesatzung übernahm vorübergehend das Kommando über die Festung. Oberleutnant Nebesar wurde verhaftet und vor ein Militärgericht gestellt, aber wegen Unzurechnungsfähigkeit im ersten Prozess am 5. Juni 1915 in Trient freigesprochen. Da das Urteil dem Militärkommando zu mild war und man hierin ein schlechtes Beispiel für die Truppe sah, wurde es aufgehoben. Es kam daraufhin zu drei weiteren Hauptverhandlungen. Erst in der letzten Verhandlung wurde Nebesar mit seinen Offizieren endgültig wegen Sinnesverwirrung infolge der Giftwirkung der Explosionsgase freigesprochen. Da die Umstände dieser vier Prozesse tiefere Einblicke in den damaligen Zeitgeist geben, soll ihnen in diesem Buch ein eigenes Kapitel gewidmet werden.

Da die Räumung des Werks Lusern im Gegensatz zu dem Fall Verle nicht auf der alleinigen Entscheidung des Kommandanten beruhte, sondern auf dem Beschluss praktisch aller Offiziere, war eine dauerhafte Übernahme des Kommandos durch einen Offizier der alten Werksbesatzung nicht denkbar. Daher wurde der ursprünglich nicht dem Werk zugehörige Infanterieoffizier Oberleutnant Josef Schaufler vom Marschbaon Nr. X des Landesschützenregiments Nr. 1, der sich für diese Aufgabe freiwillig meldete, am 3. Juni 1915 zum neuen Werkskommandanten ernannt.

Umgruppierungen im Sperrkommando

Die dramatischen Ereignisse um die Werke Verle und Lusern waren nicht nur auf das Versagen der kriegsungewohnten Werkskommandanten zurückzuführen, sondern auch auf das Abschnittskommando, das weitab der Front die wirkliche Lage nicht richtig erfasste. Der Artilleriekommandant des Rayonskommandos Oberst Terboglav wurde daraufhin seines Postens enthoben. Als weitere Konsequenz aus dem Geschehen teilte man am 1. Juni 1915 das Abschnittskommando von Folgaria und Lavarone (Grenzabschnitt 5), das zuvor dem Generalmajor Ignaz von Verdross unmittelbar unterstand, in zwei Sperrgruppen auf und unterstellte diese den für ihre Tatkraft bekannten Offizieren Oberst Felix von Lempruch (Sperrgruppe Folgaria, Grenzabschnitt 5a) und Oberst Ellison von Nidlef (Sperrgruppe Lavarone, Grenzabschnitt 5b). Schon am 30. Juni 1915 übernahm Oberst Lempruch jedoch den Rayon I (Ortler-Stilfser Joch). Die Sperrgruppe Folgaria wurde daraufhin wieder dem Kommando der 180. IBrig (Generalmajor Verdross) unterstellt. Der ehemalige Sperrkommandant Major Jelinek blieb jedoch weiterhin der Artilleriekommandant der Gruppe Ellison.

Der erste italienische Angriff am 30. Mai 1915

Wegen der sichtbaren Schäden an den Werken und dem Schweigen ihres Feuers hielten die Italiener die Festungen nach der einwöchigen Beschießung für sturmreif. In der Nacht zum 30. Mai 1915 versuchte die 63. Alpini-Kompanie des Bataillons »Bassano« einen Sturm auf den Posten Vezzena, der jedoch vor den noch intakten Hindernissen des Postens scheiterte. Hierbei beklagten die Alpini 27 Tote und Verwundete. Der nun folgende Sturmangriff des Gros des Alpinibataillons »Bassano« (die 62., 74. und 94. Kompanie) auf den Raum Verle und Vezzena wurde durch die noch intakt gebliebene Werksartillerie und MG sowie die Standschützenbataillone Meran 1 und Kitzbühel in den feldmäßigen Infanteriestützpunkten blutig zusammengeschossen. Die Verluste der Italiener sollen dabei angeblich um 300 Mann betragen haben. Immerhin gewannen die Italiener bei diesem Unternehmen die nahe gelegene Levespitze, die ihnen fortan eine ausgezeichnete Artilleriebeobachtung auf die Werke Verle und Vezzena erlauben sollte. Im Abschnitt Folgaria eroberten sie in derselben Nacht den Monte Coston, der für die österreichischen Werke einen wichtigen Artilleriebeobachtungsposten darstellte.

Am 12. Juni 1915 gelang einem 80 Mann starken Detachement des Werks Sebastiano unter der Führung ihres Infanterie-Kommandanten Oberleutnant von Reitz sowie dem Standschützenbaon Kufstein nach starker Artillerievorbereitung durch die Werke Sebastiano, Sommo und Gschwent in einem Überraschungsangriff die Rückeroberung des Monte Coston. Das italienische IR 72 versuchte in den darauf folgenden Tagen vergeblich, den Berg wieder in seinen Besitz zu bringen. Am 16. Juni 1915 ging man von österreichischer Seite im Abschnitt Folgaria zu einem räumlich begrenzten Angriff über, um die ungünstige Situation der Werke zu verbessern, die hier noch vor der eigenen Infanterielinie lagen. Dabei gelang es, die Linie Plaut (1705 m) – Bocca di Val Orsara (1617 m) – Kote 1719 zu erobern. An diesem Angriff beteiligten sich Landesschützen und Festungsartilleristen der Werksbesatzungen von Serrada, Sommo und Sebastiano.

Der grosse Sturm im August 1915

»An der Tiroler Front eröffnete gestern die feindliche schwere Artillerie nach längerer Pause wieder das Feuer gegen unsere Werke, und zwar insbesondere gegen jene am Tonalepass und auf den Plateaus von Lavarone und Folgaria.« Mit diesem lapidaren Satz beschrieb der österreichische Heeresbericht vom 16. August 1915 den Beginn des Infernos, das für einige Werke faktisch den Untergang bedeuten sollte.

Aus dem Desaster des Bataillons »Bassano« vor Vezzena und Verle hatten die Italiener gelernt: Dieses Mal sollte erst nach einer systematischen Niederkämpfung der Sperrforts mit schwerster Artillerie angegriffen werden. Die zweite Bombardierung der Werke durch die Italiener vom 15. bis 31. August 1915 erfolgte daher unter der Beteiligung von zwei 30,5-cm-Küstenhaubitzen L17 gegen die Werkgruppe Lavarone. Ihre Geschosse wogen 442 kg im Gegensatz zu den nur 215 kg schweren Granaten der 28-cm-Haubitzen. Mit diesen neuen Haubitzen wurden hauptsächlich der Posten Vezzena und das Werk Verle bombardiert. Das Werk Lusern, das etwas abseits des geplanten Hauptangriffsraums auf dem Plateau des Vezzena-Passes lag, wurde meist mit 28-cm-Haubitzen niedergehalten. Das Werk Gschwent, das ohne äußere Beobachter überhaupt nicht auf diesen Angriffsraum wirken konnte, wurde dieses Mal praktisch überhaupt nicht beschossen. Während tagsüber die schweren Haubitzen ihr Zerstörungswerk anrichteten, schossen nachts die 14,9-cm-Kanonen der italienischen Forts und der Feldartillerie, um Reparaturarbeiten an den Festungen zu verhindern. Gleichzeitig versuchten die Italiener mit kleinkalibrigen Gebirgsgeschützen aus nahe gelegenen Stellungen die Scharten der Panzerstände zu treffen, um die Besatzung zu verunsichern und an der Beobachtung der Angriffsvorbereitungen zu hindern.

Diese Strategie verursachte starke Zerstörungen an den Werken Vezzena, Verle und Lusern. Diesmal wurden nicht nur ausgeprägte Schwachstellen der Werke wie zum Beispiel die Vorpanzer der Turmhaubitzen zerstört, sondern es wurden auch die Decken der Kasematten, Poternen und Kampfblöcke durchschlagen. Im August 1915 wurden die Werke Verle und Lusern zusammen mit etwa 2400 28-cm-Granaten und 2200 30,5-cm-Granaten beschossen. Auf Vezzena kamen 1516 schwere Schüsse.

Die 34. ID sollte im Anschluss an diese Bombardierung in einem breit angelegten Angriff auf die Sperrgruppe Lavarone die Linie Cost'Alta – Monte Rover – Werk Verle – Posten Vezzena erreichen. Um Mitternacht des 24. August 1915, drei Stunden nachdem das italienische

Mit 30,5-cm-Geschützen dieser Art versuchten die Italiener, die österreichischen Werke endgültig zu vernichten.
Für eine Haubitze war das Geschützrohr ungewöhnlich lang. [Foto FN]

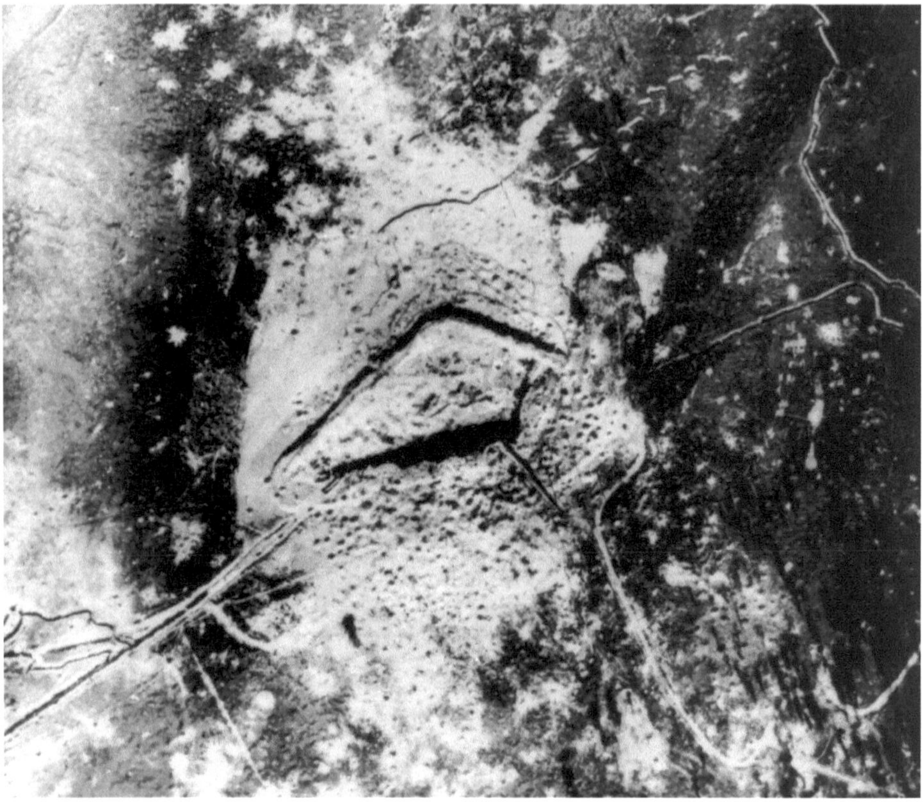

Diese Luftaufnahme des Werks Verle wurde im Frühjahr 1916 von österreichischen Fliegern aufgenommen.
Die meisten Treffer liegen dicht beim Werk, ein Zeichen der guten Beobachtung und Feuerleitung von Seiten der Italiener. [Foto KA]

Artilleriefeuer auf die Werke geendet hatte, wurde die Feldstellung Basson[32] zwischen Verle und Lusern von Truppen der Brigade »Treviso« (IR 115 und IR 116) und der Raum Vezzena von Truppen der Brigade »Ivrea« (IR 161 und IR 162) angegriffen. Der Angriff gegen den Basson war ursprünglich nur als entlastender Scheinangriff geplant, der sich allerdings auf Grund von Missverständnissen zu einem regelrechten Angriff entwickelte. In allen Fällen wurden die Angriffe der Italiener blutig zurückgeschlagen, am 25. August um 10 Uhr wurde der Befehl zum Rückzug erteilt. Es war ihnen weder mit ihrer Artillerie noch mit Sturmpionieren und deren Sprengmitteln gelungen, die Hindernisse der Österreicher zu zerstören. Auch waren noch genügend Geschütze der Werke intakt geblieben. Auf der italienischen Seite beklagte die Brigade »Ivrea« insgesamt 240 Mann und die Brigade »Treviso« 1079 Tote, Verwundete und Vermisste. Die österreichischen Verluste beliefen sich bei der Abwehr dieses Angriffs angeblich nur auf 150 Mann. Die Werke Verle und Lusern sowie der Posten Vezzena erlitten durch das Bombardement schwerste Schäden. Ein Großteil der Werksartillerie konnte nur dadurch gerettet werden, dass man die Geschütze ausbaute und in offenen Feldstellungen einstellte.

Einige Tage nach dem Auftakt der Beschießung auf der Hochebene von Lavarone brach der Feuersturm auch über die Werke von Folgaria herein. Da die Italiener bei diesen modernen Werken mit ihren verstärkten Decken nur 28-cm-Haubitzen einsetzten, waren hier trotz der vergleichbar hohen Schusszahlen die Auswirkungen wesentlich geringer als im Abschnitt Lavarone.

Im Bereich der Sperrgruppe Folgaria hatte die italienische 9. Infanteriedivision die Aufgabe, die Linie Monte Maggio (1705 m) – Plaut (1707 m) – Durer (1588 m) zu erreichen. Erfolg war ihr hierbei nach nur drei Tagen Artillerievorbereitung lediglich im Bereich des Monte Maronia beschieden. Am 18. August 1915 fiel der österreichische Artillerie-Beobachtungsposten auf dem Monte Maggio (1853 m) in ihre Hände, am 20. August die Malga Milegna und endlich am 25. August der Monte Maronia. Die anderen Ziele wurden nicht erreicht. Die österreichischen Festungen der Werkgruppe Folgaria lagen somit immer noch in sicherem Abstand hinter der Front. Da sich die Werksbesatzungen an diesen Gefechten auch mit Artilleriebeobachtern oder MG-Trupps in vorderster Linie beteiligten, erlitten sie hierdurch zusätzliche Verluste.

Bei der ersten Beschießungsperiode vom 25. Mai bis Mitte Juni 1915 hatten die Italiener alle österreichischen Werke gleichermaßen beschossen, eine nachhaltige Schädigung der Kampfkraft war ihnen jedoch nicht gelungen. Daran war neben der Verzettelung der Angriffskräfte auch die minderwertige Munition der schweren italienischen Geschütze schuld gewesen. »Nicht stabiler Geschossflug, daher viele Geller, Querschläge und somit geringe Auftreffwirkung, weiters geringe Explosionswirkung«, stellten die Österreicher in ihrem Bericht über die Beschießung bis zum 15. August fest. Auch ein häufiges Versagen der Verzögerungszünder wurde bemerkt. Ab dem 15. August änderte sich dies zum Nachteil der österreichischen Festungen. »Die Schusspräzision seines Feuers ist größer geworden, auch hat er nunmehr eine neuartige Munition mit großer Brisanz der Sprengladung in Verwendung.« Auch das bessere Material der Geschosse sowie die verbesserten Verzögerungszünder fielen auf.

Die Desarmierung der Sperrgruppe Lavarone

Als abzusehen war, dass die Festungen den italienischen 30,5-cm-Haubitzen auf die Dauer nicht Stand halten würden, begann man mit dem Ausbau der wertvollen Werksartillerie aus den Werken Verle und Lusern. Die Geschütze nahmen nun im Feld Positionen ein, die ihrer ursprünglichen Aufgabe entsprachen. Eine 8-cm-Minimalschartenkanone wurde als Traditor links vom Werk Verle am Fuße der Cima Vezzena eingebaut. Vier 6-cm-Kasemattkanonen wurden als flankierende Sturmabwehrgeschütze in einem Stützpunkt hinter dem Basson eingestellt. Sieben 10-cm-Turmhaubitzen wurden ohne ihre Panzer hinter der Front aufgestellt.

Sie waren dadurch zwar der Beobachtung durch die Italiener entzogen, konnten dafür aber nicht mehr flankierend für die Sturmabwehr wirken.

Die Turmhaubitzen wurden vorerst mit ihren Minimalschartenlafetten auf Holzbohlen in Notbettungen aufgestellt, der Seitenrichtbereich war dadurch jedoch auf 22,5 Grad beschränkt. Erst im Winter 1915 / 16 konnte Skoda sogenannte Positionslafetten liefern, die ein Rundumfeuer erlaubten.

Nachdem Befürchtungen aufkamen, dass die Italiener auch bei der Sperrgruppe Folgaria 30,5-cm-Haubitzen einsetzen könnten, wurden für die Turmhaubitzen dieser Werke ebenfalls Notbettungen im Gelände errichtet. Diese wurden jedoch während des Krieges niemals bezogen.

Die Herbstgefechte 1915

In der folgenden Zeit begnügte man sich im Abschnitt Lavarone mit Kleingefechten um einzelne Stellungen und der weiteren Beschießung der Festungswerke, während im Abschnitt Folgaria schwere Infanteriekämpfe ausgefochten wurden. Vom 18. bis zum 20. September kämpften das 2. Bersaglieri-Regiment und die Brigade Novara (IR 153 und IR 154) im Vorfeld des Werks Sebastiano erfolglos um die Malga II. Posto sowie den Soglio d'Aspio. Am 23. September 1915 gelang den Italienern endlich die Wiedereroberung des Monte Coston, der wie ein Stachel in der italienischen Front im Abschnitt von Folgaria saß. Im Oktober wurden die österreichischen Werke noch einmal schwer bombardiert. Vor der Sperrgruppe Folgaria kam es am 3. Oktober zu Kämpfen um den Plaut und den Durer, die jedoch durch die hartnäckige Abwehr der Standschützenbaone Reutte I und Schwaz ohne nennenswerte Geländegewinne für die Italiener endeten. Am 7. und 8. Oktober griff das 2. Bersaglieri-Regiment erfolglos die österreichischen Stellungen am Pioverna im Vorfeld des Werks Sommo an. Vom 19. bis 22. Oktober erfolgte ein weiterer Angriff. Dieses Mal stürmten Bataillone des italienischen Infanterie-Regiments 79 und des 41. Bersaglieri-Regiments gegen den Plaut sowie die Bocca di Val Orsara an, während die Brigade Milano (IR 159 und IR 160) die Feldstellungen auf dem Durer angriff. In beiden Fällen verliefen die Aktionen für die Italiener ohne entscheidende Erfolge. Die italienischen Angriffe scheiterten nicht an der Tapferkeit ihrer Soldaten, sondern litten vielmehr an der mangelnden Zahl an Feldartillerie und Pioniermitteln (Drahtscheren, Sprengröhren), um die österreichischen Hindernisse zerstören zu können.

Im Raum der Sperrgruppe Lavarone kam es zwischen dem 27. und 29. Oktober 1915 zu heftigen Kämpfen, in deren Verlauf das italienische Infanterieregiment 116 die Sella Millegrobbe nördlich des Werks Lusern eroberte. Die Italiener schoben ihre Gräben immer näher an das Werk Lusern heran und versuchten, mit Sprengladungen und Brandröhren in die österreichischen Stellungen einzudringen, was ihnen jedoch niemals gelang. Am 5. Dezember 1915 verloren die Österreicher ihren Artilleriebeobachtungsposten Cima Norre (1324 m) vor dem Werk Lusern. Der fortschreitende Winter brachte im Weiteren alle größeren Kampfhandlungen zum Erliegen.

MINENANGRIFFE AUF DIE WERKE

Nachdem den Italienern am 18. April 1916 eine große Minensprengung auf dem Gipfel des Col di Lana in den Dolomiten gelungen war, tauchten Gerüchte über einen möglichen Minenangriff auf die Werke Lusern, Gschwent und Serrada auf. Möglicherweise wurden diese Gerüchte von den Italienern sogar gezielt lanciert, um die Werksbesatzungen einzuschüchtern. In Lusern trieb man daraufhin ab dem 27. April einen Horchgang von der Poterne zur Kontereskarpe in Richtung Front. Im Werk Serrada plante man ebenfalls den Bau eines Horchgangs entlang seiner rechten Flanke, der jedoch wahrscheinlich nicht fertig gestellt wurde. Um den zum Horchdienst eingeteilten Soldaten ihre Arbeit zu erleichtern, wurde hier dreimal täglich die gesamte Arbeit im Werk unterbrochen, damit jegliche Geräuschentwicklung vermieden wurde. Da ein Minenangriff auf das Werk Gschwent wegen seiner hohen Lage über der Front unwahrscheinlich erschien, begnügte man sich hier mit Horchposten und einer verstärkten Patrouillentätigkeit im Vorfeld. Nach dem Vorrücken der Österreicher im Mai 1916 wurden jedoch keine Spuren eines geplanten italienischen Minenangriffs entdeckt.

DIE ÖSTERREICHISCHE FRÜHJAHRSOFFENSIVE 1916

Der österreichische Generalstabschef Feldmarschall-Leutnant Hötzendorf plante, durch eine Offensive im Mai 1916 über die Hochebene der Sieben Gemeinden bis in die Poebene zu gelangen und Italien mit einem vernichtenden Militärschlag zu einem Frieden zu zwingen. Ende April 1916 lebte das schwere italienische Artilleriefeuer auf der Hochebene noch einmal auf, als sich die österreichische Frühjahrsoffensive anbahnte. Das Artilleriegruppenkommando unter Oberst Janečka ordnete die Wiederbewaffnung der Werke Verle und Lusern an, die zusammen mit ihren Nachbarwerken mit kräftigem Störungsfeuer die Aufmerksamkeit des Feindes auf sich ziehen sollten. Dadurch sollten die Italiener vom österreichischen Artillerieaufmarsch abgelenkt werden. Bei diesen Bombardierungen kam es erneut zu schweren Beschädigungen der Werke. Insbesondere Lusern wurde hierbei noch einmal mit fast 1000 28- und 30,5-cm-Granaten artilleristisch fast völlig niedergekämpft.

Am 15. Mai 1916 begann auf der Hochebene von Folgaria die österreichische Frühjahrsoffensive[33], ab dem 19. Mai gingen die Österreicher auch auf der Hochebene von Lavarone vor. In diesen beiden Abschnitten setzten die Österreicher auf etwa 20 km Frontbreite 60 Bataillone mit 85 200 Feuergewehren und 811 Geschützen ein. Nach großen anfänglichen Erfolgen blieb die Offensive jedoch vor dem Erreichen der Ebene stecken. Durch die nun beginnende Offensive des russischen Generals Brussilow an der Ostfront waren die Österreicher gezwungen, Truppen von der Südfront an den östlichen Kriegsschauplatz zu

Vom Monte Cornetto aus verfolgt der Stab den Fortschritt der Offensive.
In der Bildmitte der Thronfolger Erzherzog Karl. [Foto SP]

Eine schwere Salve schlägt beim Batterieblock des Werks Gschwent ein.
Die Aufnahme stammt wahrscheinlich vom April 1916. [Foto SO]

Nach der Explosion zieht eine mächtige Rauchwolke durch das Asticotal. [Foto SO]

Die Schießscharte der Turmhaubitze Nr. I des Werks Gschwent wurde vom Feind abgewandt und mit Sandsäcken verschlossen.
Da die Festung ab April 1916 stark beschossen wurde, sollte diese List die Italiener davon überzeugen, dass das Werk schon entwaffnet worden sei. Die Haubitzen sollten ein paar Wochen später als Angriffsartillerie für die österreichische Offensive noch eine wichtige Rolle spielen. [Foto SO]

verlegen. Diese Schwächung bedeutete das Ende der österreichischen Offensive gegen Italien und den Übergang zum erneuten Stellungskrieg. Durch den Vormarsch war die Front jedoch immerhin so weit nach Südwesten verschoben worden, dass alle österreichischen Werke außerhalb des Schussbereichs der italienischen Artillerie zu liegen kamen. Für die österreichischen Festungen war der Krieg damit vorerst zu Ende.

Das Resümee eines schwierigen Jahres

Die österreichischen Festungswerke hatten ihre Aufgabe erfüllt, wenn auch unter teilweise unmenschlichen Opfern. Dies verdankten sie zum einen ihrer trotz einiger Schwächen gut durchdachten Konstruktion, zum anderen dem Verteidigungswillen der Besatzung sowie dem großen Einsatz von Arbeitern und Material seitens der Genie-Abteilung. Die halbherzig durchgeführten Aktionen der Italiener ließen andererseits keinen wirklichen Erfolg der Angreifer zu. Ihre Belagerungsartillerie verteilte das Feuer meist gleichförmig auf die sieben Werke, statt operative Schwerpunkte zu bilden und einzelne Festungen artilleristisch endgültig niederzukämpfen. Die österreichischen Festungen waren bei schwerem italienischem Artilleriebeschuss durch Rauch und Staub so blind, dass ein Durchbruch der italienischen Infanterie zwischen den Werken sogar ohne dieses Niederkämpfen nicht ausgeschlossen gewesen wäre.

An dieser Stelle muss allerdings auch die Frage erlaubt sein, ob das geradezu sture Festhalten der Österreicher an ihren Festungswerken militärisch überhaupt notwendig war. Hätte man mit diesem Aufwand an Arbeitern und Beton nicht ebenso Kavernen und widerstandsfähige Feldbefestigungen bauen können, statt mit allen Mitteln den Untergang der Werke zu verhindern versuchen? Spielte hierbei vielleicht das Prestigedenken der Genie-Offiziere eine Rolle, die »ihre« Werke unbedingt behaupten wollten? Oder nahm man sogar Rücksichten auf die damals schon mächtige Presse auf beiden Seiten der Front, für die der Fall einer Festung stets ein besonders symbolträchtiges Thema war?

Die Zeit bis zum Kriegsende

Nachdem für die Festungswerke Ruhe eingekehrt war, machten sich die Österreicher ab dem 19. Juni 1916 an ihren Wiederaufbau, der bis zum 18. Juni 1917 andauern sollte. Lediglich der stark zerstörte Posten Vezzena wurde nicht wieder vollständig errichtet. Bei den anderen sechs Panzerwerken wurden im Herbst 1916 die Decken neu instand gesetzt und die Panzerungen der Turmhaubitzen wieder installiert. Die Werke der Sperrgruppe Lavarone wurden jedoch praktisch entwaffnet, die Maschinengewehre und Geschütze wurden bis auf einen kleinen Rest frontnah verwendet. Auch für die Werke der Sperrgruppe Folgaria wurde im Juli 1916 befohlen, die gesamte Werksartillerie auf einer Linie zwischen Grotti über dem Asticotal und dem Borcola-Pass in Stellung zu bringen. Bei dieser Auslagerung der Artillerie sollte

Kappenabzeichen der »K.u.K. 10-cm-Turmhaubitzenbatterie 3/6B« als Erinnerung an die Kriegsweihnacht auf der Malga Pozzo
Die Haubitzen der 3. Batterie des FsArtB Nr. 6 waren zuvor im Werk Lusern eingebaut gewesen, bevor sie in den Frontabschnitt am Monte Pasubio verlegt wurden.

jedoch großes Augenmerk auf die Möglichkeit einer möglichst schnellen Wiederbewaffnung der Werke gerichtet werden. Tatsächlich waren jedoch Anfang 1917 noch alle Geschütze der Werkgruppe Folgaria in ihren Werken. Es kann davon ausgegangen werden, dass sie bis zum Kriegsende auch dort blieben. Die Maschinengewehre der Festungen waren schon im Juni 1916 bis auf jeweils ein MG je Werk ausgebaut worden, da sie an der Front dringend benötigt wurden. Die Bautätigkeiten an den Festungen hielten bis mindestens in den Frühling 1917 an. Noch im März 1917 waren über 400 Arbeiter mit der Instandsetzung der Werke beschäftigt, davon alleine 250 bei dem stark beschädigten Werk Lusern.

Die Festungsartilleristen und Landesschützen verließen bis zum März 1917 ihre Werke, um an der vorgeschobenen Front eingesetzt zu werden. Die 1. und 2. Kompanie des FsArtB Nr. 6 wurde dem XX. Korps (Abschnitt Folgaria) unmittelbar unterstellt, die 3. und 4. Kompanie dem III. Korps (Lavarone). Mit den ausgebauten Geschützen der 10-cm-Turmhaubitzen des Werks Lusern wurde eine neue Batterie aufgestellt und bei der Malga Pozza im Frontabschnitt des Monte Pasubio in Stellung gebracht. Zwei weitere Batterien wurden mit den Geschützen der Werke Verle und Gschwent gebildet und links und rechts des Assatals westlich von Asiago aufgestellt. In den Festungen blieb nur eine kleine Sicherheitsbesatzung zurück.

Die Niederlage der Österreicher bei der Schlacht von Vittorio Veneto am 24. Oktober 1918 leitete das Ende des Krieges an dieser Front ein. Der darauf folgende Waffenstillstand im November 1918 führte noch einmal zu kurzen Aktivitäten bei den Festungen. Die Waffenstillstandsbedingungen wurden von den Österreichern und den Italienern unterschiedlich interpretiert: Die Österreicher wähnten den Krieg am 3. November zu Ende, die Italiener fühlten sich jedoch noch bis zum 4. November im Kriegszustand. Am 3. November 1918 drang daher im Bereich der Werkgruppe Lavarone das 12. Armeekorps (6. Italienische Armee) mit der Unterstützung britischer Truppen, die zur Unterstützung der italienischen Armee ab dem Herbst 1917 in Italien standen, unbehelligt über das Assatal und Caldonazzo nach Trient vor und schnitt dort den zurückströmenden österreichischen Truppen den Weg zum Brenner-Pass ab, um sie gefangen zu setzen. Im Bereich der Werkgruppe Folgaria stieß das 10. Armeekorps (1. Italienische Armee) über den Borcola-Pass und die Fricca-Straße ins Etschtal durch.

Bei der Werkgruppe Lavarone stand am 2. November 1918 auf österreichischer Seite die 6. ID mit dem 27. (steirischen) IR (Bereich Lusern – Stützpunkt Basson) sowie dem 127. IR (Bereich Vezzena-Sattel). Die beiden anderen Regimenter dieser Division, das 17. (slowenische) IR sowie das 81. (tschechische) IR hatten gemeutert oder waren kurz davor. Italienische Soldaten der 6. Division meldeten für die Mittagszeit des 3. November die Einnahme des Werks Lusern, wobei sie drei Offiziere und 60 Mann gefangen nahmen und vier Kanonen (wahrscheinlich die beiden 8-cm-Minimalschartenkanonen und die beiden 6-cm-Kasemattkanonen) und zwei Maschinengewehre erbeuteten. Die Nahkampfanlagen Viaz und Oberwiesen waren zu diesem Zeitpunkt schon nicht mehr besetzt gewesen. Ob die Italiener bei den demoralisierten Österreichern noch auf ernsthaften Widerstand stießen, muss allerdings bezweifelt werden.

Am 2. November abends hatte die 143. Brigade der britischen 48. Division die alte Staatsgrenze am Vezzena-Sattel überschritten. Am Morgen des 3. November entwickelte sich zwischen den vorrückenden Engländern und dem 127. IR noch einmal ein letztes, kurzes Gefecht. Wenig später waren sie im Besitz des Werks Verle, um am Abend des gleichen Tages Caldonazzo im Brentatal zu erreichen und dadurch den zurückströmenden Österreichern den Weg in die Heimat abzuschneiden.

Von keinem der Werke existieren belegbare Berichte, dass es den nachrückenden Italienern am 3. November mit seiner Werksartillerie Widerstand entgegen gesetzt hätte.

13 Die Festungen nach dem Krieg

Durch die Verschiebung der Staatsgrenze an den Brennerpass gingen die Festungen nach Kriegsende in den Besitz des italienischen Staates über. Da die Festungen zu weit hinter der neuen Nordgrenze zu Österreich lagen, waren sie militärisch wertlos geworden.

Schon bald nach dem Ersten Weltkrieg wurden die österreichischen Werke zu einem beliebten Ausflugsziel.
Hier ein kleiner Kiosk in der Kehle des Werks Gschwent aus der Zeit zwischen 1937 und 1940 [Foto SH]

Im Jahr 1927 wurden die Werke aus der Liste der Festungswerke gestrichen, sie waren somit kein Militärgelände mehr. In den Jahren 1932 bis 1935 verkaufte der Staat die Werke an die umliegenden Gemeinden. Von 1935 bis 1940 verkauften die Gemeinden die wertvollen Stahlpanzer an Schrotthändler, um ihre knappen Haushaltskassen aufzufüllen. Die Panzerkuppeln der Turmhaubitzen wurden abgehoben, die tief im Beton verankerten Vorpanzer, die fixen Panzerkuppeln sowie die Stirnpanzer der Panzerkasematten wurden aus dem Beton herausgesprengt. Die I-Träger in den Werksdecken wurden bis auf die Werke Gschwent und Sommo durch eine vollständige Sprengung des Verdecks freigelegt. Die Trümmerberge verschütteten dabei oft wesentliche Werksteile meterhoch. Von den einzigartigen Panzerteilen dieser Sperrkette ist der Nachwelt leider kein einziges Stück erhalten geblieben[34].

Seit den 1980er Jahren wurden bei Lusern, Sommo und Sebastiano umfangreiche Aufräumungs- und Sicherungsarbeiten durchgeführt, die das Erscheinungsbild der Werke wieder wirkungsvoll zu Tage gebracht haben. In Gschwent wurden seit dem Jahr 2000 umfangreiche Sanierungsarbeiten durchgeführt, um dort im Kasemattenblock ein neues, sehenswertes Museum entstehen zu lassen.

Diese Aufnahme aus dem Jahr 1931 zeigt die 18 t schwere Panzerkuppel der Turmhaubitze Nr. III des Werks Lusern.
Sie wurde nicht durch Kriegsschäden zerstört. Angeblich versuchte die Bevölkerung der Gemeinde Lusern schon vor 1922, mit der noch zahlreich vorhandenen Munition die Panzer zu sprengen und an Schrotthändler zu verkaufen. Über der Scharte glänzen noch die Kampfspuren einer abgeprallten Granate in der Sonne. [Foto SW]

14 Die Beschussschäden

Im Zeitraum vom 24. Mai bis 30. Oktober 1915 wurden die Festungen der Werkgruppen Lavarone und Folgaria mit der folgenden Anzahl[35] von Granaten mit dem Kaliber 28 cm und 30,5 cm beschossen, wobei als Treffer alle Einschläge innerhalb der Werkshindernisse gelten:

	Schusszahl	Treffer
Vezzena	1816	35 %
Verle	5565	74 %
Lusern	5200	60 %
Gschwent	1228	40 %
Sebastiano	2395	40 %
Sommo	1430	5 %
Serrada	4229	11,5 %

Generell kann gesagt werden, dass die Trefferquote um so kleiner war, je größer das Areal war, auf dem die Festungsteile verteilt lagen. Die beiden ältesten und am dichtesten gebauten Werke Verle und Lusern hatten daher auch die höchste Trefferquote. Bei den Werken Sommo und Serrada machte sich die starke Zergliederung günstig bemerkbar. Das Werk Vezzena erhielt verhältnismäßig wenige Treffer, da es als Ziel zu klein war. Insgesamt lagen die Trefferzahlen wesentlich höher, als sie bei den Festungskämpfen in Belgien und Frankreich mit 5 bis 25 Prozent üblich waren. Die Ursache dafür war zum einen die erhöhte Lage der italienischen Beobachter, die die österreichischen Werke praktisch auf dem Präsentierteller vor sich liegen hatten. Zum anderen hatten die Italiener schon vor Kriegsbeginn ihre Belagerungsartillerie in sorgfältig ausgebauten Batterien mit stabilen Geschützbettungen installiert, die ein präzises Schießen ohne häufiges Nachrichten der Geschütze ermöglichten.

Zu diesen Zahlen muss angemerkt werden, dass die Besatzung unter den infernalen Umständen der Bombardierungen natürlich keine exakten Bestimmungen der Anzahl oder der Kaliber der Treffer durchführen konnten. Auch liegt der Verdacht nahe, dass manche Bilanz aus unterschiedlichen Gründen »nach oben« korrigiert wurde. Daher existieren in der Literatur auch unterschiedliche Zahlen über die abgegebenen Schüsse und ihre Kaliber.

Allgemeines zur Wirkung der Artillerie

Die zerstörende Wirkung eines Artillerietreffers auf ein Festungswerk beruhte auf zwei unterschiedlichen Effekten: der Schockwirkung beim Aufprall der Granate auf dem Beton und der Explosionswirkung ihrer Sprengladung.

Die Belagerungsartillerie verwendete im Ersten Weltkrieg Steilfeuergeschütze, deren Granaten bzw. Bomben in möglichst steilem Winkel und mit einer möglichst hohen Geschwindigkeit auf ihr Ziel treffen sollten. Dadurch drangen die Granaten tief in den Beton ein. War die Betonschicht dünn genug bzw. durch vorangegangene Treffer geschwächt, konnte das Geschoss die Decke sogar durchschlagen. Eine wesentliche Voraussetzung für ein gutes Eindringen der Granate war ihre zähe, aber gleichsam harte Metalllegierung. War das Material zu hart und spröde, zerbrachen die Granaten schon beim Aufprall. War es zu weich, deformierten sich Granaten und drangen nicht mehr tief genug ein. Auch die schlanke Formgebung der Granatspitze hatte einen großen Einfluss auf ihr Eindringvermögen. Bei den italienischen 28-cm-Granaten wurde häufig von zerspringenden Geschossen berichtet, auch ihre stumpfe Form muss wenig zweckmäßig gewesen sein. Die italienischen 30,5-cm-Geschosse verhielten sich demgegenüber wesentlich vorteilhafter.

Erst wenn das Geschoss im Beton zur Ruhe gekommen war, durfte die Explosionswirkung der Sprengladung einsetzen. Explodierte die Granate schon beim Aufprall, so verpuffte ein Großteil ihrer Energie ohne Wirkung. Hierfür war ein gut funktionierender Verzögerungszünder entscheidend. Die Sprengung verursachte an der Oberfläche der Decke einen Sprengtrichter, dessen Größe von der Eindringtiefe und der Größe der Sprengladung abhing. Besaß die Decke keine stützende Eisenkonstruktion, so konnte auch auf der Innenseite ein großer, quasi auf dem Kopf stehender Sprengtrichter entstehen. Dadurch stürzten zentnerschwere Betonbrocken von der Decke herab und richteten im Inneren großen Schaden an. Dies war der Grund dafür, dass die nicht armierten Betonpoternen der Werke wesentlich häufiger durchschlagen wurden als die mit I-Trägern armierten Decken der Kasematten.

Die Betondecken der Werke der Sperrgruppe Lavarone waren auf der Grundlage von Beschussversuchen mit dem österreichischen 24-cm-Mörser M.98 berechnet worden. Die 133 kg schweren Granaten dieses Mörsers hatten beim Aufschlag eine Energie von nur etwa 500 Metertonnen (mt)[36]. Die Energie einer 215 kg schweren italienischen 28-cm-Bombe, wie sie ab Mai 1915 eingesetzt wurde, betrug hingegen schon etwa 1000 mt, ihre Sprengladung setzte zusätzlich eine Energie von 12 000 mt frei. Obwohl die italienische 30,5-cm-

Bombe nur einen um 9 Prozent größeren Durchmesser hatte, war sie mit 442 kg etwa doppelt so schwer, so dass sie sogar eine Auftreffwucht von 2000 mt ins Ziel brachte. Diese Granaten drangen also wesentlich tiefer ein als die 28-cm-Granaten. Hinzu kam, dass auch die Sprengenergie der 30,5-cm-Bomben mit 20 000 mt erheblich größer war. So erklärt sich, dass die 30,5-cm-Granaten auf die Werke eine viel verheerendere Wirkung hatten als die meist verwendeten 28-cm-Granaten.

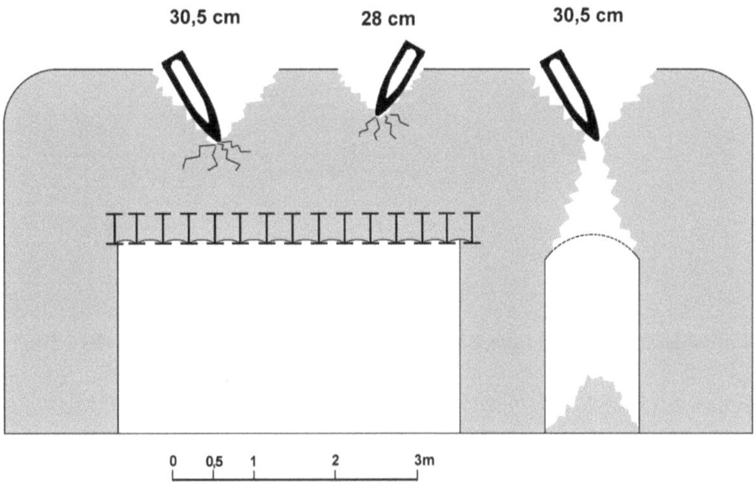

Abbildung 35: Schematische Darstellung der Wirkung von Treffern auf die Betondecke
Die Trichter stammen von dem Eindringen der Granaten in den Beton sowie der anschließenden Explosion der Sprengladung. Die linke Kasematte ist durch die stählernen I-Träger wesentlich widerstandsfähiger als die rechte Poterne mit ihrem Tonnengewölbe.

Decken mit I-Trägern hielten einen Treffer vom Kaliber 30,5 cm aus, ein zweiter Treffer auf die gleiche Stelle konnte jedoch einen Durchschlag zur Folge haben. Die Tonnengewölbe der Gänge und Poternen waren hingegen sehr verletzlich. Durch die Schockwirkung platzten an der Innenseite große Betonmassen ab, die Wege versperrten oder gar die Mannschaften verschütten konnten.

Deckenschäden

Während der ersten Bombardierung mit 28-cm-Haubitzen im Mai 1915 kam es noch nicht zu Deckendurchschlägen in den Kasematten und Kampfblöcken, soweit diese mit einer Stahlunterlage versehen waren. Die nur aus Beton gefertigten Tonnengewölbe der Poternen und Batteriegänge waren hingegen nicht standfest genug, wie die Durchschläge im Batteriegang von Lusern und Verle bewiesen. Im Werk Serrada trafen 12 28-cm-Granaten auf engstem Raum die im Tagebau errichtete und mit Beton überdeckte Poterne zum vorderen

Der Kasemattenblock des Werks Lusern trägt im Mai 1916 deutliche Spuren der schweren Bombardierung.
Links neben dem Automobil erahnt man ein MG auf einer improvisierten Lafette, das zur Fliegerabwehr diente. [Foto SW]

Batterietrakt und durchschlugen sie. Daraufhin wurde 6 m tiefer eine neue bombensichere Poterne durch den Fels getrieben.

Die 28-cm-Granaten rissen mit einem Treffer bis zu einem Kubikmeter Beton weg, so dass die Werksbesatzungen gezwungen waren, jede Feuerpause zur Reparatur der Schäden zu nutzen. Dazu wurden Sandsäcke oder auch Säcke mit feuchtem, schnell bindendem Beton in die Granattrichter gefüllt. Zum Füllen von einem Trichter waren bis zu 500 Sandsäcke notwendig. Im Werk Verle wurden angeblich in der Zeit vom Juni bis Oktober 1915 75 Waggons mit schnell bindendem Zement verarbeitet. Von außen wurden die Werksdecken zusätzlich mit Baumstämmen oder einer Schotterauflage verstärkt, die den aufprallenden Geschossen die Wucht nehmen sollte. Die Besatzungen verstärkten auch die Werksgänge von innen mit Beton, so dass ihre Höhe und Breite auf ein absolutes Mindestmaß beschränkt wurde. Diese »technische Verteidigung« wurde später soweit verfeinert, dass im Kehlgraben des Werks Lusern ein Schotterbrecher aufgestellt wurde, der abgeschossene Felstrümmer und Betonbrocken zerkleinerte, die anschließend im zweiten Stockwerk der Kehlkasematte mit einer Betonmischmaschine zu neuem Beton verarbeitet wurden.

Hinderlich bei den Reparaturarbeiten waren Moniereisen, die halb aus der Kordon- und Deckenbewehrung gerissen waren und die dadurch die Reparaturarbeiten auf der Werksdecke erschwerten und das Verfüllen von Sprengtrichtern behinderten. Wegen des feindlichen Beschusses konnten diese Arbeiten nur in der Nacht durchgeführt werden. In den Decken

Während der Bombardierungen wurden die Gänge von innen verstärkt sowie zusätzliche unterirdische Zugänge geschaffen.
Linkes und mittleres Bild: verstärkte Kasemattengänge im Werk Verle. Rechtes Bild: Abstieg zur nachträglich gesprengten Zugangspoterne im Werk Sebastiano [Foto SH]

entstanden durch die Erschütterungen zahlreiche Risse. Da der Wetterschutz aus Blech längst fortgerissen war, flossen Regen- und Schmelzwasser ungehindert in die Unterkunftsräume. Man behalf sich mit Wellblechen, die von innen unter die Decke gehängt wurden. Das Regenwasser wurde dann mit Ablaufrinnen durch die Außenwände abgeleitet.

Bei der zweiten Beschießung im August 1915 kam es durch die 30,5-cm-Haubitzen sowie die bessere Feuerleitung der Italiener zu erheblich größeren Schäden bei der Werkgruppe Lavarone. Die 30,5-cm-Haubitze war in der Lage, auch die Betondecken der Kasemattenblöcke samt ihrer Eisenkonstruktionen zu durchschlagen, so dass es zu Verlusten in den Unterkünften und Bereitschaftsräumen kam. Diese Schäden waren durch Nachbetonieren kaum noch zu beheben. So begann man daraufhin mit dem Bau von bombensicheren Felskavernen unterhalb der Werke.

Panzerschäden

Die gepanzerten Werksteile wie die Kuppeln der Turmhaubitzen, die fixen oder drehbaren Beobachtungs- und MG-Stände sowie die Stirnpanzer der Panzerkasematten für MG und Kanonen waren robust gebaut und widerstanden dem Beschuss zufrieden stellend. Die 30,5-cm-Granate drang bis zu 19 cm in den zähen P-2-Stahl ein, ohne ihn jedoch zu durchschlagen. Ein härteres Panzermaterial, wie es die Italiener verwendeten, neigte hierbei eher zum Zerspringen, wobei die Schutzwirkung verloren ging. Auffallend oft wird in diesem Zusammenhang von Blindgängern berichtet, die in den Panzerkuppeln stecken blieben.

Der rechte fixe Beobachtungs- und Maschinengewehrstand des Postens Vezzena (B.u.M.f. 11) wurde im Herbst 1916 nicht wieder vollständig einbetoniert.
Am 20. August 1915 traf eine schwere Bombe den seitlichen Sehschlitz. Durch die Explosion wurden die beiden MG zerstört. [Foto KA]

Steckschuss einer 30,5-cm-Bombe in der Turmhaubitze Nr. III des Werks Gschwent
Die Geschossspitze drang 19 cm tief in den zähen Panzerstahl ein, ohne im Inneren Schaden anzurichten. [Foto SW]

Bei den Turmhaubitzen waren die Schwachpunkte die Vor- und Deckenpanzer, die zu dünn und nicht tief genug in den Beton eingelassen waren. Durchschlagene Vorpanzer der Turmhaubitzen führten anfangs zu hohen Verlusten unter den Turmbesatzungen und Schäden an Geschützen und Einrichtung. Gegen diese Schwäche wurden ab Mitte Juni 1915 die Ringgalerien (das ist der Raum zwischen Vorpanzer und Geschütz-Podium im Inneren der Turmhaubitze) mit I-Trägern NP 40 »Mann an Mann« und Beton ausgefüllt. Hatte ein Geschoss den Vorpanzer durchschlagen, so nahm diese Eisenbetonkonstruktion die restliche Energie der Granate auf und verhinderte dadurch gravierende Schäden. Die Vorpanzer der Turmhaubitzen wurden von Monteuren der Firma Skoda zum Beispiel durch das Verschrauben der Einschusslöcher mit je einem aufgefundenen italienischen Geschossboden auf der Innen- und Außenseite repariert.

War der Beton, in dem der Vorpanzer eingelassen war, von außen weggeschossen, bestand die Gefahr, dass die Turmhaubitze unterschossen wurde. Als Gegenmaßnahme verstärkte man die Betonvorlage der Vorpanzer später mit Eisenträgern. Die Kalotten der Turmhaubitzen blieben bei Innenexplosionen meist auf den Vorpanzern liegen, so dass eine Reparatur möglich war. Scharten- oder Rohrkopftreffer an den Turmhaubitzen wurden nicht beobachtet. Der Eingangspanzer über dem Treppenaufgang zum Geschütz erwies sich als zu schwach. Hier wäre ein Zugang senkrecht von unten sicherer gewesen, wie er bei den drehbaren Beobachtungsständen der Sperrgruppe Folgaria verwendet wurde. Obwohl Durchschläge der Vorpanzer an der Tagesordnung waren, wurde von einer vollständigen Vernichtung eines Panzerturms nur vom Werk Verle (T.H. Nr. IV) berichtet. Hier war ein Haubitzenturm nach dem Durchschlag des Vorpanzers durch die Innenexplosion einer 30,5-cm-Bombe in drei Teile gerissen worden.

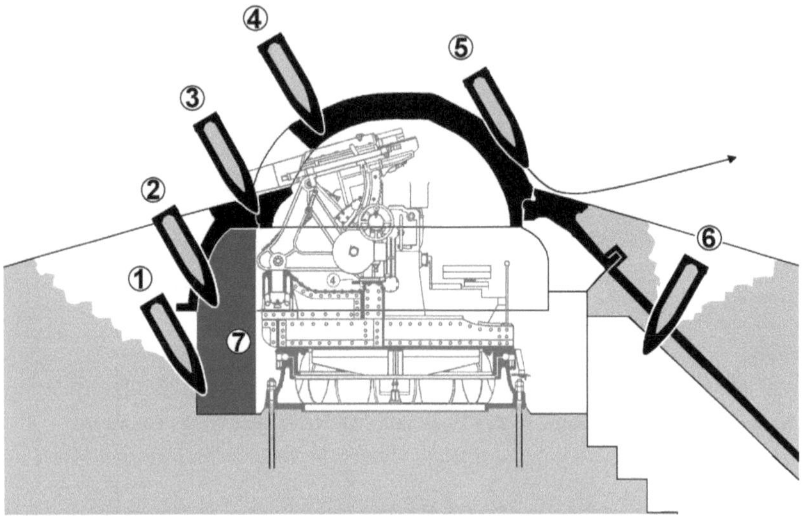

Abbildung 36: Typische Treffer an den Turmhaubitzen
Die Treffer sind mit 30,5-cm-Granaten in einem typischen Einfallswinkel von 60° markiert.
(1) Unterschießen der Vorpanzers, (2) Durchschlag des Vorpanzers, dessen Wirkung hier von der ausbetonierten Ringgalerie (7) gemildert wird, (3) Treffer auf die Ringfuge zwischen Vorpanzer und Kuppel, der zu Hemmungen des Drehmechanismus führte, (4) Steckschuss in der Kuppel, (5) Abpraller (Geller), (6) Durchschlag des Zugangspanzers. Die Wirkung ist auf andere Panzer übertragbar.

Die drehbaren Beobachtungsstände ließen sich nach einem Treffer oft nicht mehr drehen. Die Beobachtungsscharte war sehr groß, so dass es zu Opfern durch hereinfliegende Sprengstücke kam (Verle, Sebastiano). Die Scharten der Turmhaubitzen und Traditorengeschütze waren trotz der Minimalscharten so groß, dass es immer wieder zu Verletzungen oder gar Toten durch Splitter und Infanteriegeschosse kam.

Die fixen MG- und Beobachtungsstände bewährten sich sehr gut. Zwar wurden sie in einigen Fällen durch Abtragen der Betonvorlage regelrecht ausgegraben (Verle und Vezzena), sie wurden jedoch in keinem einzigen Fall durch direkte Treffer auf die Panzerkuppel außer Gefecht gesetzt.

Die Panzerkasematten für Maschinengewehre, die Traditorenbatterien und die Kontereskarpenkoffer blieben bis zum Ende intakt. Hierbei drohte am ehesten Gefahr durch die Betondecken, die durch den Beschuss nach und nach abgetragen wurden. Es kam hierbei aber in keinem Fall zu einem Panzerdurchschlag.

Nach der zweiten Bombardierung im August 1915 wurden die Werke Verle und Lusern zeitweise bis auf je ein »Lockgeschütz« artilleristisch entwaffnet, die Haubitzen wurden in Stellungen nahe der Werke installiert. Die leeren Kuppeln erhielten Rohrattrappen aus Holz. Die 13 Turmhaubitzen der restlichen Werke blieben bis zum Kriegsende gebrauchsfähig in den Batterien. Zusammenfassend kann festgestellt werden, dass manche Panzerkuppeln mehrfach getroffen und in mühsamer und gefährlicher Arbeit wieder repariert wurden. Dies wäre ohne die robusten Konstruktionen und den außergewöhnlichen Verteidigungswillen der Werksbesatzungen sicher nicht möglich gewesen.

Sonstige Erfahrungen

Die Frontgräben wurden durch Fels- und Betontrümmer teilweise bis zur halben Höhe aufgefüllt, wodurch ihre Wirkung als Sturmhindernis stark eingeschränkt wurde. Die tief liegenden Scharten der Kontereskarpenkoffer wurden dadurch teilweise verschüttet und mussten freigelegt werden, was jedoch wegen der großen Schuttmassen nicht immer gelang. Hier rächte sich das Fehlen eines Diamantgrabens vor den Scharten, der solche Trümmer hätte aufnehmen können. Die Felstrümmer schufen in den nur einseitig bestrichenen Frontgräben schusstote Räume. Die Kontereskarpenkoffer selbst blieben jedoch bis auf einen schweren Treffer in Gschwent alle intakt.

Die ungedeckten Zufahrtswege wurden permanent mit italienischen Schrapnells bestrichen, so dass sich der Nachschub manchmal verlustreicher gestaltete als der eigentliche Kampf. Es wurden daraufhin von den Werken ausgehende Felspoternen gebaut, die außerhalb des Streubereichs der gegnerischen Granaten auf die Armierungsstraße stießen.

Die Lüftungsanlagen waren völlig unterdimensioniert. Die Ansaugöffnungen im Kehlgraben waren zu tief angelegt und saugten während der Beschießungen ständig Sprenggase von Weitschüssen an. Die Luftkanäle leiteten die Druckwellen ungehindert ins Werksinnere und belasteten dadurch die Besatzung. Die psychologische Wirkung dieser Gase war insbesondere in den ersten Kriegstagen verheerend. Die versuchte Aufgabe des Werks Lusern im Mai 1915 hatte ihre Ursache unter anderem in der Angst der Besatzung vor dem Erstickungstod. In den Küchen[37] und den Maschinenräumen herrschten Temperaturen bis zu 50 Grad, die ein Arbeiten dort unerträglich machten. Die Belüftung wurde daher noch im Sommer 1915 durch stärkere Ventilatoren und eine geänderte Führung der Zuluft verbessert. Hierzu wurde die Luft durch die neuen Zugangspoternen angesaugt, die bis weit hinter die Werke reichten.

Die Wasserleitungen wurden bei den Werken mehrmals zerschossen. Der Wasserverbrauch war durch die Überbelegung der Werke, aber auch durch die Herstellung des Betons für die Reparaturarbeiten höher als erwartet. Die Kühlwasserzisternen waren für den Dauerbetrieb der Stromaggregate zu klein ausgelegt. Im Posten Vezzena wurde die Zisterne durch die schweren Erschütterungen der Einschläge undicht, die Sprünge im Beton verursachten.

Die Werkseinrichtungen wie Küchen und Latrinen waren für eine viel zu geringe Belagsstärke konzipiert und versagten bei der chronischen Überbelegung mit zusätzlichen Soldaten. Die Telefonleitungen wurden oft zerschossen und waren dann, weil sie unterirdisch verlegt waren, schwer zu reparieren. Die optischen Signalverbindungen konnten wegen ihrer geringen Übermittlungsgeschwindigkeit und den Behinderungen durch die Explosionswolken der Einschläge dafür keinen vollen Ersatz bieten. Die Stromaggregate erfüllten jedoch ihre Aufgabe. Der Tauvorhang und die Eingangskonstruktion bewährten sich im Krieg gut.

Die Werkslazarette und die Werksgrüfte waren insofern unterdimensioniert, als die Werke bei den Kampfhandlungen auch als Stützpunkte für die angrenzenden Infanteriestellungen dienten. Dies führte dazu, dass in einen Zinksarg bis zu drei Tote gelegt werden mussten, die dann erst in Feuerpausen auf den umliegenden Friedhöfen beerdigt werden konnten.

Zusammengefasst kann festgestellt werden, dass die Infrastruktur der Werke nur durch das Improvisationstalent der Besatzung sowie die ständigen Verbesserungsarbeiten durch die Geniedirektion aufrecht gehalten werden konnte.

15 Das Leiden der Besatzung im Krieg

Der wichtigste Bestandteil einer Festung war seit jeher nicht die Gesamtheit ihrer Geschütze oder Mauern, sondern ihre Besatzung, deren Verteidigungswillen für den Ausgang vieler Festungskämpfe ausschlaggebend war. Wahrscheinlich wurden in der Jahrtausende alten Geschichte der Festungskämpfe mehr Forts, Burgen und Städte von einer demoralisierten Besatzung aufgegeben, die die Hoffnung auf einen erfolgreichen Ausgang einer Belagerung aufgegeben hatte, als durch einen erfolgreichen Sturm der Belagerer eingenommen wurden.

Die Besatzungen der österreichischen Festungen hatten, wie auch ihre Kameraden an den anderen Fronten des Ersten Weltkriegs, viel zu leiden. Die Festungswerke spielten hierbei eine zwiespältige Rolle: Sie boten ihnen zwar einerseits Schutz vor dem feindlichen Beschuss, andererseits waren aber gerade diese Bauwerke die Ursache für infernalische Bombardements auf kleinstem Raum. Sie waren Gefangene, Gefängniswärter und Verteidiger in einem. Luis Trenker brachte dieses Verhältnis zwischen der Besatzung und ihrem Werk folgendermaßen auf den Punkt: »Die stickige Luft, das gespenstische Flackern schwacher Lampen, das monotone Brummen der Ventilatoren und das Dröhnen krepierender Geschosse zerren an den Nerven der Eingeschlossenen. [...] Die Menschen schleichen wie verstörte Tiere in dem immer enger und grässlicher werdenden Bau herum, an den sie gekettet sind und den sie nicht einmal als Sterbende verlassen dürfen« [Trenker, Alles gut gegangen, S. 104]. »Zu Mittag mussten wir feststellen, dass Rocca Alta zwar eine elende Dreckskiste, aber doch das wundervollste Bauwerk ist, das je zu militärischen Zwecken errichtet wurde« [Trenker, Rocca Alta, S. 201].

Das Leben in den engen Kasematten war vom Mangel an den elementarsten Lebensgrundlagen geprägt. Es fehlte an Licht, Luft, Wasser, Ruhe und Hygiene, von der trügerischen Sicherheit vor dem Soldatentod ganz zu schweigen. Zusätzliche Truppen im Werk sowie der Verlust einiger Kasematten durch Granatdurchschläge führten zu einer drangvollen

Enge und bedenklichen hygienischen Zuständen. Lassen wir hierzu wieder Luis Trenker sprechen: »Hier herrschte ein unbeschreibliches Gemisch von Ausdünstungen und Karbolsäure, verbranntem Rohöl und Zementstaub« [Trenker, Rocca Alta, S. 188]. Eindringendes Regenwasser sowie die schlechten Heizmöglichkeiten in einer Landschaft, die immerhin bis April unter einer geschlossenen Schneedecke lag, führten zu rheumatischen Erkrankungen bei den Soldaten. Fritz Weber schildert in seinem Roman zudem die Vergiftung des in der Trinkwasserzisterne gesammelten Regenwassers durch die Rückstände der Sprengstoffe (Nitroverbindungen) aus den Granateinschlägen, die zu Darmkoliken bei der Besatzung führte[38].

Traumatisch müssen die Erlebnisse mit den Toten und Verstümmelten gewesen sein, die es durch die Explosionen der schweren Granaten in den engen Kasematten, Poternen und Geschützkuppeln gab. Zu einem Einschlag im Bereitschaftsraum des Werks Verle am 23. August 1915 schreibt Trenker: »Der Durchschlag erfolgte so glatt, dass das Geschoss ohne jedwede Dämpfung mitten unter den Leuten krepieren konnte. Sie klebten an den Wänden, sie wurden mit nachstürzendem Schotter vermengt, später ausgegraben und in Säcken weggeschafft« [Trenker, Rocca Alta, S. 187]. Zu dem verhängnisvollen Treffer in der Turmhaubitze Nr. IV am 15. August 1915 schreibt er weiter: »Von den vier Leuten, die im Turm gewesen seien, habe man nur verbrannte Reste und glimmende Fetzen gefunden« [Trenker, Rocca Alta, S. 180]. Berichte von Toten, die man in den zerstörten Kasematten einfach einbetonierte, lassen sich jedoch nicht belegen.

Aber auch wer von Tod und physischen Verletzungen verschont geblieben war, riskierte schweren Schaden an seiner Psyche. Wegen des andauernden Stresses, dem die Mannschaft durch die ununterbrochene Beschießung unterlag, machten sich Resignation und Depressionen breit, die wir heute als Burn-Out-Syndrom beschreiben. Luis Trenker schreibt hierzu: »Wir hatten gar keine Eile mehr, hinüberzulaufen und uns die Folgen des neuen Unglücks anzusehen, wir kennen bis zum Überdruss diese verqualmten Löcher, aus denen sie, die Sauerstoffmasken vor den Gesichtern, heraus kriechen. Hier erstirbt alles, sogar die Neugier und der geheimnisvolle Drang nach dem Blick ins Chaos« [Trenker, Rocca Alta, S. 193]. Schwer war es für jene, die durch traumatische Erlebnisse einen Schock erlitten. Im Ersten Weltkrieg, als die Psychologie durch Sigmund Freund gerade im Wandel begriffen war, lernte man das Phänomen des »Bombenschocks« kennen. Die Militärs taten sich allerdings anfangs schwer damit, dies nicht einfach als Charakterschwäche oder gar Feigheit abzutun. Trenker beschreibt dies bildhaft und lakonisch: »An der Stirnwand, auf dem Ofen, […] hockt ein Mensch – der Sappeur Kroll. Er schreit, schreit mit Lauten, die nicht menschlich zu nennen sind, die Augen quellen ihm aus dem Kopf. Das Grauen vor dem Wüten des Tobsüchtigen ist so stark, dass es alle lähmt – da neigt sich der Körper auf dem Ofen, stürzt kopfüber herunter, bleibt röchelnd auf dem Boden liegen« [Trenker, Rocca Alta, S. 192]. Über den umstrittenen Oberleutnant Giebermann, der das Werk Verle am 27. Mai 1915 aufgeben wollte, schreibt Trenker: »Heilige Dreifaltigkeit, wie sah der sonst so fesche Mann aus! Das Gesicht wachsgelb, das sonst so peinlich gescheitelte Haar in der Stirn hängend, den Blusenkragen offen – ein

Jammerbild der kaum verhehlten Fassungslosigkeit« [Trenker, Alles gut gegangen, S. 107]. Dass Trenker letztlich von Desertion und Selbstverstümmelung als letztem Ausweg einzelner Soldaten der Besatzung schreibt, klingt nach diesen Darstellungen absolut glaubhaft.

16 Das Schicksal der Zivilbevölkerung

Die Einwohner auf den Hochebenen von Folgaria und Lavarone lebten in abgeschiedenen, einfachen Verhältnissen. Viele mussten ihr Brot außerhalb der Heimat verdienen, wie beispielsweise die Maurer und Steinmetze aus dem Dorf Lusern. Der Bau der österreichischen Festungen ab dem Jahr 1908 führte daher zu einem gewissen wirtschaftlichen Aufschwung. Die Männer verdingten sich bei den österreichischen Baufirmen und die Herbergen der Dörfer füllten sich mit Arbeitern aus dem Inneren Österreichs. Mit der italienischen Kriegserklärung im Mai 1915 wandelte sich jedoch das Bild. Viele italienischsprachige Bürger der habsburgischen Monarchie wurden wegen des Verdachts der politischen Unzuverlässigkeit ins Hinterland deportiert. Aber auch die deutschsprachige Bevölkerung der Frontgebiete wurde aus Sicherheitsgründen in das Landesinnere evakuiert und dort nach verschiedenen Zwischenstationen in großen Lagern wie beispielsweise in Braunau am Inn oder Aussig in Böhmen untergebracht, wo sie über Jahre ein tristes Leben führte. Besonders die italienischsprachigen Flüchtlinge waren in den Lagern im Inneren Österreichs nicht immer gut gelitten. Wenige durften in ihrer Heimat bleiben, weil sie als Arbeiter für das Militär gebraucht wurden.

Nach dem Krieg kehrten die Einwohner in ihre oft zerstörten Häuser zurück. Durch Reparationszahlungen Österreichs konnte Italien in seinen neu erworbenen Gebieten in den Wiederaufbau von Kirchen und öffentlichen Gebäuden investieren. Das Sammeln von Metall aus den allgegenwärtigen Kriegsresten führte für manchen zu einem kurzzeitigen Wohlstand. Für den Fund der Überreste eines vermissten Soldaten setzte der italienische Staat eine Prämie von fünf Lire aus. Die Umbettung von Tausenden Soldaten von den verstreut liegenden Soldatenfriedhöfen in die Gebeinhäuser von Rovereto und Asiago ernährte ebenfalls manch einen über Jahre. Bald machte sich für die deutschsprachige Bevölkerung jedoch der Druck der Faschisten bemerkbar, der mit der berüchtigten Option und Aussiedlung ins

Deutsche Reich in den 1940er Jahren ein neues und oft grausames Kapitel in der Geschichte der Einwohner von Folgaria und Lavarone eröffnete.

Das Schicksal der Zivilbevölkerung auf der italienischen Seite der Front wies etliche Parallelen hierzu auf. Die Bevölkerung wurde in den Süden Italiens evakuiert, was insbesondere für die deutschsprachigen Einwohner der Sieben Gemeinden eine harte Zeit bedeutete.

17 Kriegserfahrungen: eine Zusammenfassung

Die Werke auf den Hochebenen von Folgaria und Lavarone waren acht Jahre vor ihrer Bewährungsprobe als das seinerzeit modernste Festungssystem der k.u.k.-Monarchie konzipiert worden. Zum Zeitpunkt des Kriegsbeginns war es gerade im Begriff, vom technischen Fortschritt des Angreifers überholt zu werden. Während des ein Jahr dauernden Kampfes um die Sperrkette wurde dennoch kein Werk durch italienische Soldaten besetzt. An keiner Stelle wurde ein dauernder Einbruch in den Sperrriegel erzielt.

Die Sperrkette erfüllte die an sie gestellte Aufgabe in vollem Maße. Ursache dafür waren zum einen die moderne und zweckmäßige Ausführung der Bauwerke sowie die energische Verteidigung und Instandsetzungsarbeiten durch die Werksbesatzung. Andererseits verfügten die Italiener nur über schwere Haubitzen, deren Granaten durch ihren flacheren Einfallswinkel nicht die gleiche Durchschlagskraft besaßen wie zum Beispiel Mörsergranaten. Hinzu kam die Fehleinschätzung der Stärke der Festungen durch die Italiener, die sich eine Umgehung auch dann noch nicht zutrauten, als die Werke schon die meiste Artillerie verloren hatten, zumal die Intervalle zwischen den Werken zu Kriegsbeginn nur sehr schwach besetzt waren.

Die österreichischen Werke verbrauchten in dem Jahr ihrer Belagerung für ihre 23 Haubitzen etwa 95 000 10-cm-Granaten und für die 4 Kanonen 11 700 8-cm-Granaten. Im gleichen Jahr gingen auf die Panzerwerke etwa 21 500 28-cm-Bomben und 2700 30,5-cm-Bomben mit einem Gesamtgewicht von über 7000 t nieder. Nimmt man die Kosten dieser Munition alleine mit 25 000 000 Kronen[39] an, so betrugen sie das 2,5fache der Baukosten der Sperrkette selbst. Dieser Beschuss und der dafür notwendige Munitionsnachschub im Hochgebirge stellte die Italiener vor erhebliche Transportprobleme. Die endgültige Niederkämpfung der Werke und der Durchbruch durch die österreichische Festungslinie gelang ihnen jedoch nicht.

Es ist anzunehmen, dass die Konzeption dieser Sperrwerke und die hier gemachten Kriegserfahrungen die Planer späterer Linienbefestigungen wie der französischen Maginot-

Linie oder des italienischen Alpen-Walls beeinflusst haben. Für die österreichische Monarchie jedoch waren diese Panzerwerke der Höhe- und gleichzeitig Endpunkt einer Epoche alpenländischer Festungsbaukunst.

18 Der Fall Giebermann

Die Kommission zur Erhebung militärischer Pflichtverletzungen untersuchte in den Jahren 1919 bis 1921 den Fall Giebermann und befragte hierzu zahlreiche Zeugen, darunter alle Offiziere des Werks Verle, Giebermanns Vorgesetzte sowie seine behandelnden Ärzte. Der Fähnrich Hugo Knöpfmacher, der Oberleutnant Albert Giebermann schon seit dessen Dienstantritt im Werk Verle im Dezember 1914 als Vorgesetzten kannte, schilderte ihn als einen »nervösen, sensitiven Mann, der oftmals über Kopfschmerzen klagte und kränklich war«. Alle Befragten gaben einhellig an, dass Giebermann durch sein Versagen der Nerven als krank und unzurechnungsfähig zu gelten hatte, keineswegs jedoch als feige.

Dass Giebermann die technische Lage des Werks nach dem verhängnisvollen Treffer auf die Turmhaubitze Nr. II wenige Stunden nach Beginn der Beschießung falsch eingeschätzt hatte, war unter den gegebenen Umständen zumindest verständlich und konnte ihm keineswegs als Feigheit angekreidet werden. Die Entscheidung zur Räumung des Werks traf sein Vorgesetzter Major Jelinek aus eigenen Stücken. Allerdings hatte er es versäumt, sich selbst ein Bild von der Situation in der Festung zu machen. Der Befehl zur Räumung war keineswegs abwegig gewesen, hatte man im August 1915 die Besatzung des Postens Vezzena doch ebenfalls zeitweise aus dem Werk abgezogen, um unter den Mannschaften unsinnige Verluste durch die Bombardierung zu vermeiden. Als Giebermann sich später weigerte, ins Werk zurückzukehren, war er nachweislich schon nicht mehr Herr seiner Sinne gewesen, es war daher folgerichtig, dass man ihn hierfür nicht zur Rechenschaft ziehen konnte.

Oberst Terboglav sagte hierzu später treffend: »Wenn die Vorgesetzen der Beschuldigten diese während der Beschießung gesehen hätten, hätten sie sehen müssen, dass diese nicht mehr fähig waren, irgend ein Kommando zu führen. In der Folge wurde vom AOK[40] der Befehl gegeben, dass alle Kommandanten die Verpflichtung haben, ihre unterstellten Abteilungen auch in exponierten Stellungen zu besuchen und sich durch persönlichen Augenschein vom Stande der einzelnen Aktionen zu überzeugen.«

Sein Vorgesetzter Major Jelinek reichte Oberleutnant Giebermann, als er ihn Ende Mai völlig zusammengebrochen auf Monte Rover wiedersah, spontan zur Auszeichnung mit dem Militärverdienstkreuz ein. Jelinek, der über die wahren Vorgänge in Verle bis dahin im Unklaren gewesen war, kam damals irrtümlich zu der Überzeugung, dass Giebermann seine »Pflicht bis zur vollständigen Erschöpfung« getan habe. Tatsächlich erhielt Giebermann, der noch bis zum August 1915 offiziell Kommandant von Verle blieb, dann auch das Militärverdienstkreuz III. Klasse, was bei den anderen Offizieren von Verle verständlichen Unmut erzeugte. Leutnant Papak erhielt daraufhin ebenfalls das Militärverdienstkreuz III. Klasse. Die Fähnriche Wolf, Knöpfmacher und Weber wurden vorerst nur mit der Bronzenen Tapferkeitsmedaille belohnt. Als die skandalöse Auszeichnung Giebermanns ruchbar wurde, verlieh man jedoch zumindest Knöpfmacher ebenfalls das Militärverdienstkreuz III. Klasse.

Gegen Giebermann wurde kein Militärstrafverfahren eröffnet. Er blieb einige Wochen im Festungsspital in Trient und wurde nach weiteren, längeren Aufenthalten im Spital in Innsbruck und in einer Heilanstalt bei Landeck wieder dienstfähig. Er diente sich bei der 14. Mörserbatterie (30,5-cm-Mörser M.11) an der Ostfront bis zum Batteriekommandanten empor. Giebermann blieb bis zum Kriegsende im aktiven Dienst und wurde als Hauptmann entlassen. Die Kommission zur Erhebung militärischer Pflichtverletzungen kam im März 1921 zu dem Ergebnis, dass Giebermann aufgrund seiner zeitweisen Unzurechnungsfähigkeit nicht wegen einer militärischen Pflichtverletzung zu belangen sei.

19 Der Fall Nebesar

Die versuchte Übergabe des Werks Lusern durch den damaligen Oberleutnant Nebesar sollte noch ein militärgerichtliches Nachspiel haben. Am 4. und 5. Juni 1915 kam es zur ersten Hauptverhandlung vor dem Festungsgericht Trient (als Standgericht) in Virti. Nebesar wurde gemäß § 244 des Militärstrafgesetzes MStG (Aufgabe eines festen Platzes ohne höchste Not und äußerste Gegenwehr) angeklagt. Das Gericht unter der Leitung des Majors Johann Kraft sprach ihn jedoch einstimmig wegen Unzurechnungsfähigkeit frei. Diesem Urteil wurde jedoch die notwendige Zustimmung durch den Kommandanten des Rayons III (Südtirol) FML Können-Horák versagt. Der Verhandlungsleiter Kraft wurde für dieses Urteil sogar seines Postens enthoben, weil er ein »nicht dem Soldatengefühle entsprechendes Urteil« gefällt habe!

In einer zweiten Verhandlung vor dem Feldgericht in Virti am 21. und 22. Juni 1915 wurden neben Oberleutnant Nebesar auch seine Offiziere Leutnant Schäfer und Leutnant Kotzmann angeklagt. Die Offiziere wurden dieses Mal gemäß § 254 MStG (Führen zaghafter Reden von der Übergabe eines festen Platzes) zu sechs, drei und zwei Monaten Kerker verurteilt. Dieses relativ milde Urteil war juristisch nicht haltbar, so dass ihm ebenfalls die Zustimmung des zuständigen Kommandanten versagt blieb. Die dritte Hauptverhandlung fand am 23. Oktober 1915 in Innsbruck statt. Diesmal kam es wegen des Verstoßes gegen § 244 und § 249 MStG (Zustimmung der unterstehenden Offiziere zu der zaghaften Kapitulation des Kommandanten) zu Verurteilungen zwischen sechs und vier Jahren Kerker. Doch auch dieses Urteil konnte aus formellen Gründen nicht bestätigt werden.

Am 17. August 1916 fand die vierte und letzte Hauptverhandlung in Innsbruck satt. Oberst Terboglav sagte hierbei über den Zustand der Angeklagten aus: »Wie ich die Beschuldigten Nebesar, Schäfer und Kotzmann sah [...] machten sie auf mich den Eindruck von Menschen, die nicht mehr fähig waren, ein Kommando zu führen oder einen Befehl zu geben. Ihr Gesichtsausdruck war der von unzurechnungsfähigen Menschen.« Unter Berufung auf ein Gutachten des Chefpsychiaters am Innsbrucker Garnisonsspital, Prof. Hans Molitoris, wurden die Angeklagten wegen Unzurechnungsfähigkeit in Folge der Giftwirkung der Explosivgase freigesprochen. Dieses juristisch korrekte Urteil wurde vom zuständigen Kommandanten, dem General Heinrich Tschurtschenthaler von Helmstein, bestätigt und war somit rechtskräftig.

Der Freispruch Nebesars stieß jedoch bei der militärischen Führung auf äußersten Unwillen. Auf einen auf den Kommandanten der Südwestfront, Generaloberst Erzherzog Eugen, zurückgehenden Erlass hin wurde General Tschurtschenthaler sofort seines Dienstes enthoben und in den Ruhestand versetzt. Die offizielle Begründung für diese entehrende Maßregelung lautete wie folgt: »Es müsste auf den Geist unseres Offizierskorps zerstörend wirken, wenn infolge eines solchen freisprechenden Urteils das Verhalten von Offizieren ungeahndet bliebe, die bereit waren, ein ihnen anvertrautes Werk dem Feinde zu übergeben.« Das Heeresgruppenkommando fürchtete demnach einen Präzedenzfall und wollte an Nebesar ein Exempel statuieren.

Doch damit ließ es das Heeresgruppenkommando Erzherzog Eugens nicht bewenden. Am 12. November 1916 wurde der ehemalige Artilleriekommandant Ernst Edler von Terboglav seines Postens enthoben und in den Ruhestand versetzt. Begründet wurde dies keineswegs mit einer Führungsschwäche in den kritischen Tagen im Mai 1915, sondern weil er als Zeuge in der vierten Hauptverhandlung »Worte der Entschuldigung und Rechtfertigung gefunden, die den Freispruch zweifellos zur Folge hatten.« Auch gegen Major Jelinek, der in dem Prozess als Zeuge ausgesagt hatte, wurden Maßregelungen erwogen. Hier ging es also nicht mehr um Gerechtigkeit, sondern nur noch um die Furcht der militärischen Führung vor dem Zusammenbruch der Disziplin im Offizierskorps.

Auch das Urteil der vierten Hauptversammlung wurde am 30. Dezember 1916 vom Obersten Militärappellationsgerichtshof in Wien aufgehoben, zu einem abschließenden Prozess kam es bis zum Kriegsende nicht mehr. Die Stimmungslage in der österreichischen Militärgerichtsbarkeit zu dieser Zeit wurde später von Oberlandesgerichtsrat Triebenbacher treffend wiedergegeben. Der Ankläger in der vierten Hauptverhandlung sagte nach dem Krieg vor der »Kommission zur Erhebung militärischer Pflichtverletzungen« Folgendes aus: »Jedenfalls erregte der Fall (Nebesar) lebhaftes Aufsehen und es erblickte mancher, insbesondere der aktiven Auditoren, sein Heil darin, mit diesem Falle nichts zu tun zu haben.«

20 Beschreibung der einzelnen österreichischen Werke

Ein wichtiges Mittel zur Beschreibung der Festungen sind Lage- und Gebäudepläne. Leider verschwanden die Bauunterlagen der Geniedirektion Trient über die Festungswerke zum Teil in den Nachkriegswirren. Ein Teil lagert heute im österreichischen Kriegsarchiv in Wien, ein Rest auch im italienischen Staatsarchiv in Trient. Sogenannte Rapportspläne, die den tatsächlichen Zustand der Werke nach dem Abschluss der Bauarbeiten dokumentieren, existieren offensichtlich nicht mehr vollständig für alle Werke. Projektpläne hingegen haben den Nachteil, dass sie Änderungen, die nach Baubeginn erforderlich waren, nicht enthalten. Bei den vom Autor erstellten Plänen wurde soweit wie möglich auf Rapportspläne zurückgegriffen, und es wurden offensichtliche bauliche Veränderungen gegenüber diesen Plänen berücksichtigt. Bei den Lageplänen wurde zugunsten der Übersichtlichkeit auf eine zu große Detailtiefe verzichtet. An dieser Stelle sei darauf hingewiesen, dass in Österreich die Turmhaubitzen in Frontrichtung von rechts nach links durchnummeriert wurden. Anzumerken ist noch, dass die Werksbeschreibungen in der italienischen Literatur bis heute oft auf Spionageberichten aus dem ersten Weltkrieg beruhen und daher gravierende Fehler enthalten können.

Touristische Hinweise

Die Festungsruinen waren bis 2005 für jedermann zugänglich, eine Besichtigung war in jedem Fall möglich. Im Jahr 2006 wurde der Zutritt zum Inneren der Werke Vezzena und Verle wegen Einsturzgefahr verboten, die Zugänge wurden verschlossen. Für die restlichen Werke gilt, dass ein Betreten insbesondere der unterirdischen Anlagen stets auf eigene Gefahr erfolgt. Durch Frostschäden ist hier immer mit losem Gestein zu rechnen. Gute Taschenlampen und festes, wasserdichtes Schuhwerk sind anzuraten, damit eine unterirdische Exkursion nicht nur zu einem Abenteuer, sondern auch zu einem Genuss wird. Beim Begehen unterirdischer Poternen gibt ein Helm ein beruhigendes Gefühl. An Wochentagen hat man die Festungen meist für sich alleine, so dass man unbedingt eine Begleitperson mitnehmen sollte.

Die Anlagen werden heute durch den Radwanderweg »100 km dei Forti« und den Wanderweg »Sentiero Trekking dei Forti« touristisch erschlossen, die Markierungen der Wanderwege sind jedoch oft unzureichend. Ab der Mittagszeit ist die Aussicht sehr oft durch starken Dunst behindert. Am Nachmittag gibt es den ganzen Sommer hindurch oft ausgeprägte Gewitterlagen, was man besonders bei den Besichtigungen von Serrada und Vezzena berücksichtigen sollte. Die Kompasskarte Nr. 631 »Altipiani di Folgaria, Lavarone e Luserna« umfasst den gesamten befestigten Abschnitt auf der damaligen österreichischen Seite.

Sehr zu empfehlen ist ein Besuch des Dokumentationszentrums Lusern in dem gleichnamigen Ort. Dieses modern konzipierte Museum stellt die neuere Geschichte dieser Region in vorbildlicher Weise dar. Wegen der stets wechselnden Ausstellungen lohnt sich ein Besuch jedes Mal auf das Neue. Auch das Museum im Werk Gschwent ist sehenswert und informativ.

Posten Vezzena

Österreichischer Name	Posten Vezzena
Italienische Bezeichnung	Cima Verle
Baubeginn	1910
Fertigstellung	1914
Besatzung	1/45
Planer	Hauptmann von Lehmayer
Kommandant	Leutnant K. Schwarz

2	Panzerkuppeln mit je 2 MG
1	Drehbarer Beobachtungsstand mit 1 MG
5	MG gesamt

Der Posten Vezzena liegt auf dem Gipfel der 1908 m hohen Cima Vezzena am 1400 m tiefen, steilen Abbruch zur Valsugana (Brentatal). Das Werk konnte von der 2,5 km entfernten und 2018 m hohen Cima Mandriolo auf der italienischen Seite der Staatsgrenze voll eingesehen werden.

Ursprünglich sollte ein kleines Werk auf der 1857 m hohen Levespitze, nur einen Kilometer von der Staatsgrenze entfernt, errichtet werden. Diese grenznahe, isolierte Lage erschien dann jedoch zu gewagt, so dass man das Werk auf die Cima Vezzena zurückverlegte. Diese Planungsänderungen kosteten zwei Jahre, vier weitere dauerte der Bau im schwierigen Hochgebirge mit seinen langen Wintern. Die Kosten waren mit 346 000 Kronen angesetzt.

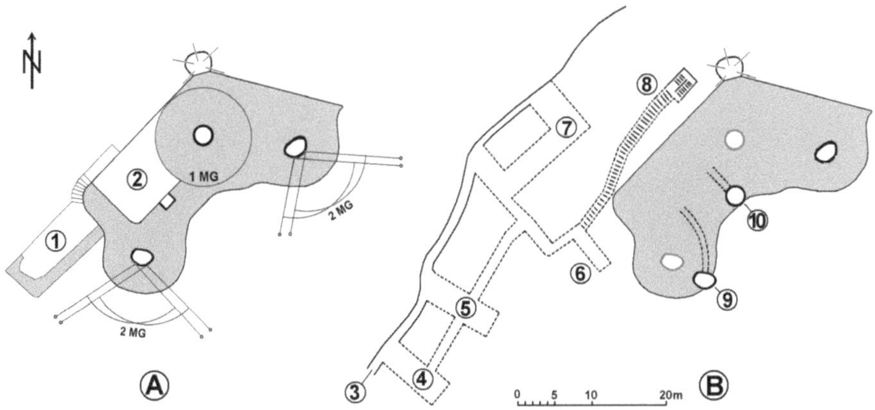

Abbildung 37: Lage- und Bewaffnungsplan des Beobachtungspostens Vezzena
(A) Zustand Anfang Mai 1915, (B) Zustand im September 1916, (1) offene Infanteriestellungen an der linken Flanke, (2) offene Infanteriestellungen auf dem Werksverdeck. Die Stellung auf dem Verdeck war durch einen gepanzerten MG- und Scheinwerferhangard (M.u.S.H. 16) erreichbar, die seitliche Stellung über eine Treppe aus dem zweiten Stock, die entlang der Kehlmauer führte. Jede Infanteriestellung besaß einen 30-cm-Azetylenscheinwerfer. (3) Gedeckter Zugangsweg am Steilhang, (4) Offizierskaverne, (5) Küchen- und Vorratskaverne, (6) Munitionskaverne, (7) Mannschaftskaverne, (8) Zugangsstollen mit Treppenhaus, (9) neuer Standort der rechten MG-Panzerkuppel, (10) neuer Standort des drehbaren Beobachtungsstands. Die nachträglich gebohrten Kavernen sind gestrichelt eingezeichnet.

Nachkriegsaufnahme der MG-Panzer des Postens Vezzena
Durch die Reparaturarbeiten im Krieg hatte sich das Aussehen des Postens grundlegend geändert: Der drehbare Beobachter stand ursprünglich auf der höchsten Stelle der Werksdecke. Auch der MG-Stand links im Bild lag ursprünglich einige Meter höher. Gegen diese Panzer mit ihren fünf Maschinengewehren rannten die Italiener im Jahr 1915 mehrmals erfolglos an. [Foto KA]

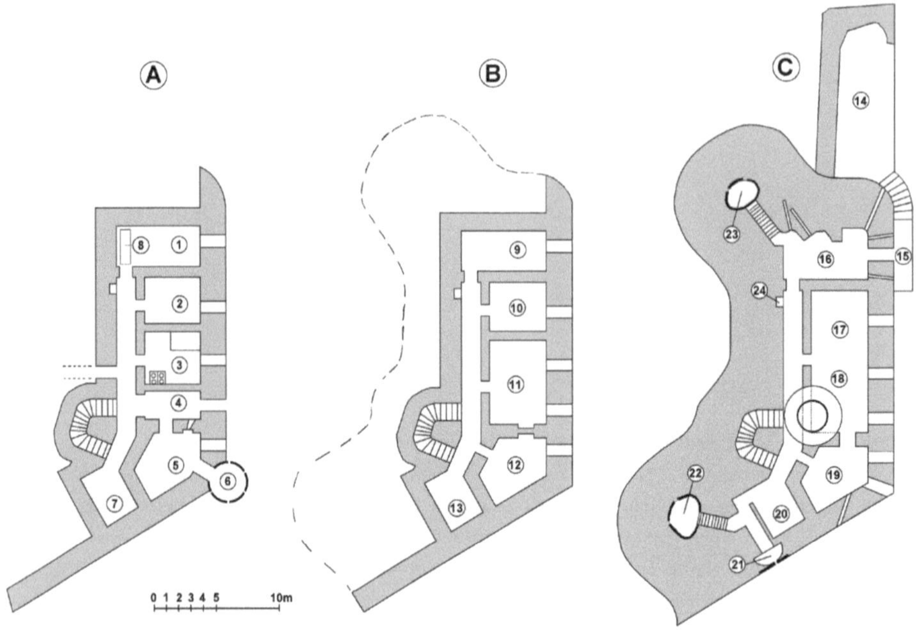

Abbildung 38: Grundriss des Postens Vezzena
(A) Erdgeschoss, (B) 1. Stock, (C) 2. Stock

(1) Abort
(2) Geniematerialdepot
(3) Küche
(4) Eingang mit Zwinger
(5) Wachzimmer
(6) Gewehrstand (G.St.1)
(7) Brennmaterialdepot
(8) Gruft (im Kellergeschoss)
(9) Artilleriematerialdepot
(10) Mannschaftszimmer
(11) Verbandlokal
(12) Kommandantenzimmer
(13) Proviantdepot
(14) offene Infanteriestellung
(15) Deckaufgang
(16) optische Signalstationen zu den Werken Verle, Lusern, Busa Grande, dem Monte Rust und dem Monte Selva
(17) Mannschaftszimmer
(18) drehbarer Beobachtungsstand (B.u.M. 14)
(19) Telefonzentrale mit optischer Signalstation zum Monte Argaro sowie 30-cm-Scheinwerfer
(20) Munitionsmagazin
(21) Beobachtungsstand fix (B.St.f. 3)
(22) Panzerkuppel für 2 MG (B.u.M.f. 12)
(23) Panzerkuppel für 2 MG (B.u.M.f. 11)
(24) Aufstieg (»Notausschlupf«) zum gepanzerten MG- und Scheinwerferhangard (M.u.S.H. 16)

Als am höchsten gelegenes Werk der Sperrkette diente Vezzena hauptsächlich als Beobachtungsposten für die Werkgruppe Lavarone. Es war daher auch nur mit MG zur Nahverteidigung bewaffnet. Dazu waren ein drehbarer Beobachtungsstand und zwei Panzerkuppeln mit zusammen 5 MG frontal auf der Werksdecke aufgestellt. Die Kehle wurde durch zwei Gewehrscharten und drei Pistolenscharten in einer Panzerkasematte aus 12 cm starkem P-2-Stahl bestrichen. Die Zufahrtsstraße lag schon in Friedenszeiten im Sichtbereich der Italiener, so dass der Nachschub nach Kriegsbeginn nur über einen neu gebauten Gebirgspfad erfolgen konnte. Vezzena besaß als einziges Werk der Sperrkette kein eigenes Stromaggregat, möglicherweise wurde es vom Werk Verle über ein Panzerkabel mit Strom versorgt. Da diese Stromversorgung anfällig gegen feindlichen Beschuss war, besaß Vezzena statt elektrischer Scheinwerfer drei 30-cm-Azetylenscheinwerfer. Das Wasser wurde aus dem Brunnen von Verle über eine Leitung auf den Gipfel gepumpt. Weil man wohl auch mit sonstigen Versorgungsschwierigkeiten oder einer Einschließung rechnete, war die Dotierung mit MG-Munition und Lebensmitteln doppelt so hoch wie bei den anderen Werken, das heißt es wurden 40 000 Patronen je MG und Verpflegung für 90 Tage eingelagert.

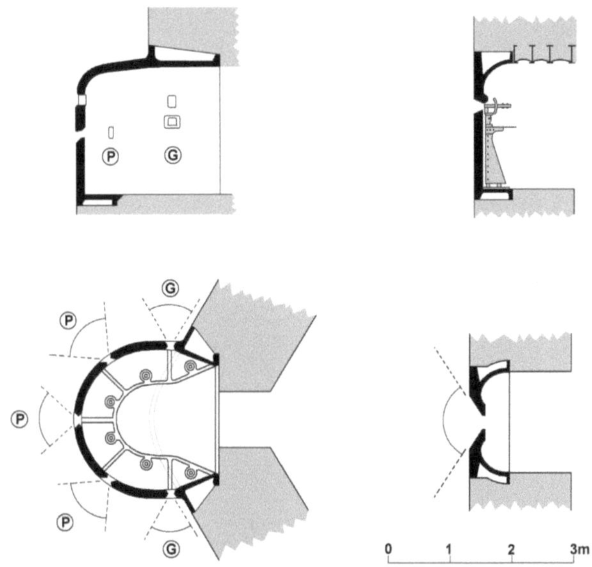

Abbildung 39: Sonderkonstruktionen der Panzerstände
Links: Feldgeschützsicherer Gewehrstand G.St. 1 aus 12 cm starkem P-2-Stahl mit 3 Pistolenscharten (P) und 2 Gewehrlafetten (G) sowie Leuchtpistolenscharten. Rechts: Beobachtungsstand B.St.f. 3 der gleichen Panzerstärke mit Plantischgestell und Fernglas zur Beobachtung der Valsugana.

Der Posten Vezzena wurde sofort nach Kriegsbeginn von einer 28-cm-Batterie auf Bosco Arzari stark beschossen, er war als kleines Ziel jedoch nur schwer zu treffen. Die Weitschüsse der 21-cm-Mörserbatterie auf Porta di Manazzo sowie die 14,9-cm-Granaten des Forts Verena trafen im Brentatal den Ort Caldonazzo, der daraufhin evakuiert werden musste. Am 30. Mai 1915 versuchte die 63. Alpini-Kompanie des Bataillons »Bassano« vergeblich einen Sturm auf den Posten Vezzena und die angrenzenden Feldbefestigungen.

Zwischen den Bombardierungen im Mai und August 1915 fanden schon erste Verstärkungsarbeiten statt, die den späteren Untergang des Werks durch die italienischen 30,5-cm-Geschosse jedoch nicht verhindern konnten. Durch den nun folgenden schweren Be-

Luftaufnahme des Postens Vezzena
Die exponierte Lage des Werks am Abgrund zur Valsugana (Brentatal) kommt hier gut zur Geltung. Die Aufnahme entstand wahrscheinlich nach dem Wiederaufbau im Sommer 1916. [Foto KA]

schuss ab dem 15. August 1915 traten massive Schäden an der Decke und den Panzern auf. Der gepanzerte MG- und Scheinwerferhangard auf dem Verdeck (M.u.S.H. 16) wurde am

Der drehbare Beobachtungsstand (B.u.M. 14) des Postens Vezzena wurde durch den Beschuss im August 1915 ausgegraben und rollte Ende September 1915 den Abhang hinunter.
Im Hintergrund links die Reste des Maschinengewehr- und Scheinwerferhangards (M.u.S.H. 16), der ebenfalls den Hang hinunterrutschte. [Foto DZL]

16. August durchschlagen und am 29. August durch einen weiteren Treffer nach vorne herausgeworfen. In einer Kasematte explodierte am 17. August ein schweres Geschoss und richtete starke Beschädigungen im Werksinneren an. Am 18. August traf ein Geschoss die Scharte der rechten MG-Panzerkuppel (B.u.M.f. 11) und ruinierte beide Maschinengewehre. Die Frontmauer wurde am gleichen Tag zweimal durchschlagen, die Telefonzentrale im ersten Stock zerstört und drei Mann durch eine umfallende Querwand getötet oder verwundet. Ein weiterer wurde durch die Explosion aus dem Fenster in den kehlseitigen Abgrund geschleudert. Ein erneuter Frontdurchschlag ging am 19. August durch das ganze Werk und riss die Kehlmauer drei Meter weit auf. Am 21. August rollte die rechte MG-Panzerkuppel nach schweren Treffern 50 m bergab. Auch bei der linken MG-Panzerkuppel (B.u.M.f. 12) war der Beton größtenteils weggeschossen, so dass sie sich nach vorne neigte. Die Kuppel konnte daher bei Artilleriebeschuss nicht mehr besetzt werden, weil die Gefahr bestand, dass sie bei einem Nahtreffer umgeworfen worden wäre. Das Werk wurde anschließend nur noch von 18 Freiwilligen mit den drei übrig gebliebenen Maschinengewehren verteidigt. Während der Bombardierungen, in denen kein feindlicher Infanterieangriff drohte, brachte sich die Besatzung bis auf einen Beobachter außerhalb des Werks in der Scheinwerferkasematte der nahe

Der gleiche Beobachtungsstand von links betrachtet
Im Hintergrund der linke fixe Beobachtungsstand (B.u.M.f. 12), dessen Betonvorlage vollständig weggeschossen wurde. Nur die Ankerschrauben bewahrten ihn davor, wie die anderen Panzerstände nach vorne umzukippen. [Foto DZL]

gelegenen Stützpunktlinie in Sicherheit. Ab dem 21. August wurde mit dem Bau der ersten Unterkunftskavernen unterhalb des Postens Vezzena begonnen.

Am 24. August 1915 erfolgte nach dem neuntägigen schweren Bombardement ein Angriff von Truppen der Brigade »Ivrea« (IR 161 und IR 162) auf den Raum zwischen Vezzena und dem Nachbarwerk Verle, der jedoch an dem hartnäckigen Widerstand der Österreicher scheiterte. Erst Mitte September ließ diese schwere Beschießung nach, bei der der Posten Vezzena über 1100 schwere Granaten abbekam. Durch die 400 Treffer wurden Decke und Frontmauer mehrfach durchschlagen, so dass nur noch das Erdgeschoss verwendbar blieb. Im Herbst 1915 wurde die Beschießung mit verminderter Intensität fortgeführt.

Der drehbare Beobachtungsstand (B.u.M. 14), der zuvor auf dem höchsten Punkt der Werksdecke gestanden hatte, wurde durch den weiteren Beschuss samt seinem Vorpanzer regelrecht ausgegraben und rollte am 21. September 1915 14 m tief ins Vorfeld hinab. Die Wasserleitung auf den Gipfel wurde bald zerschossen. Die Betonzisterne im Keller des Postens wurde durch Risse undicht, die sich aufgrund der Erschütterungen bildeten, so dass Wasserknappheit eintrat. Die Besatzung konnte ohne das notwendige Wasser keinen frischen Beton herstellen, so dass an Reparaturen in den Beschießungspausen nicht zu denken war.

Wanderer posieren für diese Nachkriegsaufnahme aus den 1930er Jahren vor der Kehlfront des Postens Vezzena.
Der gepanzerte Gewehrstand ist durch die Streifentarnung kaum zu erkennen. [Foto KA]

Entlang des neu errichteten gedeckten Zugangswegs am Abhang zum Brentatal wurde daraufhin eine neue, beschusssichere Wasserleitung gelegt. Um den großen Höhenunterschied zu überwinden, waren drei Zwischenstationen mit Handpumpen notwendig. Als zusätzlicher Nachschubweg wurde im Januar 1916 eine Seilbahn bis etwa 100 m unterhalb des Gipfels errichtet, die ihre Talstation nordöstlich von Monte Rover hatte. Diese Seilbahn lag geschützt entlang des Steilabhangs zum Brentatal und konnte bis zu einer halben Tonne Material in der Stunde fördern. Ab Februar 1916 begann man mit dem Bau von weiteren Kavernen und einem Zugangsstollen 14 m unter dem Werk. Diese Kavernen mündeten auf den neuen Zugangsweg.

Auf der Levespitze hatten die Österreicher kurz vor Kriegsbeginn Kavernen zum Schutz ihrer Artilleriebeobachter gebaut. Die Italiener nutzten diese Anlage nach ihrer Eroberung für Gebirgsgeschütze, mit denen sie die Scharten des Postens Vezzena und die nahe gelegenen Stützpunkte auf 900 m Distanz beschossen. Als Gegenmaßnahme wurde daraufhin von den Österreichern in unmittelbarer Nähe des Werks eine 7,5-cm-Gebirgskanone der Batterie 3/9 des Oberleutnants Rossi aufgefahren.

Vezzena hatte seine letzte große Stunde während der Maioffensive, als 28 Artilleriebeobachter von hier aus das vernichtende Feuer auf die italienischen Stellungen leiteten. Zu diesem Zeitpunkt hatte man sogar eine 10-cm-Gebirgshaubitze in einer eigens hierfür geschaffenen Kaverne unweit des Werkes postiert, so wie es schon im Dezember 1914 der Vorgänger des Kommandanten Schwarz zur Bekämpfung der italienischen Gegenstellungen auf der Porta Manazzo gefordert hatte. Die Leiden und die Tapferkeit der kleinen Besatzung wurden seitens der österreichischen Führung mit der Verleihung der goldenen Tapferkeitsmedaille und des Ordens der eisernen Krone an den Kommandanten Fähnrich Schwarz gewürdigt.

Nach der Offensive im Mai 1916 wurde eine völlig neue Betondecke aufgebracht. Der herabgeschossene drehbare Beobachtungsstand wurde an einer tieferen Stelle wieder aufgestellt, konnte jedoch nicht mehr beweglich gemacht werden. Die rechte MG-Panzerkuppel wurde ebenfalls wieder aufgerichtet, aber nicht wieder vollständig einbetoniert. Die Kasematten, die bis in den ersten Stock durchschlagen waren, blieben teilweise unbrauchbar.

Der Posten Vezzena erhielt in dem Jahr seiner Beschießung 2027 schwere Granaten (21 bis 30,5 cm) und 4200 14,9-cm-Granaten zugedacht. Schon im Herbst 1915 rechnete der Geniehauptmann Schneider aus, dass diese Beschießung die Italiener 1 750 000 Kronen gekostet hatte, fast viermal so viel, wie der Bau des Postens gekostet hatte.

Der Posten Vezzena heute

Parkplatz	Albergo Vezzena am Passo di Vezzena
Weg	Ausgeschildert zum Fort Busa di Verle, weiter auf dem Weg Nr. 205, Rückweg über die Armierungsstraße
Entfernung	Hinweg 3,5 km Rückweg 6 km
Höhenunterschied	500 m
Hinweis	Auf der gesamten Strecke kein Trinkwasser, im Sommer sehr heiß!

Der Rest der Werksdecke des ehemaligen Postens Vezzena ist gleichzeitig der Gipfel der Cima Vezzena. Der Blick reicht von der Cima Mandriolo, die einen der wichtigsten Beobachtungspunkte der Italiener bildete, über die 1857 m hohe Levespitze, die italienischen Forts Verena, Campolongo, Punta Corbin und Campomolon, die österreichischen Werke Lusern, Verle, Serrada, Sommo, Sebastiano, die optische Zentralstation auf dem Monte Rust, den Monte Pasubio, den Monte Cornetto, die Becca di Filadonna und zuletzt jenseits des Lago di Caldonazzo bis zur Panarotta. Bei klarer Sicht, die im Sommer jedoch sehr selten ist, kann man von hier aus die venezianische Tiefebene sowie die Brenta-Dolomiten und die Adamello-Gruppe sehen. Die Aussicht von der Cima Vezzena gilt zu Recht als eine der schönsten des Trentino.

Der Posten Vezzena ist gleichzeitig der Gipfel der Cima Vezzena; aus den Fenstern hatte man einen wunderbaren Ausblick über den Lago di Caldonazzo und das Brentatal. [Foto SH]

Obwohl durch die Sprengung der Decke des rechten Flügels dessen drei Stockwerke durch die Schuttmassen unbegehbar geworden sind, kann man hier noch zahlreiche interessante Spuren entdecken. Schaut man von oben in das zerstörte Obergeschoss, sieht man an der rechten Flanke noch die Reste der optischen Signalstation zum Monte Rust. Die daneben gelegenen Stationen sowie der frontseitig gelegene Kasemattengang wurden nach der Bombardierung im Mai 1915 zur Verstärkung der Frontmauer zubetoniert. Am Durchgang zur ehemaligen Telefonzentrale erkennt man die nachträglichen Verstärkungen, ein Fenster des Mannschaftszimmers wurde zubetoniert, als man Schäden in der Kehlmauer reparierte. Über den Fenstern ragen noch die Flacheisen aus der Wand, an denen die 40 cm starken I-Träger verankert waren.

Die linke Außenwand in Richtung Cima Mandriolo wurde wahrscheinlich schon im September 1915 wesentlich verstärkt. Man findet hier zahlreiche Spuren von einbetonierten Granatsplittern, Wellblech, Stacheldraht und eisernen Hindernispfählen. In der linken frontseitigen Ecke des Mannschaftszimmers sieht man sogar noch die Abdrücke von Sandsäcken, die man während der Bombardierungen mit schnell bindendem Beton gefüllt in die Einschusslöcher geschoben hatte.

In das Innere gelangt man durch den Haupteingang. Links daneben markiert noch ein Fundament den Standort des gepanzerten Gewehrstandes, der als Kehlkoffer diente und auf der Hochebene eine einmalige Konstruktion darstellte. An der rechten Außenwand weisen die Reste einer Regenrinne auf die Verbindung zwischen der Regenauffangfläche und der Trinkwasserzisterne hin.

Im Erdgeschoss rechts neben dem Treppenaufgang mündet der Ausgang einer Poterne in den Flur. Sie führte zu dem im Sommer 1916 wieder eingebauten drehbaren Beobachtungsstand. Die Poterne ist nach zirka 5 m eingestürzt. Im ersten Stock fehlt stellenweise der Zwischenboden.

Im zweiten Stock findet man den Aufgang zur linken Panzerkuppel, der einzigen des Werks, die während des ganzen Krieges an ihrem Platz blieb. Das Loch in der linken Außenwand stammt von einem herausgesprengten Beobachtungspanzer in Richtung Brentatal. In der Telefonzentrale zeigt noch ein Rohr der optischen Signalstation zum Monte Argaro bei der geplanten Sperrgruppe »Brenta Nord«. Der Kasemattengang wurde in diesem Stock zugemauert. Interessant sind die hier links oben endenden Sprachrohre, die früher zum drehbaren Beobachtungsstand führten.

Die Kavernenanlagen, die während und nach der Bombardierung 14 m unterhalb des Werks in den Fels gesprengt wurden, sind heute noch größtenteils begehbar. Der Zugangsweg am Steilhang des Brentatals ist jedoch nur Schwindelfreien zu empfehlen. Die Kavernen waren durch Stollen miteinander verbunden, die heute teilweise eingestürzt sind. Von der östlichsten Kaverne, die früher 34 Mann Unterkunft bot, führte früher eine Poterne hinauf in den Werkshof. Diese wurde jedoch von oben zugeschüttet.

Panzerwerk Verle

Österreichischer Name	Werk Verle
Italienische Bezeichnung	Forte Busa Verle
Baubeginn	22.10.1908
Fertigstellung	30.03.1913
Besatzung	3 / 233
Planer	Hauptmann von Lehmayer
Kommandanten	Oberleutnant A. Giebermann
	Leutnant J. Papak

4	10-cm-Turmhaubitzen
2	8-cm-Minimalschartenkanonen
4	6-cm-Kasemattkanonen
4	Panzerkasematten mit je 2 MG
3	Panzerkuppeln mit je 2 MG
1	Drehbarer Beobachtungsstand mit 1 MG
15	MG gesamt

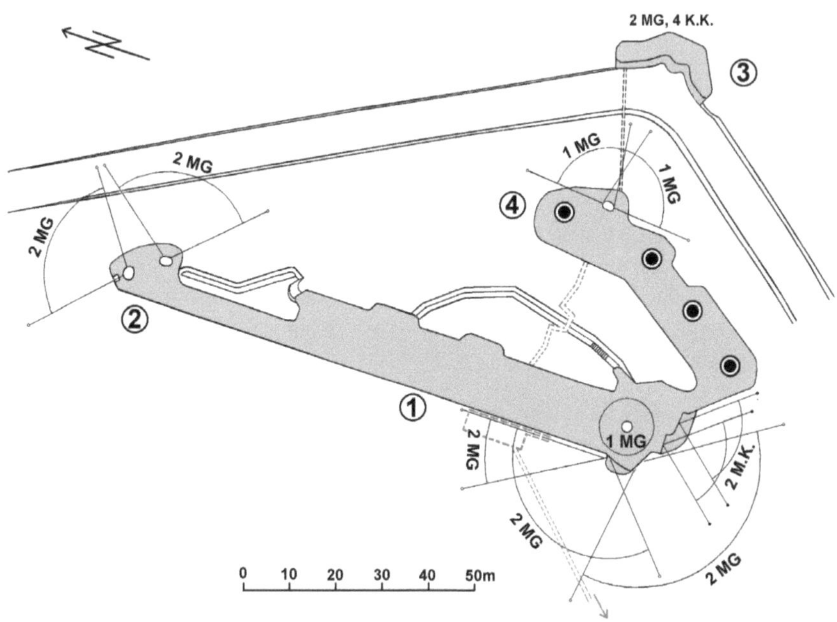

Abbildung 40: Lage- und Bewaffnungsplan des Werks Verle
(1) Kasemattenblock mit Kehlkoffer und Traditorenbatterie, (2) Nahkampfanlage, (3) Kontereskarpenkoffer, (4) Haubitzenbatterie. Die unterirdischen Verbindungsgänge sind gestrichelt eingezeichnet. Poternen, die erst nach Kriegsbeginn gebaut wurden, sind grau gestrichelt gezeichnet.

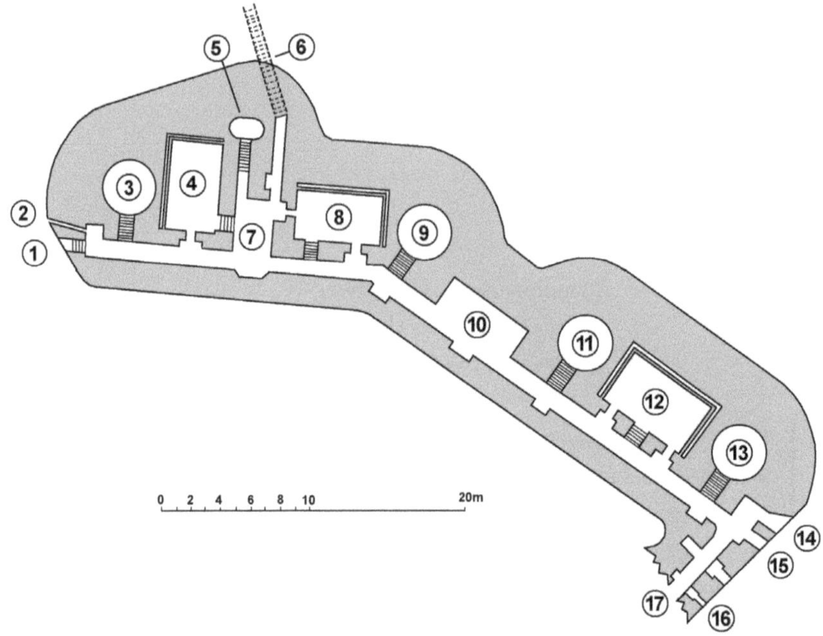

Abbildung 41: Batterieblock des Werks Verle
Die Aufteilung der Munition auf drei Kammern sollte bei einer Explosion die Zerstörung der gesamten Haubitzenbatterie verhindern. Der Abstand zwischen den Turmhaubitzen war mit 13 Metern viel zu knapp bemessen.

(1) Notausgang
(2) optische Signalstation zum Posten Vezzena
(3) Turmhaubitze Nr. IV (T.H. 20)
(4) Munitionsmagazin
(5) Panzerkuppel für 2 MG (B.u.M.f. 5)
(6) Poterne zum Kontereskarpenkoffer
(7) Bereitschaftsraum
(8) Munitionsmagazin
(9) Turmhaubitze Nr. III (T.H. 19)
(10) Bereitschaftsraum mit 3 Leuchtpistolenrohren
(11) Turmhaubitze Nr. II (T.H. 18)
(12) Munitionsmagazin
(13) Turmhaubitze Nr. I (T.H. 17)
(14) Abort
(15) Notausgang
(16) 35-cm-Scheinwerfer
(17) Gang zum Kasemattenblock

Das Werk Verle liegt in 1508 m Höhe auf einem Hügel zwischen der Cima Vezzena und dem Vezzena-Pass (1417 m). Verle konnte sowohl von der 4 km entfernten und 500 m höher gelegenen Cima Mandriolo als auch vom 7 km entfernten und ebenfalls 500 m höher liegenden Monte Verena mit seinem italienischen Fort Verena voll eingesehen werden.

Die Aufgabe des Werks war die Sperrung des Raumes Cima Vezzena – Lusern, die Sicherung des Vezzena-Passes, über den eine Hauptverbindung aus dem Assatal auf die Hochebene von Lavarone und von dort ins Brentatal und ins Etschtal führt, sowie die Deckung des artilleristisch nicht bewaffneten Postens Vezzena. Mit Hilfe der Beobachtungsmöglichkeiten von Vezzena konnte Verle jedoch auch Ziele im Brentatal bekämpfen.

Der langgestreckte Kasemattenblock des Werks Verle liegt nach dem Krieg verlassen, aber noch unzerstört auf der Alm.
Ganz rechts ragt der Kehlkoffer mit seinen MG-Panzerständen hervor. Links ist die zerstörte Beton-Poterne Richtung Nahkampfanlage zu erkennen. [Foto KA]

Diese Detailaufnahme des Kehlkoffers von Werk Verle entstand wahrscheinlich bei einem Familienausflug in den 1930er Jahren. Im Obergeschoss liegen die beiden bombensicheren MG-Stände mit ihren jeweils zwei MG-Scharten. Die Fenster mit den eisernen Läden enthielten jeweils einen 21-cm-Scheinwerfer. An der rechten Flanke erahnt man die Mauervorsprünge der Traditorenbatterie und den Gang zur Haubitzenbatterie. [Foto KA]

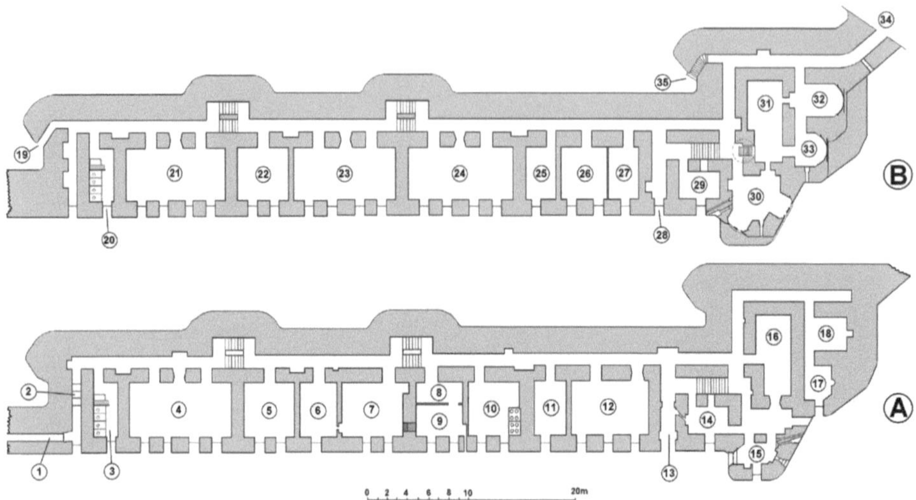

Abbildung 42: Kasemattenblock des Werks Verle
(A) Erdgeschoss, (B) 1. Stock

(1) Poterne zur Nahkampfanlage
(2) Gruft (im Kellergeschoss)
(3) Abort
(4) Mannschaftszimmer
(5) Mannschaftszimmer
(6) Akkumulatorenraum
(7) Maschinenraum mit Stromaggregat
(8) Werkstatt
(9) Requisitendepot
(10) Küche
(11) Arztzimmer
(12) Verbandlokal mit 8 Betten
(13) Eingang mit Zwinger
(14) Wachzimmer
(15) Kehlkoffer (Details in Abbildung 6)
(16) Proviantdepot
(17) Artilleriematerialdepot
(18) Geniematerialdepot
(19) Deckaufgang
(20) Abort
(21) Mannschaftszimmer
(22) Mannschaftszimmer
(23) Mannschaftszimmer
(24) Mannschaftszimmer
(25) Offizierszimmer
(26) Offizierszimmer
(27) Kommandantenzimmer
(28) Bereitschaftsraum
(29) Telefonzentrale
(30) Kehlkoffer
(31) Munitionsmagazin
(32) Kampfraum für 8-cm-M.K. M.5/9 (K.P. 12)
(33) Kampfraum für 8-cm-M.K. M.5/9 (K.P. 11)
(34) Gang zur Haubitzenbatterie
(35) Deckaufgang

Das Werk stammt aus der ersten Bauperiode der Sperrkette, was sich hauptsächlich in der noch wenig ausgeprägten räumlichen Trennung der Werksteile zeigt. Verle besaß vier 10-cm-Turmhaubitzen M.9, eine Traditorenbatterie mit zwei 8-cm-Minimalschartenkanonen M.5/9 in der rechten Flanke des Kasemattenblocks zum Bestreichen des Vezzena-Sattels

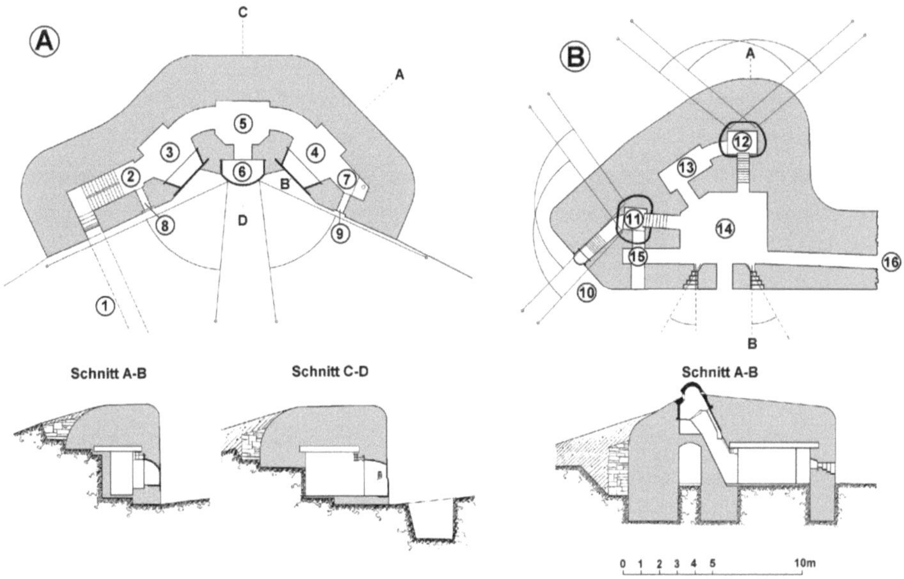

Abbildung 43: Kontereskarpenkoffer und Nahkampfanlage des Werks Verle
(A) Kontereskarpenkoffer, (B) Nahkampfanlage

(1) Poterne zum Kasemattenblock
(2) Treppenhaus
(3) Kampfraum für je 2 6-cm-K.K. M.10
(4) Kampfraum für je 2 6-cm-K.K. M.10
(5) Bereitschaftsraum
(6) Panzerkasematte für 2 MG und Leuchtpistole (Mg.u.L.St. 2)
(7) Abort
(8) Hangard für 21-cm-Scheinwerfer
(9) Hangard für 21-cm-Scheinwerfer
(10) gepanzerter Hangard für 35-cm-Scheinwerfer (Schwenkbereich 180°)
(11) Panzerkuppel für 2 MG (Mg.St.f. 17)
(12) Panzerkuppel für 2 MG (Mg.St.f. 18)
(13) Raum für MG-Munition
(14) Bereitschaftsraum mit Gewehrverteidigung des Eingangs
(15) Abort
(16) Poterne zum Kasemattenblock

sowie eine angegliederte Nahkampfanlage mit zwei MG-Panzerkuppeln auf der linken Flanke. Der Kontereskarpenkoffer lag im Schnittpunkt der zwei im stumpfen Winkel zueinander liegenden Grabenäste, die jeweils mit zwei 6-cm-Kasemattkanonen M.10 bestrichen wurden. Des weiteren war der Kontereskarpenkoffer mit einer Panzerkasematte für zwei MG (eines für jeden Grabenast) und Leuchtpistole ausgestattet. Der Kehlkoffer besaß im Erdgeschoss eine Panzerkasematte für zwei MG zur Bestreichung des Kehlgrabens, im Obergeschoss lagen zwei Panzerkasematten für je zwei MG zur Bestreichung des Kehlglacis und der Flanken. Ein drehbarer Beobachtungsstand lag auf der höchsten Stelle des Kasemattenblocks.

Die Beschiessung im Mai 1915

Die Feuertaufe von Werk Verle begann mit einer Reihe unglücklicher Treffer der Italiener und einem tragischen Beispiel menschlichen Versagens, das um ein Haar fatale Folgen für diesen Frontabschnitt gehabt hätte. Das Werk wurde erst ab dem 26. Mai 1915 um 4.30 Uhr mit zwei 28-cm-Küstenhaubitzen auf der Spelonca di Neve südlich des italienischen Forts Verena beschossen. Hinzu kam der andauernde Beschuss der Zufahrtsstraße durch die vier 14,9-cm-Kanonen des Forts Verena sowie einer 21-cm-Mörserbatterie, die an der Porta di Manazzo in Stellung lag. Gleich am ersten Tag der Beschießung gegen 7.45 Uhr durchschlug eine 28-cm-Granate den Vorpanzer der Turmhaubitze Nr. II und forderte dabei zwei Tote und zwei Schwerverletzte. Dieser folgenschwere Treffer deckte gleich zu Beginn der Kampfhandlungen einen schwerwiegenden Konstruktionsfehler der Turmhaubitzen auf, deren Vorpanzer zu schwach waren und nicht tief genug in den Beton hineinreichten. Dieser fatale Treffer auf die stark gepanzerte Werksartillerie erschütterte das Vertrauen der Besatzung in die Unverwundbarkeit ihrer Festung stark. Der Kommandant Oberleutnant Giebermann hielt das Werk aufgrund dieses Ereignisses, verstärkt durch seinen eigenen, desolaten psychischen Zustand, für nicht mehr haltbar. Er erwirkte beim Sperrkommandanten Major Jelinek in der Nacht vom 26. auf den 27. Mai 1915 den Befehl, das Werk bis auf eine freiwillige Besatzung für die Nahverteidigung zu räumen. In der Festung blieben nur 44 Mann, von denen jedoch angeblich 20 Rekruten ohne militärische Ausbildung waren. Ab dem 28. Mai abends wurde das Werk jedoch unter der Leitung von Leutnant Papak wieder voll besetzt, während Giebermann sich weigerte auf seinen Posten zurückzukehren und als nervenkrank ins Lazarett kam. Der bisherige Batteriekommandant des Werks, Leutnant der Reserve Julius Papak, wurde mit dem provisorischen Kommando über das Werk betreut. Ab August 1915 wurde er offiziell Kommandant von Verle. Ursprünglich war diese Position nur Berufsoffizieren vorbehalten; wahrscheinlich trugen zu dieser Ausnahme Papaks Erfahrung mit dem Werk und der Mangel an Berufssoldaten in der österreichischen Armee bei.

Am 27. Mai wurde die Turmhaubitze Nr. IV getroffen, wobei vier Mann verletzt wurden. Am 28. Mai erhielt die Turmhaubitze Nr. I einen Vorpanzertreffer mit der Folge, dass sich der Turm nicht mehr drehen ließ. Am 30. Mai 1915 wähnten die Italiener das Werk sturmreif und führten einen Infanterieangriff mit dem Alpinibataillon »Bassano« durch. Tatsächlich waren zu diesem Zeitpunkt nur noch zwei der vier Turmhaubitzen (Nr. II und III) einsatzbereit. Der Angriff wurde jedoch mit großen Verlusten für die Italiener abgeschlagen. Verle erhielt im Verlauf der immer schwächer werdenden Beschießung bis zum 25. Juli 1915 insgesamt 3028 schwere Schüsse mit Kalibern ab 21 cm zugedacht, die zwar schwere, aber keineswegs vernichtende Schäden anrichteten.

Das Werk wurde nach dieser Beschießung wieder instand gesetzt, auch die vier Turmhaubitzen waren Ende Juli 1915 wieder einsatzbereit. Zur Verstärkung der Decke brachte man eine einen Meter hohe Schotterschicht in Drahtschanzkörben auf, die die Wirkung einschlagender Bomben zumindest zeitweise wirksam verringerte. Durch das Ausbetonieren der

Ringräume in den Turmhaubitzen versuchte man die Schwäche der Vorpanzer zu mildern. Diese Maßnahme sollte im weitern Verlauf der Kampfhandlungen etlichen Artilleristen das Leben retten. Bis zum Sommer kam es nur noch selten zu schwerwiegenden Treffern.

Die Beschiessung im August 1915

In der Zwischenzeit hatte sich die Besatzung auf die raue Wirklichkeit des Krieges eingestellt. Das Werk war wieder instand gesetzt und stellenweise sogar verstärkt worden. Auch hatte man gelernt, die Turmhaubitzen nur noch während eines eigenen Schießens zu besetzen, um so unnötige Verluste unter den Bedienungsmannschaften zu vermeiden. Die Beschießung in der zweiten Augusthälfte sollte jedoch alles bisher Erlebte in den Schatten stellen.

Die zweite Bombardierung vom 15. August bis Anfang September 1915 erfolgte unter anderem mit zwei 30,5-cm-Haubitzen aus dem Assatal, die mit der wesentlich größeren Durchschlagskraft ihrer 442 kg schweren Bomben den Batterieblock, die Nahkampfanlage und die Poternen zwischen den Werksteilen durchschlugen. Drei zwischenzeitlich reparierte Turmhaubitzen wurden erneut unbrauchbar.

Der Vorpanzer der Turmhaubitze Nr. III wurde am ersten Tag der Bombardierung von einer 30,5-cm-Granate durchschlagen, das Geschoss explodierte im Inneren des Turms und

Der Vorpanzer der Turmhaubitze Nr. IV des Werks Verle trägt am Rand die deutliche Spur des Treffers einer 30,5-cm-Bombe.

Die anschließende Explosion spaltete die Panzerkuppel, deren eine Hälfte mitsamt eines Teils der Geschützlafette rechts vor dem fixen Beobachtungsstand liegt. Der österreichische Soldat nutzt offensichtlich eine der seltenen Feuerpausen, um in provozierender Haltung auf dem Batteriedeck strammzustehen. Auf der Bergspitze im Hintergrund liegt das italienische Fort Campolongo. [Foto DZL]

Schwerer Einschlag auf dem Batterieblock des Werks Verle
Die Aufnahme wurde im August 1915 vom Stützpunkt 48 aus aufgenommen. Ganz rechts unten im Bild die Brunnenstube, die das Werk Verle und den Posten Vezzena mit Wasser versorgte. [Foto SH]

hinterließ ein 34 cm großes Loch in der Panzerwand. Ein weiterer Treffer verklemmte den drehbaren Beobachtungsstand, die Splitter drangen durch die Scharte ein und zerstörten die Beobachtungsoptik. Am 16. August um 10 Uhr wurde der Batteriegang zwischen der Turmhaubitze Nr. IV und dem fixen Beobachtungsstand glatt durchschlagen. Das Geschoss detonierte im Inneren, verletzte drei Mann schwer und erfüllte den Batterieblock zeitweise mit giftigen Explosionsgasen. Am Nachmittag des gleichen Tags beschädigte ein erneuter Durchschlag des Vorpanzers das Geschütz der Turmhaubitze Nr. III. Dieser Treffer kostete einem Artilleristen das Leben und verwundete zwei weitere schwer. Am 19. August wurde der Vorpanzer der Turmhaubitze Nr. II durchschlagen. Seltsam mutet in diesem Inferno die folgende Situationsmeldung der 180. IBrig an: »Werk Verle erhält um 3 Uhr nachmittags in bester Stimmung seinen 1000. schweren Schuss seit 15. des Monats«. Der Vorpanzer der Turmhaubitze Nr. II wurde am 20. erneut durchschlagen. Am 22. August 1915 fiel die linke 8-cm-Minimalschartenkanone der Traditorenbatterie wegen eines Treffers auf die Rohrmündung aus. Eine 30,5-cm-Granate durchschlug am 23. August um 17.20 Uhr den Bereitschaftsraum im Batterieblock zwischen den Turmhaubitzen Nr. II und Nr. III (Raum Nr. 10 in Abbildung 41), wobei es drei Tote und sechs Schwerverletzte gab. Die unglücklichen Opfer waren gerade mit Betonarbeiten beschäftigt, um die schweren Schäden an diesem Raum auszubessern, als die Granate mitten unter ihnen explodierte. Dies war der erste Durchschlag bei einer mit I-Trägern abgestützten Betondecke. Zuvor waren nur die weniger widerstandsfähigen Tonnengewölbe der Verbindungspoternen durchschlagen worden. Nachdem abzusehen war, dass Verle diesem Beschuss auf Dauer nicht widerstehen konnte, begann man in der Nacht vom 24. auf den 25. August mit dem Ausbau des Geschützes der Turmhaubitze Nr. II. Der Abschnittskommandant Oberst Ellison erkannte, dass die Besatzung von Verle der andauernden psychischen Belastung der Bombardierung nicht mehr unbegrenzt standhalten würde und bat beim Brigadekommando um Ersatz. Am 24. August wurden der Kommandant Leutnant Papak und ein Teil der Besatzung aus dem Werk verlegt. Während dieser Ruhezeit wurde Hauptmann Milius der Kommandant von Verle.

Das Werk konnte nur dadurch gehalten werden, dass nachts umfangreiche Reparaturarbeiten auf dem Verdeck durchgeführt wurden. Ein Sturmangriff am Abend des 24. August 1915 durch Einheiten der italienischen Brigade »Ivrea« konnte aber Dank der beiden erhalten gebliebenen Turmhaubitzen Nr. I und Nr. IV sowie der Traditorenbatterie abgeschlagen werden. Ab dem 25. August wurden die vier 6-cm-Kasemattkanonen in offenen Feldstellungen aufgestellt, da die Schuttmassen im Frontgraben ihren Ausschuss aus den Schießscharten des Kontereskarpenkoffers unmöglich machten. Am folgenden Tag versuchten die Italiener, die Traditorenbatterie mit 7,5- oder 8,7-cm-Feldgeschützen durch Schartentreffer lahm zu legen, was ihnen jedoch nicht gelang.

Am 27. August wurde der frontseitige MG-Stand der Nahkampfanlage (Mg.St.f. 18) durch eine 30,5-cm-Bombe aus seiner Verankerung gerissen und stürzte in den Frontgraben. Am nächsten Tag wurde der Bereitschaftsraum in der Nahkampfanlage durchschlagen. Nun stürzte auch die linke MG-Panzerkuppel (Mg.St.f. 17) der Nahkampfanlage in den Graben, nachdem ein schwerer Treffer den rückseitigen Zugangspanzer durchschlagen hatte. Die Nahkampfanlage wurde daraufhin geräumt und nicht wieder instand gesetzt. Weitere Durchschläge im Gang der Turmhaubitzenbatterie forderten in den folgenden Tagen Tote und Verletzte. Ab dem 29. August wurde mit dem Ausbau der Haubitzen aus den Panzertürmen begonnen, am 31. August wurden die gefährdeten Munitionslager geräumt und die Besatzung bis auf 14 Artilleristen aus dem Werk abgezogen.

In der ersten Septemberwoche wurde der Ringspalt zwischen der Panzerkuppel und dem Vorpanzer bei der Turmhaubitze Nr. IV[41] von einer 30,5-cm-Granate durchschlagen. Die nachfolgende Explosion zerriss die Kuppel in drei Teile und zerstörte die Geschützlafette. Das Rohr der Haubitze wurde auf das Verdeck des Kasemattenblocks geschleudert und später unbeschädigt geborgen. Das Unglück forderte zum Glück keine Opfer, weil die Turmhaubitze zu diesem Zeitpunkt nicht besetzt gewesen war. Dies war der einzige Fall, in dem eine Panzerkuppel der Turmhaubitze M.9 zerstört wurde. Man führte dies später auf einen Gussfehler bei der Herstellung zurück.

Die Turmhaubitze Nr. II hatte man mittlerweile in einer Stellung hinter dem Werk westlich der Malga Cima di Verle postiert (»Halbbatterie Malga Cima di Verle«). Die einzige noch verwendbar im Werk gebliebene Haubitze aus dem Panzerturm Nr. I wurde am 11. September 1915 ebenfalls dort aufgestellt. Diese beiden Geschütze waren Ende September 1915 feuerbereit.

Bis Ende Oktober 1915 hatte man für die zerstörten Geschütze Nr. III und IV Ersatz[42] beschafft und in einer feldmäßigen Batterie 500 m nördlich des Cost'Alta auf einer Höhe von 1558 m aufgestellt (»Halbbatterie Cost'Alta Nord«). Die vier 6-cm-Kasemattkanonen

Abbildung 44: Österreichische Stellungen im Abschnitt Vezzena-Verle
Neben den Batterien, die mit den ausgebauten Geschützen des Werks Verle gebildet wurden, sind auch zwei 7,5-cm-Gebirgskanonen M.15 des Batterie 3/9 des Oberleutnants Rossi am Hang und auf dem Gipfel der Cima Vezzena eingezeichnet.

wurden westlich des Infanteriestützpunkts Nr. 43, etwa 1,2 km südsüdöstlich des Werks Verle, nahe dem Basson aufgestellt. Auch diese Batterie war Ende September gefechtsbereit. Die linke der beiden 8-cm-Minimalschartenkanonen wurde ab Ende September 1915 beim Infanteriestützpunkt Nr. 50[43] etwa 300 m nördlich des Werks am Fuße der Cima Vezzena aufgestellt. Es dauerte jedoch bis Ende des Jahres, bis endlich ein neues Geschützrohr eintraf und die Kanone ihre neue Aufgabe als Traditor zur Beherrschung des Vorfelds von Verle erfüllen konnte.

Nach diesem Inferno war Verle in weiten Bereichen nur noch ein formloser Trümmerhaufen. Ihm waren nur die rechte der beiden 8-cm-Minimalschartenkanonen in ihrer Panzerkasematte sowie einige Maschinengewehre geblieben. Fast ohne Werksartillerie, mit herabgeschossenen MG-Panzern, verschüttetem Frontgraben und mit zerfetzten Hindernissen glich das Werk eher einem feldmäßigen Infanteriestützpunkt als einer sturmfreien Festung.

Dennoch hielt man an Verle als wichtigem Stützpfeiler dieses Abschnitts fest. Das Werk erhielt bei dieser Beschießung 2900 schwere Schüsse, davon 1600 der besonders gefährlichen 30,5-cm-Bomben, mehr als alle anderen Werke der Hochebene zusammen. Diesen schweren Bomben waren die meisten der gravierenden Schäden am Werk zuzurechnen. Etwa 60 Prozent der schweren Granaten trafen die Betonstrukturen des Werks. Diese hohe Trefferquote war nur durch die gute Beobachtungsmöglichkeit der Italiener von der nahe gelegenen Levespitze möglich.

Die Reparatur- und Umbauarbeiten ab Herbst 1915

Ab September 1915 wurde die Decke des Batteriegangs von innen verstärkt, so dass von dem ursprünglichen Höhenprofil von 2,60 m nur noch 1,70 m übrig blieb. Im Kasemattenblock wurde zusätzlich auf dem Fußboden des ersten Stockwerks eine einen Meter starke Betonschicht aufgebracht, mit der Folge, dass diese Räume nur noch kriechend begangen werden konnten. Diese Arbeiten wurden erst am 7. Mai 1916 fertig gestellt. Natürlich wäre es besser gewesen, diese Betonschicht auf der Werksdecke aufzubringen, wo sie zusätzlich die Unterstützung der stählernen I-Trägerschicht gehabt hätte. Der andauernde Beschuss auf die Werksoberfläche ließ diese Arbeiten jedoch nicht zu.

Über den Winter blieb es um Verle relativ ruhig, man nutzte die Zeit für weitere Instandsetzungsarbeiten. Weil die Werksartillerie größtenteils im Feld aufgestellt war und die Unterkunftsräume vielfach unbenutzbar geworden waren, sank der Besatzungsstand über den Winter zeitweise bis unter 50 Mann. Da sich die Betonpoterne vom Kasemattenblock zum Batterieblock als nicht sicher erwiesen hatte, trieb man an ihrer Stelle eine Poterne durch den Fels. Dieser Stollen begann im Keller des Kasemattenblocks und mündete in der Höhe des fixen Beobachtungsstands in den Batterieblock. In der Kehle des Kasemattenblocks sprengte man ab Februar 1916 vom Keller aus eine Unterkunftskaverne in den Fels, die im Mai 1916 eine Größe von 50 m^2 hatte. Von dort aus begann man mit dem Bau der dringend benötigten Zugangspoterne in südwestliche Richtung, die die hohen Verluste der Besatzung beim Materialtransport auf der Werksstraße verhindern sollte. Obwohl man diesen Stollen von seinen beiden Enden her vortrieb, waren bis zum 15. April 1917 erst zwei Drittel der 150 m Gesamtlänge fertig. Diese Poterne wurde bis zum Kriegsende nicht vollendet.

Ein interessanter Plan sah vor, die beiden 10-cm-Turmhaubitzen der Halbbatterie »Cost'Alta Nord« auf der Höhe von 1558 m in eigens aus Trient herbeigeführten Panzerkuppeln[44] aufzustellen. Diese Panzer des modernen Typs M.14 waren ursprünglich für das nicht fertig gestellte Werk Valmorbia vorgesehen gewesen. Für den Transport der schweren Panzer musste die Fricca-Straße verstärkt werden, da die Straße von Calliano nach Folgaria im Feuerbereich der italienischen Artillerie lag. Am 27. Januar 1916 war eine Vorpanzerhälfte über die verschneite Fricca-Straße bis Casare bei Virti gebracht worden. Eine weitere Vorpanzerhälfte rutschte von der Fricca-Straße den Abhang hinunter[45]. Am 1. März waren schon eine Panzerkuppel und zwei Vorpanzerhälften bei Casare angelangt. Der weitere Transport auf den verschneiten Straßen bis Cost'Alta machte jedoch zu große Schwierigkeiten, so dass man das Projekt schließlich aufgeben musste[46], nachdem alleine in den Ausbau der Straßen für den Panzertransport 15 000 Manntage Arbeit investiert worden waren.

Besonders hervorzuheben ist bei den ständigen Reparaturarbeiten die Leistung der Monteure der Firma Skoda, die unermüdlich mit der Reparatur der Geschütze und der Panzer beschäftigt waren. So erhielt der drehbare Beobachtungsstand acht schwere Treffer, deren Auswirkungen jedes Mal von ihnen behoben werden mussten. Im Verlauf der andauernden Bombardierung traf eine 28-cm-Bombe die Ringfuge zwischen der Panzerkuppel und dem Vorpanzer und behinderte dadurch die Drehbarkeit des Beobachtungspanzers. Die Monteure hoben daraufhin am 14. Mai 1916 die 9,5 t schwere Kuppel mit einem provisorischen Gestell und einem Flaschenzug an, um die Geschossspitze herauszuschweißen. Dabei muss man sich vor Augen halten, dass die Kuppel weithin sichtbar auf dem höchsten Punkt des Werkes lag und jederzeit von den Italienern mit Geschützen aller Kaliber und sogar mit Gewehren aus den nur 300 m entfernten italienischen Schützengräben beschossen werden konnte.

Für den Auftakt der österreichischen Frühjahrsoffensive im Mai 1916 wurde die Turmhaubitze Nr. I wieder in ihrer Panzerkuppel installiert, bei den Panzerkuppeln Nr. II und Nr. III waren die vorgesehenen Reparaturarbeiten nicht mehr rechtzeitig beendet worden. Das Werk hatte dadurch eine artilleristische Feuerkraft von einer 10-cm-Turmhaubitze und einer im Werk verbliebenen 8-cm-Minimalschartenkanone. Die vier 6-cm-Kasemattkanonen wurden nicht mehr in den Kontereskarpenkoffer eingebaut, weil die Verschüttung des Frontgrabens zu groß war. Zusätzlich wurden zwei 9-cm-Minenwerfer M.14 im Werk installiert, einer davon im Geschützbrunnen der ehemaligen Turmhaubitze Nr. IV. Verle beteiligte sich mit seiner bescheidenen Werksartillerie an den Beschießungen zur Vorbereitung der österreichischen Maioffensive, ohne selber in nennenswertem Umfang von den Italienern beschossen worden zu sein.

Nach der Offensive wurde Verle im Juli endgültig bis auf zwei MG, eine 8-cm-Minimalschartenkanone und möglicherweise eine Turmhaubitze entwaffnet. Die restlichen noch brauchbaren 10-cm-Haubitzen wurden frontnah entlang des Assatals westlich von Asiago in Stellung gebracht. Nachdem das Werk durch den eigenen Vormarsch aus dem Schussbereich der schweren Artillerie gelangt war, wurden von der Herstellerfirma Madile aus Klagenfurt und den Monteuren von Skoda umfangreiche Instandsetzungsarbeiten durchgeführt. Bis Oktober 1916 wurden die drei verbliebenen Panzer der Turmhaubitzen und die vordere MG-Panzerkuppel neu einbetoniert. An der Stelle der zerstörten Turmhaubitze Nr. IV wurde zur Täuschung des Gegners eine Scheinkuppel aus Beton errichtet. Es war geplant, die Nahkampfanlage in geänderter Form wieder aufzubauen. Eine der beiden MG-Panzerkuppeln sollte dafür an der linken Flanke des Kasemattenblocks beim ehemaligen Verdecksaufgang postiert werden, die zweite in der ehemaligen Nahkampfanlage.

Eine Bilanz des ersten Kriegsjahres

Werk Verle wurde in der Zeit von 23. Mai 1915 bis zum 22. Mai 1916 mit 1710 Granaten vom Kaliber 30,5 cm und 3125 Granaten vom Kaliber 28 cm beschossen. Zählt man die 21-cm-Granaten der Mörserbatterie auf Porta di Manazzo hinzu, waren es insgesamt etwa 6000 schwere Schüsse, die Verle aushalten musste. 1872 dieser schweren Bomben trafen die Betondecken, 55 Mal wurden die Stahlpanzer getroffen. Die insgesamt 28 Treffer auf die Kuppeln und Vorpanzer der vier Turmhaubitzen führten bei drei Haubitzen zu deren zeitweiliger oder endgültiger Zerstörung. Der Vorpanzer der Turmhaubitze Nr. II war dreimal durchschlagen worden, derjenige der Nr. III zweimal. Von den drei MG-Ständen in Panzerkuppeln wurden die beiden der Nahkampfanlage unbrauchbar, da sie durch den Beschuss regelrecht aus dem Beton ausgegraben wurden und in den Graben fielen. Die Betondecken der Kampfanlagen (Haubitzenbatterie und Nahkampfanlage) wurden 14-mal durchschlagen. Obwohl Verle von allen Werken der Hochfläche den mit Abstand schwersten Beschuss mit 30,5-cm-Granaten erlitten hatte, wurde die Decke des lang gestreckten Kasemattenblocks nur selten durchschlagen. Der Schwachpunkt war hier allerdings eindeutig der nicht mit I-Trägern gestützte Kasemattengang gewesen. Insgesamt hatten die rechtzeitig aufgebrachte Schotterschicht sowie das pausenlose Betonieren das Schlimmste verhindert.

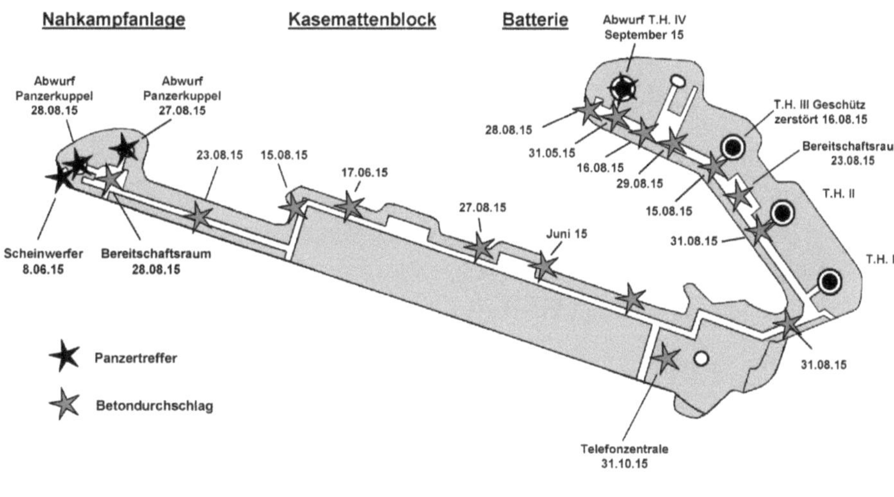

Abbildung 45: Ungefähre Lage der schwersten Treffer in Werk Verle

Es sind nur die gravierendsten Treffer mit Panzer- oder Deckendurchschlägen eingezeichnet und, soweit bekannt, mit dem Datum versehen. Auf die Kennzeichnung der Vorpanzerdurchschläge wurde aus Gründen der Übersichtlichkeit verzichtet.

In der Zeit vom 23. Mai bis zum 31. Oktober 1915 fielen ungefähr 13 Mann der Besatzung, die Schwerverletzten nicht mitgerechnet, die später noch in den Lazaretten sterben sollten.

Über die Opfer unter den Landsturmarbeitern, die beim Transport des Nachschubs und bei den Reparaturarbeiten auf dem Werksverdeck Kopf und Kragen riskierten, liegen dem Autor keinerlei Zahlen vor.

Das Werk hatte bis zum Mai 1916 einen Munitionsverbrauch von 12 927 Schuss für die Turmhaubitzen und 6541 Schuss für die Traditorenbatterie gehabt. Bis zum Kriegsende trat Verle nicht mehr in Aktion.

WERK VERLE HEUTE

Parkplatz	Albergo Vezzena am Passo di Vezzena
Weg	Ausgeschildert zum Fort Busa di Verle
Entfernung	1,5 km
Höhenunterschied	100 m

Das Werk Verle ist sicher eines der berühmtesten auf der Hochebene, allerdings kann es weder in Bezug auf die landschaftliche Lage noch auf den baulichen Erhaltungszustand zu den »Rennern« gezählt werden. Vom Vezzena-Sattel kommend sieht man nach etwa einem Kilometer links ein Ferienheim, das den Standort der ehemaligen Werkskaserne markiert. Auf der rechten Straßenseite erkennt man in einer Wiesenmulde einen Laufgraben, der auf eine große Tanne zuläuft. Hier sollte einmal der Werksstollen enden, der jedoch nicht mehr fertig gestellt wurde. Der äußere Zugang zu diesem Stollen soll nach dem Krieg zugeschüttet worden sein, weil sich bei Gewittern die Kühe von der Alm in diesen Gang verkrochen haben. Nach etwa 500 Metern biegt man von der Armierungsstraße nach rechts ab zum ehemaligen Kehlgraben des Werks Verle. Seit dem Jahr 2006 weisen Schilder darauf hin, dass der Zugang zum Werkinneren verboten ist. Dennoch soll an dieser Stelle eine Beschreibung des Werkinneren erfolgen, die auf der Grundlage kurz zuvor durchgeführter Begehungen der Anlage erstellt wurde.

Die lang gestreckte Fassade des Kasemattenblocks wird links von der Ruine der Nahkampfanlage und rechts vom Torso des einst mächtigen Kehlkoffers eingerahmt. Von der Nahkampfanlage sind nur noch Spuren der Grundmauern erkennbar: Eine Schräge im Beton markiert hier den ehemaligen Aufgang zur linken Panzerkuppel, deren zwei MG das Intervall zum Posten Vezzena beherrschten. Deutlich erkennbar sind die Verstärkungen der Frontmauer des ehemaligen Bereitschaftsraums der Nahkampfanlage.

Nach rechts kommt man vorbei an der gesprengten Poterne von der Nahkampfanlage zum Kasemattenblock, in dessen linke Seite ein Eingang führt. Hier kann man den Kasemattenhauptgang im Erdgeschoss bis zu einer eingestürzten Zisterne gehen. Die rechteckige Kammer im Boden des Gangs ist die ehemalige Gruft, die nur hier und im Posten Vezzena unterflurig angelegt wurde. Die Kasematten selbst sind durch die Sprengung der Werks-

Lang gestreckt liegt die Ruine des Kasemattenblocks von Werk Verle auf dem Almhügel. In den 1990er Jahren sprengte das italienische Militär dort angeblich noch Blindgänger aus dem Zweiten Weltkrieg, was dem Torso zusätzlichen Schaden zufügte. [Foto SH]

decke mit Schutt gefüllt, die Zwischenböden eingestürzt. Auch hier sind wieder Betonverstärkungen an der Frontseite des Ganges zu sehen.
An der rechten Flanke des Blocks kann man das Werksinnere sowohl durch den Haupteingang als auch durch das große Loch im Erdgeschoss des Kehlkoffers betreten, das den ehemaligen Standort eines MG-Panzerschildes kennzeichnet. Vom Kehlkoffer weist hier eine optische Signalstation in Richtung des Nachbarwerks Lusern, daneben findet sich eine der seltenen Gewehrscharten, deren Treppenscharte immer noch mit Holz verkleidet ist. Von hier führt eine Treppe in den Keller und in den ersten Stock.

Vom Keller ging früher eine Poterne hinab zu unterirdischen Kavernen sowie zu einem begonnenen gedeckten Zugang in südwestliche Richtung. Diese Räume sind wegen der abgerutschten Treppe jedoch nicht mehr gefahrlos begehbar. Am Ende des Kellergangs zweigt rechts die Poterne zur Haubitzenbatterie ab, die im Herbst 1915 als Ersatz für die Betonpoterne durch den Fels gesprengt wurde. Dieser Gang wurde bei der Sprengung der Batterie in den 1930er Jahren verschüttet.

Im ersten Stock des Kehlkoffers deuten die beiden riesigen Wanddurchbrüche die Standorte der Panzerkasematten für jeweils zwei MG an, die das gesamte Kehlterrain bestreichen konnten. Nach links zeigen die Rohre der optischen Signalstation nach Busa Grande. Die Poterne, die von hier aus zum Batterieblock führte, ist heute verschüttet, von der Traditorenbatterie blieben noch nicht einmal die Grundmauern stehen. Hier findet man nur noch Reste der Munitionsräume für die beiden Minimalschartenkanonen. Der Aufgang zum drehbaren Beobachtungsstand auf dem Kehlkoffer weist noch deutliche Spuren von Verstärkungsarbeiten auf, er ist auf Deck jedoch zubetoniert worden.

Der Kasemattenhauptgang im ersten Stock wurde durch die Betonverstärkungen auf eine Breite von 60 cm und eine Höhe von 155 cm, an manchen Stellen von sogar nur 125 cm verengt. Er ist heute etwa bis zur Hälfte begehbar.

Vom Batterieblock ist nur ein unförmiges Trümmerfeld übrig geblieben. Das gleiche gilt für den Kontereskarpenkoffer, von dem nur noch der Ausgang in den Graben erkennbar ist. Auch hier wurden die Wände offensichtlich nachträglich verstärkt.

Auf dem weiteren Weg der Armierungsstraße zur Cima Vezzena liegt links vor der ersten Abzweigung die ehemalige Brunnenstube des Werks Verle. Da sie außerhalb des erwarteten Streubereichs der italienischen Granaten lag, wurde sie nicht in bombensicherer Bauweise ausgeführt. Die Quelle speist heute eine Viehtränke.

Panzerwerk Lusern

Österreichischer Name	Werk Lusern
Italienische Bezeichnung	Forte Campo Luserna
Baubeginn	15.07.1908
Fertigstellung	30.10.1912
Besatzung	3/247
Planer	Hauptmann E. Lacom[49]
Kommandanten	Oberleutnant E. Nebesar
	Oberleutnant J. Schaufler

4	10-cm-Turmhaubitzen
2	8-cm-Minimalschartenkanonen
2	6-cm-Kasemattkanonen
4	Panzerkasematten mit je 2 MG[47]
3	Panzerkuppeln mit je 2 MG[48]
2	Drehbare Beobachtungsstände mit je 1 MG
3	Mauerscharten mit je 1 MG
19	MG gesamt

Vom 1549 m hohen Campo Lusern beherrschte das Werk Lusern die Hochebene zwischen dem 1100 m tiefer gelegenen Asticotal und dem Torratal. Das Werk wurde vom 7 km entfernten und 450 m höher liegenden italienischen Fort Verena voll eingesehen. Die weiteren italienischen Beobachtungsstellen von der Cima Mandriolo bis zum Monte Campomolon bildeten zusammen einen Halbkreis um Lusern, dessen Lage erkerförmig aus dem ursprünglichen Grenzverlauf heraussprang. Seine Aufgabe war die Sperrung des Übergangs aus dem Assatal über den Vezzena-Pass sowie die Sperrung des Asticotals. Sein offensiver Charakter spiegelt sich unter anderem in der »fortifikatorischen Beschreibung« aus dem Jahre 1912

wider, in der die »Unterstützung einer eigenen Offensive über das Plateau von M. Verena, M. Erio und Campolongo« genannt wird.
Das Werk war ähnlich wie Verle räumlich wenig aufgelockert gebaut. Es besaß vier 10-cm-Turmhaubitzen M.9 und eine Traditorenbatterie mit zwei 8-cm-Minimalschartenkanonen

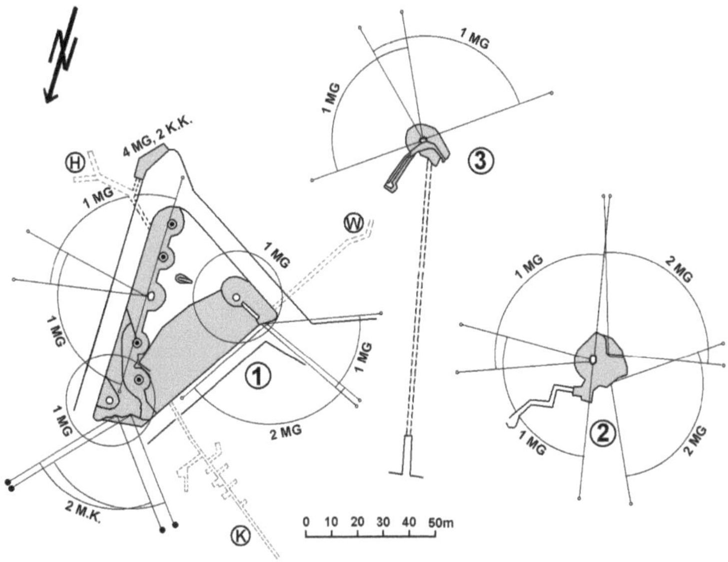

Abbildung 46: Lage- und Bewaffnungsplan des Werks Lusern
(1) Hauptwerk mit Kasemattenblock, Turmhaubitzenbatterie, Traditorenbatterie und Kontereskarpenkoffer, (H) Horchgang vom Mai 1916, (W) Wasserpoterne und (K) Kavernen mit Werkszugang vom August 1915, (2) Nahkampfanlage Oberwiesen, (3) Nahkampfanlage Viaz mit Zugangspoterne aus der Vorkriegszeit. Die unterirdischen Verbindungsgänge sind gestrichelt eingezeichnet. Poternen, die erst nach Kriegsbeginn gebaut wurden, sind grau gestrichelt gezeichnet. Die Abstände zwischen den Nebenwerken sind nicht maßstäblich.

M.5/9 zur Bestreichung des Zwischenraums zum Werk Verle auf der linken Flanke. Als einzige Anlage auf der Hochebene hatte es zwei drehbare Beobachtungsstände. Der Kontereskarpenkoffer in der rechten Ecke des Frontgrabens war zweistöckig: Im Erdgeschoss standen zwei 6-cm-Kasemattkanonen M.10, im Obergeschoss war eine Panzerkasematte für zwei MG untergebracht. In jedem Stockwerk diente zusätzlich ein MG in Mauerscharte der Bestreichung des rechten Flankierungsgrabens. Der Kehlgraben wurde durch eine Panzerkasematte mit zwei MG sowie ein MG in Mauerscharte flankiert. Da die tiefen Täler vom Hauptwerk aus nicht vollständig eingesehen werden konnten, wurden für die Nahverteidigung und die Beobachtung des Asticotales die beiden Nahkampfanlagen Viaz und Oberwiesen errichtet, die jeweils eine Panzerkuppel besaßen. Oberwiesen verfügte zusätzlich über zwei Panzerkasematten für je zwei MG. Zur Wasserversorgung diente die bombensicher eingedeckte Quelle Viaz, die feindwärts vor dem Werk lag.

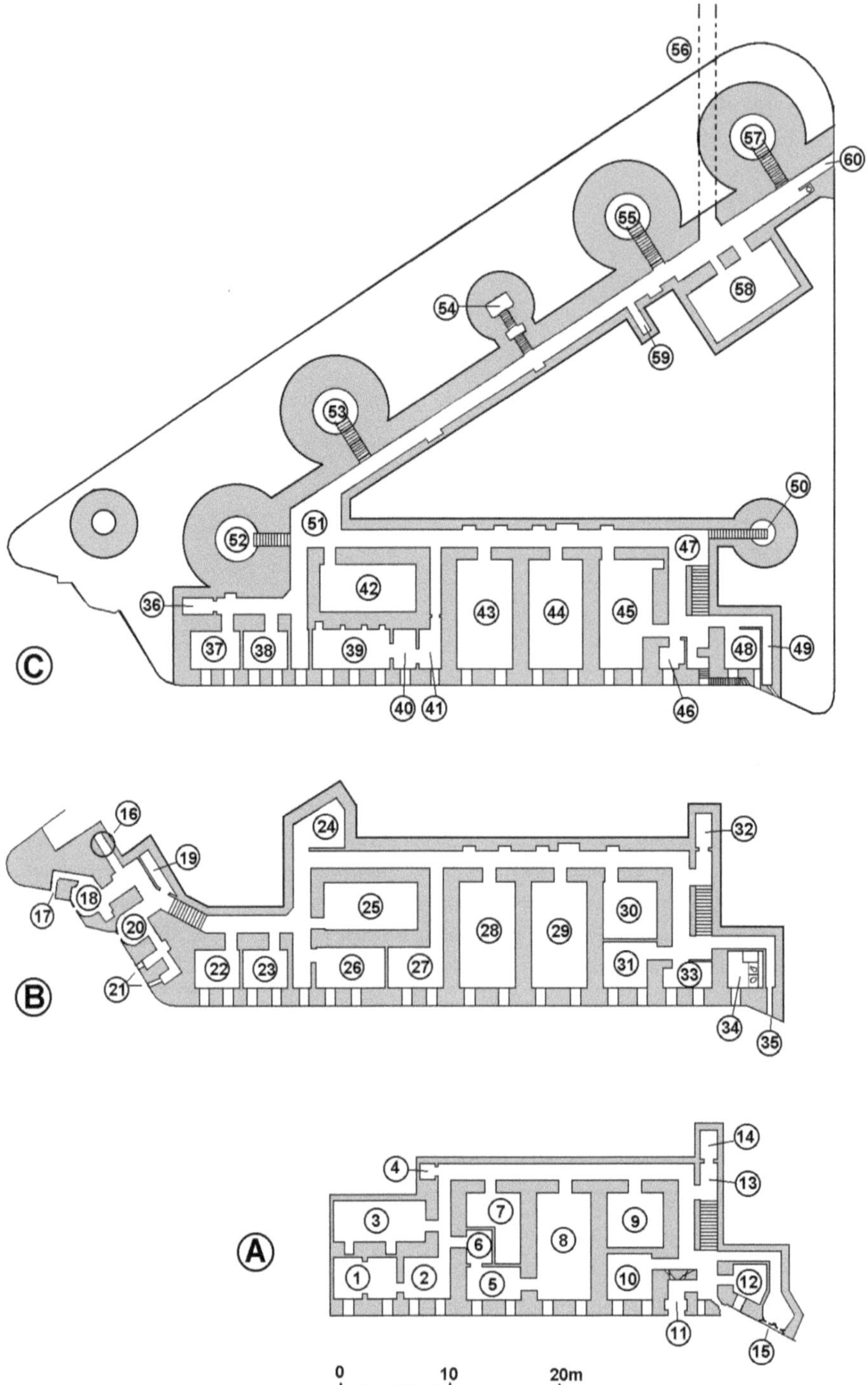

Abbildung 47: Grundriss des Hauptwerkes von Lusern

(A) Erdgeschoss
(1) Mannschaftszimmer
(2) Mannschaftszimmer
(3) Proviantdepot
(4) Lampenkammer, später Abgang zur Zugangspoterne
(5) Werkstatt
(6) Depotraum
(7) Akkumulatorenraum
(8) Maschinenraum mit Stromaggregat
(9) Benzindepot für Stromaggregat
(10) Wachzimmer mit Innenverteidigung
(11) Eingang mit Zwinger
(12) Artilleriematerialdepot
(13) Geniematerialdepot
(14) Gruft für 6 Särge
(15) Panzerkasematte für 2 MG (Mg.Sch. 5), später Abgang zur Wasserpoterne

(B) 1. Stock
(16) drehbarer Beobachtungsstand (B.u.M. 4)
(17) Stand für 21-cm-Scheinwerfer und Leuchtpistole
(18) Kampfraum mit Bereitschaftsraum für 8-cm-M.K. M.5 (K.P.7)
(19) Artilleriematerialdepot
(20) Kampfraum für 8-cm-M.K. M.5 (K.P.8)
(21) optische Signalstation zu den Werken Verle und Vezzena sowie splittersicherer Horchpostenstand (Maschikuli)
(22) Mannschaftszimmer
(23) Offizierszimmer
(24) Brennmaterialdepot
(25) Munitionsmagazin für 8-cm-M.K.
(26) Küche
(27) Offizierszimmer
(28) Mannschaftszimmer
(29) Mannschaftszimmer
(30) Proviantdepot
(31) Mannschaftszimmer
(32) Proviantdepot mit Eisbehälter
(33) Mannschaftszimmer
(34) Abort
(35) Stand für 21-cm-Scheinwerfer

(C) 2.Stock
(36) Brennmaterialdepot
(37) Mannschaftszimmer
(38) Kommandantenzimmer
(39) Krankenzimmer (8 Betten)
(40) Verbandlokal
(41) Arztzimmer
(42) Munitionsmagazin für 10-cm-T.H. Nr. III und Nr. IV
(43) Mannschaftszimmer
(44) Mannschaftszimmer
(45) Mannschaftszimmer
(46) Telefonzentrale und Leuchtpistolenstand
(47) Bereitschaftsraum für 21 Mann
(48) Abort
(49) optische Signalstation zum Monte Rust und Monte Cornetto
(50) drehbarer Beobachtungsstand (B.u.M. 5)
(51) Bereitschaftsraum
(52) Turmhaubitze Nr. IV (T.H. 12)
(53) Turmhaubitze Nr. III (T.H. 11)
(54) Panzerkuppel für 2 MG (B.u.M.f. 2) sowie 2 Leuchtpistolenstände
(55) Turmhaubitze Nr. II (T.H. 10)
(56) Poterne zur Kontereskarpe
(57) Turmhaubitze Nr. I (T.H. 9)
(58) Munitionsmagazin für 10-cm-T.H. Nr. I und Nr. II
(59) gepanzerter Ausgang auf Deck (Hangard H. 3)
(60) Notausgang mit Abort und Leuchtpistolenstand

Die Beschiessung im Mai 1915

Lusern erlitt bei der ersten Bombardierung im Mai 1915 durch italienische 28-cm-Haubitzen starke, aber keine katastrophalen Schäden. Am 26. Mai forderte ein durchschlagener

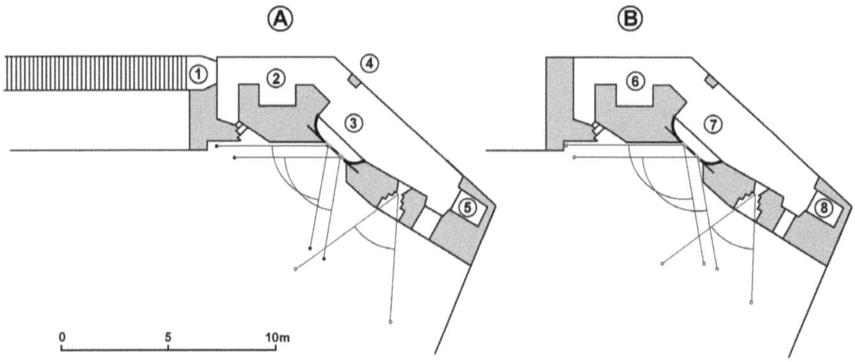

Abbildung 48: Kontereskarpenkoffer des Werks Lusern
(A) Erdgeschoss, (B) 1. Stock

- (1) Poterne zum Batterieblock
- (2) Vorraum
- (3) Kampfraum für 2 6-cm-K.K. M.10 (K.Sch. 1) und 1 MG in Mauerscharte (G.S. 15)
- (4) Aufstieg zum 1. Stock
- (5) Abort
- (6) Vorraum
- (7) Panzerkasematte für 2 MG (Mg.Sch. 4), 1 MG in Mauerscharte (G.S. 16) und zwei 21-cm-Scheinwerfer übereinander
- (8) Artilleriematerialdepot

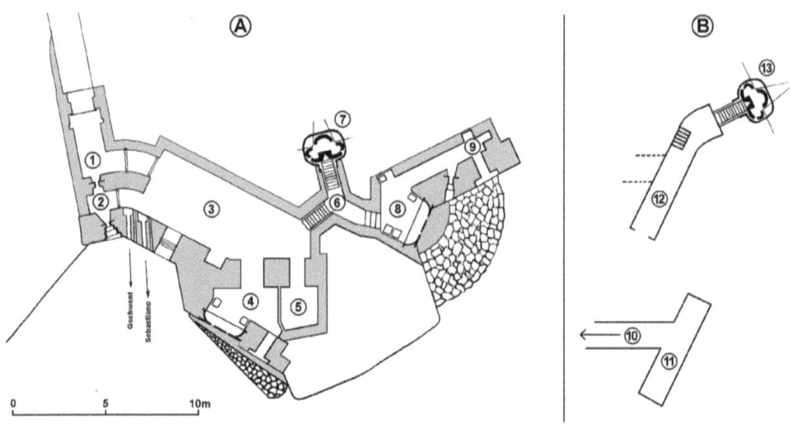

Abbildung 49: Nahkampfanlagen des Werks Lusern
(A) Grundriss der Nahkampfanlage Oberwiesen, (B) Grundriss der Nahkampfanlage Viaz

- (1) Eingang
- (2) Abort mit Gewehrscharten zur Nahverteidigung
- (3) Mannschaftszimmer mit optischer Signalstation nach Werk Gschwent und Werk Sebastiano
- (4) Panzerkasematte für 2 MG (Mg.St.f. H.4) und einen 35-cm-Scheinwerfer
- (5) Offiziersraum
- (6) Stiege
- (7) Panzerkuppel für 2 MG (B.u.M.f. 6A)
- (8) Panzerkasematte für 2 MG (Mg.St.f. 22)
- (9) Stand für einen 35-cm-Scheinwerfer
- (10) Zugangspoterne (110 m Länge)
- (11) Untergeschoss
- (12) Erdgeschoss mit Gefechtsausgang
- (13) Panzerkuppel für 2 MG (Mg.St.f. 7B)

Vorpanzer der Turmhaubitze Nr. III einen Toten und zwei Verwundete, am 27. Mai verklemmte ein Treffer die Kuppel der Turmhaubitze Nr. II. Zu einer Krise kam es, als am 28. Mai 1915 gegen 16 Uhr der Werkskommandant Oberleutnant Nebesar unter dem Eindruck des Trommelfeuers die weiße Fahne hissen und das Werk räumen ließ, nachdem er wichtige Werkseinrichtungen und die Bewaffnung hatte unbrauchbar machen lassen. Über die weiteren Geschehnisse liegen unterschiedliche Berichte vor. Nach einer Darstellung war es der 17 Jahre junge Meraner Standschütze Jöchler aus einem benachbarten Infanteriestützpunkt, der auf einem Fahrrad zum Werk eilte und die weiße Fahne herunterriss. Das sofort einsetzende Sperrfeuer der Nachbarwerke Verle und Gschwent sollte eine mögliche Inbesitznahme durch den Feind verhindern. Offensichtlich wurde von den Italienern aber gar kein Versuch unternommen, das nun wehrlose Werk einzunehmen. Oberleutnant Nebesar wurde daraufhin verhaftet und das Werk von seiner Besatzung unter dem neuen Kommandanten Oberleutnant Schaufler wieder besetzt und instand gesetzt. Bei dem am 30. Mai 1915 von den Italienern durchgeführten Infanterieangriff war in Folge der Beschießung angeblich nur noch eine Turmhaubitze einsatzbereit, der Angriff wurde jedoch abgeschlagen.

Die Instandsetzung des Werks nach der Sabotage durch die Besatzung zog sich noch bis in den Juni hinein. Die Telefonanlage und die Schalttafeln im Maschinenraum mussten repariert werden, Maschinengewehre, Zieloptiken für die Artillerie, Sanitätsmaterial, Konserven und 18 Drägersche Selbstretter wurden ergänzt. Erst am 13. Juni rückten die letzten 78 Mann der Besatzung ein, so dass das Werk wieder vollständig besetzt war. Die Ringgalerien der Turmhaubitzen wurden ab dem 15. Juni ausbetoniert, um diese gefährliche Schwachstelle zu sichern. Eine geplante Aufstockung der Verpflegungsvorräte von ursprünglich 45 Tagen auf nunmehr 90 Tage erwies sich wegen der kleinen Magazine als schwierig. Am 22. Juni wurde ein Schotterbrecher im Werk aufgestellt, um aus den Werkstrümmern Schotter für neuen Beton herstellen zu können. Den ganzen Juni lag Lusern unter regelmäßigem Feuer, das die Reparaturarbeiten auf dem Verdeck stark behinderte. Am 30. Juni hörte der Beschuss durch die 28-cm-Haubitzen schlagartig auf. Für die nächsten sechs Wochen sollte Lusern nur noch mit Kalibern bis zu 14,9 cm beschossen werden. Diese konnten zwar den Soldaten außerhalb des Werks gefährlich werden, den Panzern und Betondecken der Festung konnten sie jedoch wenig anhaben.

Anfang Juli kamen Monteure der Firma Skoda mit Schweißapparaten ins Werk, um die beschädigten Turmhaubitzen und Beobachtungsstände zu reparieren. Jetzt fand man auch endlich Zeit, sich um die Gesundheit der Besatzung zu kümmern: Am 15. und 16. Juli gingen die Soldaten nach Lavarone, um dort im See zu baden! Vom 28. Juli bis zum 8. August 1915 beteiligte sich das wieder erstarkte Werk Lusern an der Beschießung des italienischen Forts Campolongo, das zu dieser Zeit schon unter dem schweren Feuer eines österreichischen 30,5-cm-Mörsers lag. Für den 2. August 1915 wird von einer echten Novität im Festungskrieg der Hochebene berichtet: Die Turmhaubitzenbatterie beschoss einen italienischen Flieger, der seine Aufklärungsrunden über der Hochebene drehte, mit Schrapnells.

Ab dem 31. Juli 1915 brachte man eine Zerschellerschicht aus Schotter in Drahtschanzkörben auf der Werksdecke auf. Diese Schicht bremste einfallende Granaten wirkungsvoll ab, bevor sie auf dem Beton explodierten, und verminderte deren Eindringtiefe dadurch deutlich. Allerdings wurde diese Schutzschicht bei jedem Treffer immer wieder abgetragen.

Das Eintreffen eines elektrischen Bohrgerätes deutet darauf hin, dass ab dem 4. August 1915 mit dem Bau einer Zugangspoterne begonnen wurde, die einen sicheren Nachschub für die Festung erlauben sollte. Diese Poterne wurde schon am 27. August 1915 durchbrochen; sie begann im Erdgeschoss des Kasemattenblocks und führte zur ersten, nordwestlich liegenden Serpentine der Werksstraße. Der etwa 60 m lange Stollen diente fortan auch der Frischluftzufuhr. Er wurde später um Unterkünfte und Magazine, einen Telefonraum und sogar einen Notausgang erweitert. Zu dem geplanten Einbau einer 8-cm-Minimalschartenkanone in einen nördlichen Seitenast dieses Stollens kam es jedoch bis zum Mai 1916 nicht mehr.

Die Beschiessung im August 1915

Am 15. August 1915 setzte nach einer längeren Ruhephase eine ungewohnt heftige Beschießung ein, die dem Werk schwere Schäden zufügen sollte. Dieses Mal wehrte sich Lusern sofort und beschoss die feindlichen Batterien auf dem Monte Verena und dem Monte Angaro, wenn auch offensichtlich mit geringem Erfolg. Dafür wurde am ersten Tag der Beschießung der Vorpanzer der Turmhaubitze Nr. IV schwer beschädigt und der linke drehbare Beobachtungsstand durch einen Treffer verklemmt. Am 16. August gegen 21 Uhr wurde eine feindliche Patrouille in der Stärke von zirka 30 Mann vor der Traditorenbatterie ausgemacht. Sie wurde sofort mit vortempierten Granatschrapnells unter Feuer genommen und vertrieben. Die Italiener schossen mit Gewehren auf die Scharten der Turmhaubitzen, wodurch ein Kanonier verwundet wurde. Am 18. August gegen 17 Uhr wurde die Panzerdecke des Scheinwerferhangards (Raum 59; die nachfolgenden Raumnummern beziehen sich auf den Grundriss auf Seite 162) in der Turmhaubitzenbatterie von einer 28-cm-Granate durchschlagen, wodurch der Projektor demoliert und zwei Mann der Bedienungsmannschaft getötet wurden. Der Gang im zweiten Stock des Kasemattenblocks wurde am 23. August zweimal durchschlagen, was zum Glück nur einen Mann verwundete. Vom 15. August bis zu diesem Zeitpunkt hatte Lusern 970 schwerkalibrige Treffer auf dem Verdeck aushalten müssen. Die Besatzung versuchte jede Nacht, die immer größer werdenden Granattrichter mit Sandsäcken auszufüllen, um so das Schlimmste zu verhindern. Hierzu mussten bis zu 500 Sandsäcke in einen Granattrichter geschichtet werden, damit er einigermaßen gesichert war. Am 24. August ereigneten sich zwei tragische Unglücke. Der Kommandantenraum im zweiten Stock (Raum Nr. 38) wurde um 9.30 Uhr glatt durchschlagen. Die Granate explodierte erst im darunter liegenden Raum Nr. 23 und tötete dort den Kommandanten der Traditorenbatterie, Leutnant Sölder von Prankenstein. Ein weiterer Einschlag um 10 Uhr unmittelbar neben dem Horch- und Beobachtungsstand (Nr. 21) sendete Splitter durch die Beobachtungsscharte in das Innere und tötete dort den Fähnrich Felix Schwefel.

Am 24. August 1915 griffen die Italiener das Intervall zwischen Lusern und dem Nachbarwerk Verle an. Dieser Angriff entwickelte sich nach einer kritischen Phase, in der es den Italienern gelang, in den Infanteriestützpunkt Basson einzudringen, für diese zu einer blutigen Niederlage. Lusern hatte mit seinen Haubitzen und Kanonen einen erheblichen Anteil an dieser erfolgreichen Abwehr. Dennoch begann das ununterbrochene Bombardement die Substanz des Werks langsam zu zernagen. Am 25. August wurden Deckendurchschläge im Munitionsdepot (Raum Nr. 58), im Abort (Raum Nr. 48) und in einem Mannschaftszimmer (Raum Nr. 45) gemeldet. Am 26. August, nach nunmehr 10 Tagen Dauerbeschuss, mussten 33 Mann der Besatzung wegen der andauernden psychischen Belastung ausgetauscht werden. Am nächsten Tag wurden trotz des fortgesetzten Feuers über 2000 Granaten für die 10-cm-Haubitzen und 8-cm-Kanonen ins Werk gebracht, um die dahinschmelzenden Vorräte zu ergänzen. Die schwere Bombardierung endete erst am 31. August 1915. Obwohl das Werk bei dieser Beschießung mit etwa 3000 schweren Granaten bedacht worden war, blieben die vier 10-cm-Turmhaubitzen und die beiden 8-cm-Minimalschartenkanonen wie durch ein Wunder einsatzfähig[50].

Am 8. Juni 1918, fast drei Jahre nach diesen Ereignissen, fasste Oberleutnant Karl Wolfrum, der damals als Fähnrich Kommandant der Traditorenbatterie geworden war, die Ereignisse im August wie folgt zusammen: »Am 15. August 1915 setzte die zweite äußerst heftige Beschießung ein, die bis zum Tage des Angriffes, am 24. August 1915 abends, mit bisher noch nie da gewesener Heftigkeit anhielt. Offiziere und Mannschaft waren durch dieses wahnwitzige Feuer total am[51] Hund gekommen […]. Bei dem am 24. August 1915 abends erfolgten Angriff des Gegners auf das Verteidigungsintervall]…] steigerte sich das Feuer des Feindes um das fünffache. Infolge von Durchschüssen und Bränden im Werk waren sämtliche Räume mit Rauch erfüllt, doch die Mannschaft in der bereits der Geist ihres Kommandanten lebte, hielten aus, bedienten mit bewunderungswürdiger Ruhe die Geschütze und trugen meiner Meinung nach, die Batterien des Werkes Lusern, wesentlich zur Abwehr des heftigen Angriffes bei. Ich verließ am 25. August 1915 nachts das Werk, da meine Nerven infolge der furchtbaren Beschießung und der tragischen Art und Weise, wie zwei Kameraden in unserer Mitte fielen, schwer gelitten hatten.«

Fähnrich Wolfrum war unter der Last des neun Tage andauernden Trommelfeuers und des Verlusts seiner Kameraden, Leutnant Sölder von Prankenstein und Fähnrich Schwefel, psychisch zusammengebrochen. Bemerkenswert ist hierbei die Offenheit, mit der Wolfrum noch zu Kriegszeiten zu einem psychischen Versagen stand, das dem ehemaligen Werkskommandanten Oberleutnant Nebesar seinerzeit schwer angelastet wurde. Mit ihm wurden 32 Mannschaften ausgewechselt, deren Nerven ähnlich zerrüttet gewesen sein dürften.

Die Desarmierung und der Wiederaufbau des Werks

Am 31. August 1915 erteilte der Sperrgruppenkommandant Oberst Ellison den Befehl, die Geschütze der Turmhaubitzen auszubauen, um sie vor der sicheren Vernichtung zu bewahren. Leider lässt sich heute nicht mehr zweifelsfrei rekonstruieren, zu welchem Zeitpunkt die einzelnen Geschütze aus- und später wieder eingebaut wurden. Am 8. September wurde die Turmhaubitze Nr. III desarmiert, am 16. Oktober 1915 folgte das Geschütz Nr. IV. Für die Turmhaubitze Nr. II liegt kein genaues Datum vor, sie wurde aber vermutlich bis zum 15. Oktober aus dem Werk gebracht. Diese drei Haubitzen wurden 200 Meter südöstlich der Malga Cost'Alta hinter dem Stützpunkt 39 in der »Batterie Cost'Alta Süd« in Stellung gebracht. Die Batterie war Mitte Oktober mit drei Geschützen feuerbereit. In zwei der drei nun leeren Panzerkuppeln wurden an Stelle der Haubitzen Maschinengewehre installiert. Der ruinierte Panzer der Turmhaubitze Nr. III wurde seinem Schicksal überlassen. Der entsprechende Zugang zum Batteriegang wurde sicherheitshalber zubetoniert.

Das Werk blieb über den Winter nur mit der Turmhaubitze Nr. I und den beiden 8-cm-Minimalschartenkanonen armiert. Die rechte der beiden 6-cm-Kasemattkanonen des Kontereskarpenkoffers wurde am 30. Oktober vom Untergeschoss ins Obergeschoss gebracht, da ihr Ausschuss durch die Schuttmassen im Frontgraben behindert wurde. Die linke Kasematt-

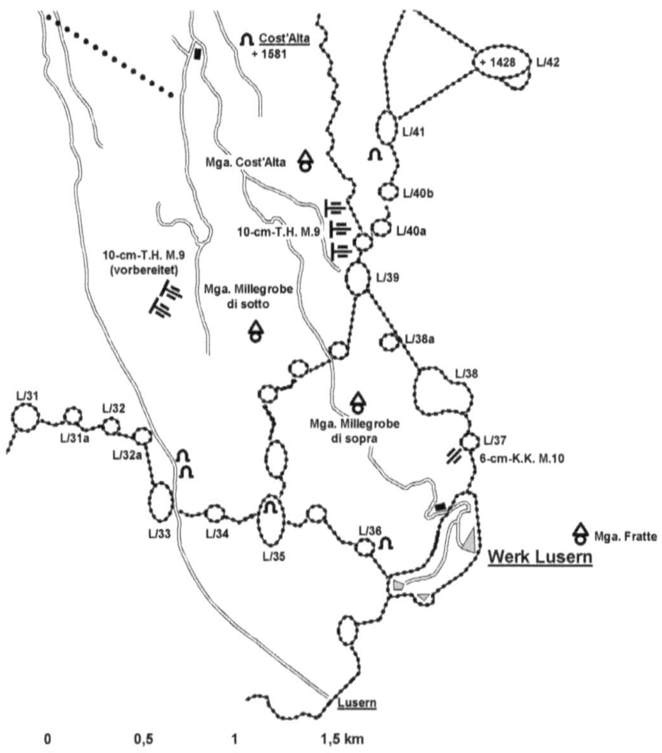

Abbildung 50: Österreichische Stellungen im Abschnitt Lusern
Die Karte zeigt auch die Stellungen der ausgebauten Geschütze des Werks Lusern. Bei dem vorspringenden Stützpunkt Nr. L/42 handelt es sich um den Basson.

Eine ausgebaute Turmhaubitze des Werks Lusern in Feldstellung südlich des Cost'Alta im Frühjahr 1916
Das drehbare Podium aus der Panzerkuppel wurde durch eine Notbettung ersetzt. [MR]

kanone wurde im Laufe des Herbstes ausgebaut und bis Mitte November beim Stützpunkt 37 nördlich des Werks in Stellung gebracht.

Die zweite Bombardierung hatte die psychischen Kräfte der Besatzung auf das Äußerste gefordert. Vom 11. September bis zum 14. Oktober 1915 wurden 53 Mann und zwei Offiziere, darunter auch der Kommandant Oberleutnant Schaufler, zur Erholung ins nahe Hinterland nach Bertoldi verlegt. Das Kommando übernahm in dieser Zeit Oberleutnant Paykard. Auch wenn mittlerweile das Bombardement mit schweren Kalibern nachließ, hielten die Italiener die Bedrohung für das Werk aufrecht. Mit Gebirgsgeschützen versuchten sie aus kurzer Distanz die Schießscharten der Panzerkuppeln zu treffen. Am 7. September gelang ihnen dabei ein Schartentreffer im fixen Beobachtungsstand, wobei ein Soldat verwundet wurde.

Am 15. Oktober fielen die letzten 28-cm-Granaten für dieses Jahr auf das Werk. Der nahende Winter ließ auch in diesem Frontabschnitt bald Kampfhandlungen in größerem Stil erlahmen. Ähnlich wie bei Verle nutzte man die Ruhe, um das Werk zu reparieren und zu verstärken. So brachte man beispielsweise auf dem Fußboden des Obergeschosses eine zusätzliche Betonschicht auf, da solche Arbeiten auf dem Werksverdeck zu gefährlich waren. Im Oktober begann man mit der Reparatur der beschädigten Panzerstände. Vom 23. Oktober bis zum 4. November arbeitete man am rechten drehbaren Beobachtungsstand sowie an der Panzerkuppel für das Geschütz Nr. I. Darauf folgten Betonierungsarbeiten am Panzer der Turmhaubitze Nr. IV. Um die Wasserversorgung beschusssicher zu machen, wurde im Winter 1915/16 ein fast 60 m langer Stollen zum Pumpwerk Viaz begonnen (Wasserstollen), der aber nicht mehr bis zur Quelle fertig gestellt wurde. Im Laufe des Winters errichtete man für die Haubitzen der Batterie Cost'Alta Süd eine Ausweichstellung 380 m nordwestlich der Malga Millegrobe di Sotto. Zum Jahreswechsel wurde eines der drei Geschütze in diese Stellung verlegt. Am 26. Januar 1916 begann man mit dem Bau einer Kaverne beim Stützpunkt Oberwiesen. Im Frühjahr 1916 setzte man den Wiederaufbau der Haubitzenbatterie fort. Vom 9. März bis zum 4. April dauerten alleine die Reparaturarbeiten an der Turmhaubitze Nr. I. Dabei muss man sich vor Augen halten, dass diese komplizierten Arbeiten vor den Augen der in unmittelbarer Nähe liegenden italienischen Schützengräben durchgeführt wurden!

Die letzte Beschiessung im April 1916

Im Frühjahr 1916, als der Winter sich dem Ende zuneigte und das Werk nicht mehr durch hohe Schneelagen vor Infanterieangriffen geschützt war, begann man mit der Wiederarmierung der zwei Turmhaubitzen Nr. II und Nr. IV. Vom 7. bis zum 11. März erfolgte der Einbau des Geschützes der Turmhaubitze Nr. IV. Vom 5. bis zum 13. April 1916 dauerte die Armierung der zweiten Turmhaubitze. Das Werk sollte ab jetzt die Italiener mit kräftigem Störfeuer durch seine drei Haubitzen von dem eigenen Artillerieaufmarsch für die Maioffensive ablenken. Gleichzeitig sollten sich dadurch die italienischen Batterien verraten, so dass sie bei der eigenen Offensive schnell durch die österreichische Artillerie niedergekämpft werden konnten. Offensichtlich war man bereit, Lusern für diese letzte Aufgabe zu opfern. Als Reaktion darauf kam es ab dem 9. April 1916 zu einer dritten, massiven Bombardierung des Werks durch die Italiener. Dieses Mal sollte es den endgültigen Untergang Luserns nach sich ziehen. Der Geniehauptmann Schneider schrieb am 12. April 1916 hierzu: »Die Wiedereinstellung von zwei Turmhaubitzen in die arg beschädigt gewesene Panzerkonstruktionen gelang nur, weil der Gegner das ihm bezüglich der Turmhaubitzen als niedergekämpft scheinende Werk lange Zeit hindurch nicht beschoss. [...] Da das Werk durch seine Feuereröffnung das Feuer

Die Reste der Turmhaubitze Nr. I des Werks Lusern im Frühjahr1916
Die Aufnahme dürfte zwischen dem 10. und 21. April aufgenommen worden sein. Die Kuppel wurde durch die Innenexplosion einer 30,5-cm-Granate angehoben und liegt nun auf dem Kopf. Im Vordergrund links eine Hälfte des herausgerissenen Vorpanzers. Das 10-cm-Geschütz steht scheinbar unbeschädigt zwischen Sandsäcken. Rechts im Hintergrund die noch einigermaßen intakte Turmhaubitze Nr. II [Foto KA]

des Gegners auf sich zog und dieser nunmehr auch mit 30,5-cm-Geschossen wirkt, die gegnerischen Beobachter auf kürzeste Distanz vor dem Werk liegen, war die baldige Zerstörung der Haubitzen-Batterie samt fixem Beobachter zu erwarten.« Im Rahmen der Vorbereitung der österreichischen Offensive wurde in der Nähe des Werks die 38-cm-Haubitze »Barbara« aufgestellt, die die italienischen Festungen Punta Corbin und Casa Ratti niederkämpfen sollte. Die Panzerkuppel des Nahkampfwerkes Viaz diente dabei als Beobachtungsstand. Vielleicht war dies auch ein zusätzlicher Grund für das wütende italienische Artilleriefeuer auf Lusern im April 1916.

Während dieser dritten Beschießung vom 9. April bis zum 20. Mai 1916 wurde das mühevoll wieder aufgebaute Werk mit etwa 860 28-cm-Granaten und 100 30,5-cm-Granaten belegt. Am 10. April wurde die Kuppel des ersten Geschützes, das man kurz zuvor in fast vierwöchiger Arbeit wieder aufgebaut hatte, durch einen schweren Treffer abgeworfen. Die mühsam neu betonierte Werksdecke wurde am 11. April in der Höhe des Aborts (Raum Nr. 48) durchschlagen, was zwei Mann das Leben kostete. Am 12. April musste das Obergeschoss des Kasemattenblocks wegen der schweren Schäden geräumt werden. Am selben Tag wurde die Kuppel des vierten Geschützes herabgeschossen, das erst vor vier Wochen

Frontansicht des Werks Lusern Ende Mai 1916
Die Pfeile weisen auf die zerstörten Panzertürme hin:
(1) die zerstörte Turmhaubitze T.H. Nr. I, (2) die unterschossene und desarmierte T.H. Nr. II, (3) der ehemalige Standort des fixen Beobachtungsstands (B.u.M.f. 2), der in den Frontgraben hinter den Drahthindernissen gestürzt und nicht mehr zu sehen ist, (4) die abgerutschte T.H. Nr. III, (5) Reste des Vorpanzers der T.H. Nr. IV, (6) die weiße Kuppel des linken drehbaren Beobachtungsstands (B.u.M. 4) [Foto SW]

wieder armiert worden war. Der Wiedereinbau des zweiten Geschützes wurde am 13. April unter heftigem Feuer beendet. Kurze Zeit danach wurde die Kuppel durch schwere Treffer immobil, so dass die Haubitze wieder ausgebaut werden musste. Der fortlaufenden Bombardierung fiel am 21. April der fixe Beobachtungsstand zum Opfer, der seiner Betonunterlage beraubt in den Frontgraben stürzte. Aus der einst stolzen Panzerfestung Lusern war endgültig ein wehrloser Trümmerhaufen geworden.

Die Italiener hatten ihre Infanterielinie mittlerweile auf etwa 300 m an Lusern herangeschoben, so dass an Reparaturarbeiten vor der eigenen Offensive nicht zu denken war. Hauptmann Schneider schrieb am 12. April hierzu: »Die von mir beabsichtigte Einbringung der ersten Turmhaubitze, deren Kuppel abgeworfen wurde, ist bis zur Niederkämpfung der im nahen Vorfeld befindlichen Revolverkanone [...] untunlich. [...] Erschwerend wirkt [...] ferner, dass die erwähnte Revolverkanone jede Tätigkeit auf Deck, ja selbst das Öffnen von Schartenblenden verhindert.«

Kurz vor der österreichischen Offensive kamen zu allem Übel Gerüchte über einen möglichen italienischen Minenangriff auf. Daraufhin trieb man ab dem 24. April 1916 von der Poterne, die zum Kontereskarpenkoffer führte, einen Horchgang in Richtung Front, dessen Bau jedoch nach 10 m eingestellt wurde, da durch den Fortschritt der eigenen Offensive ab dem 20. Mai ein Minenangriff nicht mehr zu befürchten war.
Am 28. Mai 1916 war Lusern in einem jämmerlichen Zustand[52]:

- Turmhaubitze Nr. I: Die Panzerkuppel wurde am 10. April 1916[53] um 12.21 Uhr durch Unterschießen mit einer 30,5-cm-Granate in den Frontgraben geworfen, der

Vorpanzer wurde dabei in seine zwei Hälften gespalten, das Geschütz stand danach völlig frei auf dem Verdeck.

- Turmhaubitze Nr. II: Drei Kuppeltreffer, davon zwei Steckschüsse in der Kuppel, blieben ohne Schaden. Durch mehrere Vorpanzertreffer war der Vorpanzer gesprungen und so stark deformiert, dass sich die Kuppel nicht mehr drehen ließ. Zusätzlich war die Betonvorlage des Vorpanzers vollständig weggeschossen worden, so dass der Vorpanzer keinen Schutz mehr bot und die Turmhaubitze keinen Kampfwert mehr hatte. Das Geschütz wurde wahrscheinlich noch vor dem 21. April wieder ausgebaut. Die Turmhaubitze war innerhalb eines Jahres 18-mal repariert worden!
- Turmhaubitze Nr. III: Diese Turmhaubitze war seit dem September 1915 nicht mehr armiert worden. Der Vorpanzer war bis zum April 1916 möglicherweise durch Unterschießen der Betonunterlage in Richtung des Frontgrabens gerutscht. Dadurch bekam die Panzerkuppel, die nach dem schweren Treffer am 31. August 1915 nur noch schief und lose auf dem Ringwulst des Vorpanzers auflag, das Übergewicht und blieb auf dem Kopf im Schutt liegen.
- Turmhaubitze Nr. IV: Ähnlich wie bei der Turmhaubitze Nr. I war auch hier am 12. April 1916 der Vorpanzer gespalten und die Kuppel abgeworfen worden.
- Linker drehbarer Beobachtungsstand: Die Panzerkuppel wurde durch eine Innenexplosion infolge eines 28-cm-Treffers auf den Vorpanzer am 12. April 1916 immobil, blieb aber immerhin für einen beschränkten Beobachtungsbereich verwendbar.
- Rechter drehbarer Beobachtungsstand: Am 8. Mai 1916 war er immer noch intakt.
- Fixer Beobachtungsstand: Der Panzerstand zwischen den Turmhaubitzen Nr. II und Nr. III war am 21. April 1916 durch Unterschießen der Betonvorlage nach vorne in den Frontgraben gekippt.
- Traditorenbatterie: Die Batterie hatte zwar stark gelitten, war jedoch bautechnisch intakt. Die beiden 8-cm-Minimalschartenkanonen waren eingebaut geblieben und gefechtsbereit.
- Kontereskarpenkoffer: Die Schießscharten im Erdgeschoss waren seit September 1915 verschüttet, eine der beiden 6-cm-Kasemattkanonen wurde daraufhin am 30. Oktober im ersten Stock aufgestellt, die andere kam im benachbarten Gelände zum Einsatz.
- Kasemattenblock: Der Beton war stellenweise bis auf die I-Träger abgeräumt, die Decke wies 12 Durchschläge auf, so dass die beiden obersten Stockwerke nicht mehr benutzbar waren.

Generalmajor Reutter, der das Werk Lusern als Beobachtungsposten für die in der Nähe postierte 38-cm-Haubitze M.16 »Barbara« verwendete, stellte fest: »Am 13. April 1916 waren sämtliche Panzertürme und Beobachtungsstände gefechtsunbrauchbar.« Der Geniehauptmann Luschinsky kommt in seinem Abschlussbericht vom 28. Mai 1916 zu folgendem Schluss: »Als Bauwerk ist Lusern noch viel mehr hergenommen als Verle, und sind stellenweise an den schweren Beschädigungen die mindere Qualität des Betons und die sehr brüchigen

Felsvorlagen der Gräben schuld.« Und weiter: »Dem Werk Lusern kommt kein artilleristischer Wert mehr zu und ist bei seiner gegenwärtigen Verfassung auch als Nahkampfstützpunkt kaum noch geeignet.«

EINE BILANZ DES ERSTEN KRIEGSJAHRES

Lusern erhielt vom 25. Mai 1915 bis zum 20. Mai 1916 insgesamt 5463 Schüsse vom Kaliber 28 cm und 725 vom Kaliber 30,5 cm. 4195 dieser schweren Schüsse trafen das Werksgelände, davon trafen 2481 die Betonstrukturen des Werks und richteten dort großen Schaden an. 50-mal wurden Panzerteile getroffen. Von den 20 Treffern auf die Turmhaubitzen führten drei durch Abwerfen der Panzerkuppel zu deren nachhaltiger Unbrauchbarkeit. Die beiden drehbaren Beobachtungsstände wurden fünfmal getroffen, was größere Instandsetzungsarbeiten nach sich zog. Die Werksdecken und Betonpoternen wurden insgesamt 16-mal durchschlagen.

Lusern hatte bis Ende Mai 1916 einen Munitionsverbrauch von 11 308 10-cm-Granaten, 5161 8-cm-Granaten und 148 6-cm-Granaten. Alleine bei der Abwehr eines italienischen Angriffs auf die Basson-Stellung in der Nacht auf den 25. August 1915 verschoss Lusern 1780 10-cm-Haubitzengranaten und 1083 8-cm-Kanonengranaten. Das kurz nach der Frühjahrsoffensive errichtete Denkmal hinter dem Werk weist auf seiner linken Seite für das Jahr 1915 die Namen von 19 Opfern aus der Werksbesatzung auf. Auf seiner rechten Seite standen früher für das Jahr 1916 die Namen von vier weiteren Gefallenen. Die einquartierten Landsturmarbeiter sind hierbei jedoch offensichtlich nicht mit berücksichtigt worden. Wenn man bedenkt, dass Lusern mit seiner im Krieg auf etwa 350 Mann angewachsenen Besatzung

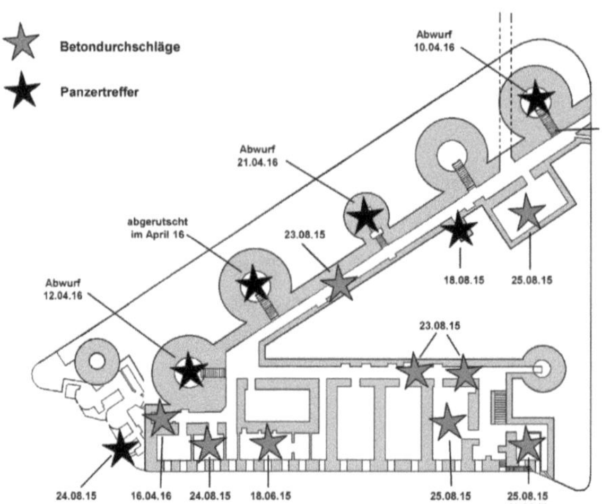

Abbildung 51: Trefferbild des Werks Lusern
Es sind nur die gravierendsten Treffer mit Panzer- oder Deckendurchschlägen eingezeichnet und, soweit bekannt, mit dem Datum versehen. Die zahllosen Durchschläge der Vorpanzer sind nicht markiert.

über 12 Monate Trommelfeuer aushalten musste, sind diese Verluste von insgesamt 23 Mann für die damaligen Maßstäbe noch als niedrig anzusehen.

Die Zeit bis zum Kriegsende

Nach der österreichischen Maioffensive 1916 wurden im Werk Lusern umfangreiche Reparaturarbeiten durchgeführt, in deren Verlauf der Batterie- und der Kasemattenblock eine neue 3,5 m starke Betondecke erhielt. Die Turmhaubitze Nr. II wurde wieder instand gesetzt und die beiden drehbaren Beobachtungsstände wieder beweglich gemacht. Die Kuppeln der Turmhaubitzen Nr. I und III wurden zwar wieder installiert, sie konnten jedoch nicht wieder drehbar gemacht werden. Die Kuppeln wurden daher statt mit den Haubitzen mit jeweils zwei Maschinengewehren für die Sturmabwehr armiert. Die Turmhaubitze Nr. III blieb ebenfalls unbewaffnet und wurde als Ersatz für den zerstörten Scheinwerferhangard (H. 3) als Verdeckaufgang ausgebildet.
Die Nahkampfanlagen Viaz und Oberwiesen wurden bei den Bombardierungen offensichtlich nicht ernsthaft beschädigt, weil sie zu klein waren und etwas weitab lagen. Im November 1916 war Lusern bautechnisch wieder einigermaßen verteidigungsfähig. Die Bewaffnung wurde jedoch bis auf die beiden 8-cm-Minimalschartenkanonen und eine 6-cm-Kasemattkanone ausgebaut und an der nun vorverlegten Front eingesetzt.

Eine Turmhaubitze des Werks Lusern beim Wiedereinbau im Herbst 1916
Die Schieß- und die Visierscharte sowie der zweiteilige Vorpanzer sind gut erkennbar. Das Gewirr der Moniereisen auf der Betondecke hat den Mannschaften bei den nächtlichen Reparaturarbeiten während der Beschießung schwer zu schaffen gemacht. [Foto KA]

Zum Abschied von ihrem Dienst in der Festung Lusern unterzeichnete die Besatzung diese Weihnachtskarte. Neben den Unterschriften des Kommandanten Oberleutnant Johann Schaufler und von etwa 100 Mann der verbliebenen Werksbesatzung findet sich links oben auch die Signatur des Kommandanten von Werk Verle, Oberleutnant Julius Papak. [Bild DZL]

Die Turmhaubitze Nr. II wird nach dem Sommer 1916 wieder neu einbetoniert. Die I-Träger, die den zu schwachen und zu kurzen Vorpanzer zusätzlich schützen sollen, stehen schon bereit. Der Panzerturm trägt deutliche Spuren von Treffern, im Vorpanzer klafft noch das Einschussloch einer 28-cm-Granate. [Foto DZL]

Die Turmhaubitzen Nr. III und Nr. IV des Werks Lusern werden zum Wiedereinbau vorbereitet. Der Eingangspanzer der vorderen Turmhaubitze weist entgegen der üblichen Bauweise nach rechts in Richtung Front. Diese Panzerkonstruktion wurde nicht wieder bewaffnet, sondern diente nur noch als Verdecksaufgang für die Infanterie. Rechts unten liegt der linke der beiden drehbaren Beobachtungsstände (B.u.M. 4), im Hintergrund erhebt sich der Cost'Alta-Rücken. [Foto KA]

Die Turmhaubitzen Nr. I und Nr. II des Werks Lusern werden nach dem Sommer 1916 wieder eingebaut.
Der Vorpanzer der Turmhaubitze trägt deutliche Spuren der Beschießung. Ganz rechts erahnt man den fixen Beobachtungs- und Maschinengewehrstand. Die Felswand der Eskarpe ist durch den Beschuss metertief abgetragen worden und muss nun mit großem Aufwand an Beton wieder neu aufgebaut werden. [Foto KA]

DIE ZEIT NACH DEM KRIEG

Als die evakuierte Bevölkerung nach dem Kriegsende in ihre zerstörten Dörfer zurückkehrte, standen viele vor dem Nichts. Was lag also näher, als sich aus den verlassenen Festungen mit nützlichen Gegenständen wie Betten, Elektrokabeln, Dachpappe und Wasserrohren zu versorgen. Das Sammeln von Schrott aus Blindgängern, Drahthindernissen und Granatsplittern wurde für manch einen kurzzeitig zu einer wichtigen Einnahmequelle. Diesen Schrottsammlern fielen wahrscheinlich auch leicht zu entfernende Stahlteile wie Fensterläden oder Panzertüren zum Opfer. Angeblich versuchten sie auch, mit der reichlich umherliegenden Munition Panzerteile aus dem Beton zu sprengen. Alte Fotos zeigen beispielsweise die Panzerkuppel der Turmhaubitze Nr. III des Werks Lusern, die irgendwann zwischen 1919 und 1922 in zwei Teile gesprengt wurde. Eine andere denkbare Erklärung für diese Panzerschäden wären mögliche Sabotageversuche der österreichischen Besatzung bei ihrem Rückzug im November 1918 oder Sprengversuche italienischer Pioniere, die damit im Nachhinein die Standfestigkeit der österreichischen Panzer untersuchen wollten. Die Steine der Kasernenruine an der Zufahrtsstraße wurden von der Bevölkerung für den Wiederaufbau ihrer zerstörten Häuser verwendet.

Im Jahr 1927 wurde Lusern vom italienischen Staat als Militärgelände aufgegeben und ab 1930 an die Gemeinde Lusern verpachtet. Diese Gemeinde kaufte das Werk im Jahr 1935 für 31 000 Lire. Um ihren durch die Weltwirtschaftskrise gebeutelten Haushalt zu sanieren, ver-

Das Denkmal des Werks Lusern wurde schon von Schrottsammlern geplündert, der Kasemattenblock trägt die ersten Spuren von Sprengungen, um die wertvollen I-Träger zu bergen. Die Aufnahme stammt aus den späten 1920er Jahren. [Foto DZL]

kaufte die Gemeinde die wertvollen Chrom-Nickel-Stahlpanzer an eine Abrissfirma. Durch die anschließenden gewaltigen Sprengungen, mit denen man nicht nur die Panzer, sondern auch die I-Träger aus der Betondecke sprengte, versank das ehemals stolze Werk unter einer meterhohen Trümmerschicht. Den Eisenräubern fielen noch vor 1929 die Trophäen an dem Denkmal für die 23 Gefallenen der Werksbesatzung zum Opfer, das zuvor von zahlreichen italienischen Blindgängern, Helmen und Gewehren geziert wurde. Ein Versuch der italienischen Faschisten, in den 1920er oder 1930er Jahren das Denkmal zu sprengen, schlug jedoch fehl. Nur die mit Beton ausgebesserten Steinstufen an der linken Seite des Obelisken weisen heute noch darauf hin.

Werk Lusern heute

Parkplatz	Malga Millegrobe di Sotto an der Straße vom Vezzena-Pass nach Lusern
Weg	Ausgeschildert zum Fort Lusern
Entfernung	2,5 km
Höhenunterschied	120 m

Am Werk Lusern wurden in jüngster Zeit mehrere Freilegungs- und Sicherungsarbeiten durchgeführt, die dem Gesamteindruck der Ruine sehr zugute gekommen sind. Allein für das Jahr 2004 wurden hierfür 265 000 Euro bereitgestellt. Diese umfangreichen Arbeiten sind sehr gut gelungen, die Sicherungen wurden behutsam der Ruine angepasst. Man betritt das Hauptwerk durch den Haupteingang rechts im Kasemattenblock. Über dem Eingang und im inneren Eingangszwinger wurden beim Bau große Ammoniten einbetoniert, die wahrscheinlich bei den Aushubarbeiten im Jahre 1909 hier gefunden wurden. Dies ist wohl die einzige Verzierung, die schon beim Bau der Werke der Sperrkette angebracht wurde. Diese Zierde war zugleich ein Symbol seines Untergangs, war der Ammonitenkalk als extrem weiches Gestein doch eine der Ursachen der unverhältnismäßig starken Schäden durch die italienische Bombardierung.

Der Eingangszwinger wird scheinbar immer noch von zwei Gewehrscharten verteidigt. Zwei Laufschienen auf dem Boden markieren den Standort der schweren zweiflügeligen Gittertüren. Nach rechts gelangt man zum Kehlkoffer, der durch die Demontage des schweren MG-Schildes stark gelitten hat. Zum rechten Zugangsweg weist noch eine MG-Scharte, deren Stahlschild ebenfalls entfernt wurde. Vom Kehlkoffer wurde während des Krieges ein Stollen in Richtung der Quelle Viaz getrieben, dessen Mündung hier heute noch zu sehen ist. Nach links führt der Kasemattenhauptgang vorbei an der Gruft, die Platz für sechs Särge bot. Dieser Gang ist heute abgesperrt, die Räume sind meist mit Schutt und Wasser gefüllt. Am Ende des Gangs wurde der Abgang zur ehemaligen Zugangspoterne freigelegt, die noch während der Bombardierung gebaut wurde.

Über eine Treppe gelangt man in den ersten Stock, hier wurden einige Räume freigelegt, so dass sogar die original rote Wandverzierung auf dem Putz sichtbar wurde. Im Berichtsjahr hingen hier die Poster einer kleinen Ausstellung. Vom ersten Stockwerk führt ein Gang nach links zur ehemaligen Traditorenbatterie. Die Trümmer wurden hier soweit weggeräumt, dass die Grundmauern nun freiliegen und somit Lage und Anordnung der Räume deutlich werden. Auch hier fallen die Verstärkungen der Betonwände auf, durch die die nutzbaren Flächen der Räume stark verkleinert wurden. Das ehemalige Schussfeld der beiden Minimalschartenkanonen ist durch den heutigen Baumbestand allerdings nicht mehr vollständig nachzuvollziehen.

Die Werksdecke und die Räume des zweiten Stockwerks wurden durch die Sprengungen in ein Trümmerfeld verwandelt. Durch die umfangreichen Aufräumarbeiten der letzten Jahre sind dieses Stockwerk sowie die Haubitzenbatterie jedoch wieder teilweise begehbar geworden. Der Kasematten- und der Batteriegang wurden während des Krieges an einigen Stellen bis auf eine Breite von 60 cm zubetoniert. Stellenweise sind die Gänge dadurch nur noch 1,40 m hoch. An der Außenwand des Kasemattengangs sieht man den dünnen Betonestrich auf dem mürben Felsgestein, der bei schweren Treffern abplatzte, was anfangs die Besatzung angeblich in Panik versetzte. In einigen Räumen wurden Zwischendecken eingezogen, um die darunter liegenden Kasematten bei einem Treffer vor den herabfallenden Trümmern zu schützen. In diesem hastig hergestellten Beton findet man bei genauem Hinsehen noch Granatsplitter und Knochen tierischer Herkunft. Im Batteriegang führen Treppen zu den Standorten der Turmhaubitzen sowie dem fixen Beobachtungsstand. Die Turmhaubitze Nr. III wurde zu einem Verdecksaufgang umgebaut, daher führen hier die Treppenstufen um die

Ecke nach oben. Die Steigleiter zum Scheinwerferhangard H.3 wurde ebenfalls wieder freigelegt. Das Munitionsmagazin wurde im Frühjahr 1917 neu aufgebaut. Hierbei wurde der Raum wesentlich verkleinert, um ihm mehr Stabilität zu geben. Vom Batteriegang gelangt man zur Poterne, die zu den Resten des Kontereskarpenkoffers führt. Man sollte sich in diesem Stockwerk der Festung die Zeit nehmen, die Veränderungen durch die häufigen Reparatur- und Verstärkungsarbeiten zu studieren. Diesen Arbeiten, die sich über das ganze Jahr der Bombardierungen erstreckten, verdankten Lusern und seine Besatzung das Überleben.

Das Denkmal des Werks Lusern erstrahlt nach der Restaurierung in neuem Glanz.
Das Symbol »FJI.« steht für den österreichischen Kaiser Franz Josef I., der am 21. November 1916 starb. [Foto SH]

Durch die Sprengung der Decke des Kasemattenblocks liegen die Räume des Obergeschosses frei. Im Vordergrund eines der beiden Munitionsmagazine für die 10-cm-Granaten der Turmhaubitzen.

Eindrucksvoll ist der Blick von der rechten vorderen Ecke des Werks, hier stoßen der Front- und der Flankierungsgraben beim Kontereskarpenkoffer zusammen. Diese ehemals zweistöckige Anlage wurde ebenfalls bis auf die Grundmauern zerstört und nunmehr freigelegt. Man kann sich gut vorstellen, in welcher drangvollen Enge die Soldaten hier zwischen Maschinengewehren, Kasemattkanonen und Munitionsstapeln auf das Ende des Trommelfeuers und einen feindlichen Infanterieangriff gewartet haben. Am Fuß der Treppe zweigt nach rechts ein Horchstollen ab, der ein Stück in Richtung Front führt und sich dann nach links und rechts teilt. In diesem Stollen sollten Anfang Mai 1916 Horchposten vor einem möglichen italienischen Minenangriff warnen. In der Verbindungspoterne zum Hauptwerk hängen noch Porzellanisolatoren für die Stromleitungen und Eisenösen, an denen Stacheldraht zur Abwehr eines eventuell in den Kontereskarpenkoffer eingedrungenen Feindes befestigt werden konnte.

Vom Haupteingang des Werks führt ein markierter Weg vorbei an einem kleinen Betonblockhaus mit Gewehrscharten zu den Nahkampfwerken Viaz und Oberwiesen. Hier war schon vor dem Krieg ein 21-cm-Scheinwerfer installiert. Nach ungefähr 800 m geht links eine 110 m lange Poterne mit betoniertem Portal zum ehemaligen Werk Viaz ab. Dieser Stollen ist bis zum Ende begehbar, die Trinkwasserzisterne und Magazinräume sind noch erkennbar. Durch den Aufstieg zur ehemaligen Beobachtungskuppel gelangt man hier ins Freie. Nach weiteren 200 m endet der Waldweg am Nahkampfwerk Oberwiesen, das man durch einen tief in den Fels gesprengten Graben vorbei an der Gewehrscharte der Innenverteidi-

Dieser Teil des Obergeschosses wurde nach einem Treffer vollständig ausbetoniert.

gung betritt. Das Werk beherrschte mit seinen zwei MG-Kasematten den Hang oberhalb des Orts Lusern vollständig. Auch hier wurden die Räume vom Schutt befreit. Man erkennt den Bereitschaftsraum, die optischen Signalstationen zu den Werken Gschwent und Sebastiano, die flankierenden Gewehrscharten zum Schutz der MG-Panzerstände sowie die Reste einer Scheinwerferstellung.

Der Aufgang zum ehemaligen Standort der Beobachtungs- und MG-Kuppel wurde mit Beton gesichert und mit einer Holzleiter zugänglich gemacht. Die beiden Maschinengewehre dieses Panzerstandes waren zum Rücken von Oberwiesen orientiert, um das unübersichtliche Gelände hinter dem Werk Lusern zu flankieren. Der heutige Baumbestand lässt diese Funktion jedoch kaum mehr erkennen.

Geht man vom Nahkampfwerk Viaz den kleinen Waldweg bergab in Richtung Osten, so erreicht man am Ende des Wäldchens die links liegende Quelle, die das Werk mit Wasser versorgte. Da diese Wasserversorgung auch nach dem Krieg noch wertvoll war, blieb sie von den Sprengungen verschont. Hier findet man daher heute die einzige erhaltene Stahlträgerdecke auf der gesamten Hochebene.

Panzerwerk Gschwent

Österreichischer Name	Werk Gschwent
Italienische Bezeichnung	Forte Belvedere
Baubeginn	10.05.1909
Fertigstellung	18.05.1912
Besatzung	2/189
Planer	Hauptmann R. Schneider
Kommandanten	Oberleutnant A. Perschitz
	Hauptmann F. Trakl

3	10-cm-Turmhaubitzen
7	Panzerkasematten mit je 2 MG
2	Panzerkasematten mit je 1 MG
2	Panzerkuppeln mit je 2 MG
2	Mauerscharten mit je 1 MG
22	MG gesamt

Das Werk Gschwent liegt auf einem 1177 m hohen Felsvorsprung 650 m über dem Asticotal, dessen Talboden schon auf italienischem Staatsgebiet lag. Da die Steigungen an den drei Seiten des Felsvorsprungs extrem steil sind, war das Werk von dort praktisch nicht infanteristisch anzugreifen. Gschwent lag im Sichtbereich des 6,5 km entfernten und 700 m höher liegenden Monte Campomolon und des Monte Toraro.

Der ursprüngliche Plan aus dem Jahr 1908 sah vor, das Werk unterirdisch in den Fels zu bauen, so dass kaum Betondecken notwendig gewesen wären. Diese Bauweise, die sechs Jahre später beim Werk Valmorbia ausgeführt wurde, erschien den Geniestabsoffizieren wohl noch zu kühn, so dass es bei einer im Grunde konventionellen Bauausführung blieb. Dieses erste Projekt sah als Artilleriebewaffnung zwei Traditorenbatterien mit 8-cm-Minimal-

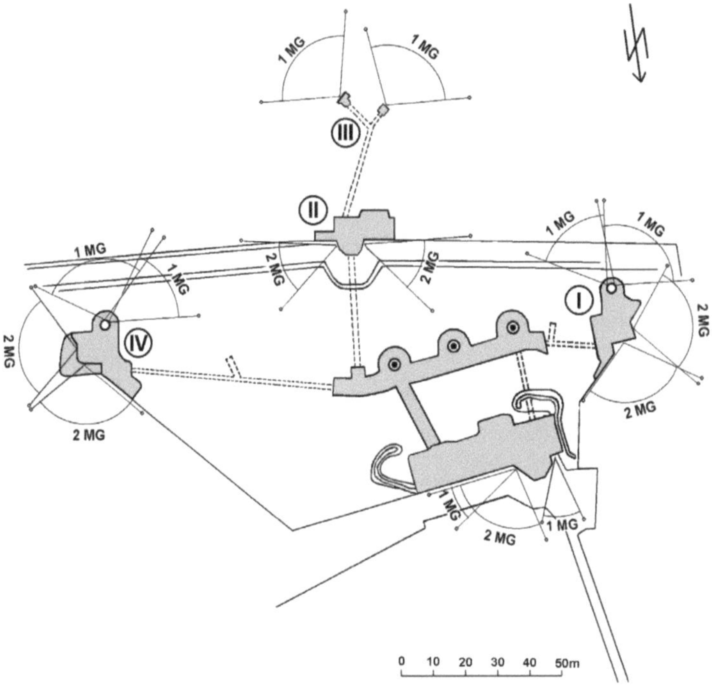

Abbildung 52: Lage- und Bewaffnungsplan des Werks Gschwent
(I) Rechte Nahkampfanlage, (II) Kontereskarpenkoffer, (III) vordere Nahkampfanlage, (IV) linke Nahkampfanlage, in der Mitte die Turmhaubitzenbatterie und der Kasemattenblock. Die unterirdischen Verbindungsgänge sind gestrichelt eingezeichnet, sie wurden alle vor dem Krieg errichtet.

schartenkanonen zur Bestreichung des Asticotals und nur zwei Turmhaubitzen vor. Der zweite Projektplan vom April 1909 sah dann mit drei Turmhaubitzen, jedoch ohne Traditorenbatterien, dem tatsächlich verwirklichten Werk schon sehr ähnlich. Lediglich für die beiden fixen Beobachtungsstände waren andere Positionen vorgesehen gewesen, die sich heute noch mit zwei Blindgängen verraten, die von den Verbindungspoternen zu den Anlagen I und IV abgehen. Die mittlere Turmhaubitze war übrigens ein umgebautes Versuchsmuster des Typs M.6, das 1906 bei Beschussversuchen auf dem Schießplatz in Felixdorf bei Wien erprobt worden war.

Beim Bau der Anlage wurden die Einzelwerke Kasemattenblock, Batterieblock und die zwei Flankierungsanlagen (Anlagen I und IV) stark auseinander gezogen und in den Fels eingebettet. Das Werk besaß drei 10-cm-Turmhaubitzen M.9, drehbare Beobachtungsstände waren hier ausnahmsweise keine vorhanden. Die Ost- und Westseite wurden von je einer Nahkampfanlage mit jeweils einer Panzerkuppel und zwei Panzerkasematten mit je zwei MG flankiert. Die Panzerkuppeln dienten gleichzeitig der Artilleriebeobachtung, sie waren asymmetrische Sonderkonstruktionen mit drei Fernrohrscharten, die zusammen ein Sichtfeld von 240 Grad für jede Kuppel ergaben. Zwei dieser Fernrohrscharten konnten wahlweise mit Maschinengewehren bestückt werden. Die beiden Panzerkuppeln waren spiegelbildlich aufgebaut. Der Kontereskarpenkoffer (Anlage II) ragte in den linearen Frontgraben hinein. Da die Grabenäste kurz waren, wurden sie jeweils nur von zwei MG in Panzerkasematten bestrichen, die sonst üblichen Kasemattkanonen hielt man hier nicht für notwendig. Am Abhang des Asticotals war eine kleinere Nahkampfanlage (Anlage III) mit zwei Panzerkasematten für je ein MG postiert. Alle Werksteile standen untereinander durch in den Fels gesprengte Poternen in Verbindung. Da die Anlagen I, II und IV eigene Mannschaftszimmer besaßen, konnte der Kasemattenblock klein gehalten werden.

Von der Taufe einer Turmhaubitze durch die Gattin des Geniehauptmanns Weingärtner, der den Bau dieses Werk vollendet hatte, ist der folgende Spruch überliefert:

Glänze hinüber ins Feindesland!
Schütze die Grenzen, ein Schrecken dem Feinde!
Niemals im Kampfe sollst Du erlahmen!
Stolze! Ruperta sei Dein Name!

Diese Ansichtskarte vom 20. Januar 1916 an den Korporal Richard Grein vom FsArtB Nr. 6 im Werk Gschwent illustrierte sein Freund Korporal Ulowetz von der Telefonabteilung.
Es zeigt Landesschützen im Kampf mit italienischen Bersaglieri. Man beachte den Poststempel des »K.u.K. Werkskommando Gschwent« [Foto SO]

Bombensicherer MG-Stand (Mg.St.H. 3) für ein MG im linken Teil der frontseitigen Anlage III des Werks Gschwent
Dieser 10 t schwere MG-Stand erlaubte durch die besondere Formgebung der Scharte eine Depression der Waffe von 60°. Dies war nötig, um die steilen Abhänge zum Asticotal bestreichen zu können. [Foto KA]

Die linke Panzerkuppel des Werks Gschwent diente zur Artilleriebeobachtung und Nahverteidigung. Im Vordergrund der Frontgraben mit Stacheldrahthindernis [Foto SO]

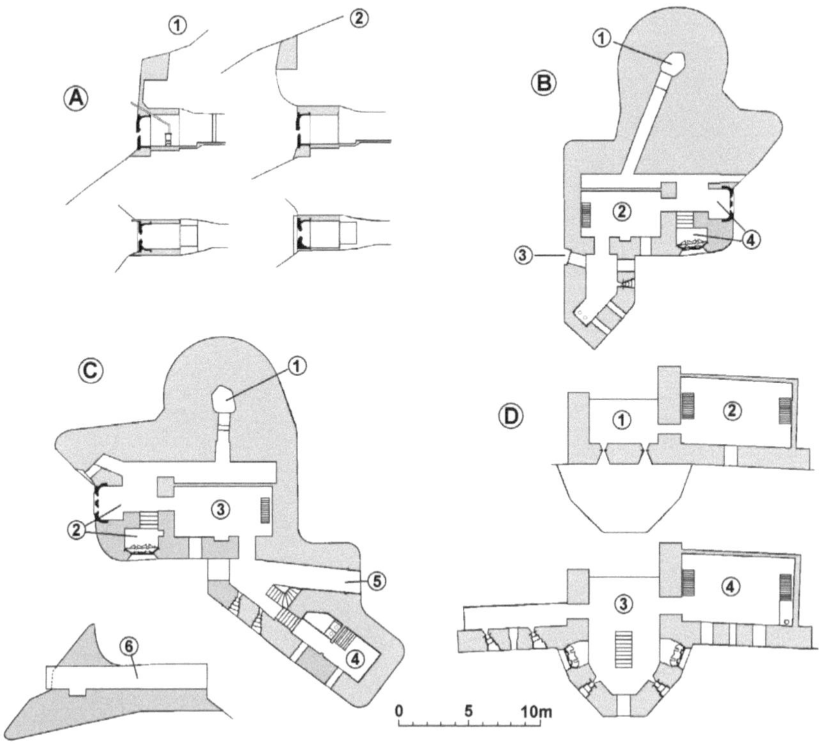

Abbildung 53: Nahkampfanlagen des Werks Gschwent

(A) Anlage III:	(1)	östliche Panzerkasematte für 1 MG (Mg.St.H. 2)
	(2)	westliche Panzerkasematte für 1 MG (Mg.St.H. 3)
(B) Anlage I:	(1)	Panzerkuppel für 2 MG (B.u.M.f. 8)
	(2)	Mannschaftszimmer (zweistöckig) mit 21-cm-Scheinwerfer
	(3)	Zugangspoterne
	(4)	Panzerkasematte für 4 MG (Mg.St.f. 21, Mg.Sch. 8) und 35-cm-Scheinwerfer
(C) Anlage IV	(1)	Panzerkuppel für 2 MG (B.u.M.f. 9)
	(2)	Panzerkasematte für 4 MG (Mg.St.f. 20, Mg.Sch. 9) und 35-cm-Scheinwerfer
	(3)	Mannschaftszimmer (zweistöckig) mit 21-cm-Scheinwerfer
	(4)	Depot
	(5)	Zugangspoterne mit 90-cm-Scheinwerfer
	(6)	Poterne für 90-cm-Scheinwerfer im Kellergeschoss
(D) Anlage II	(1)	Bereitschaftsraum im 1.Stock
	(2)	Mannschaftszimmer
	(3)	Panzerkasematte für 4 MG mit Stiege zur Zugangspoterne (Mg.Sch. 13 und Mg.Sch. 14)
	(4)	Mannschaftszimmer

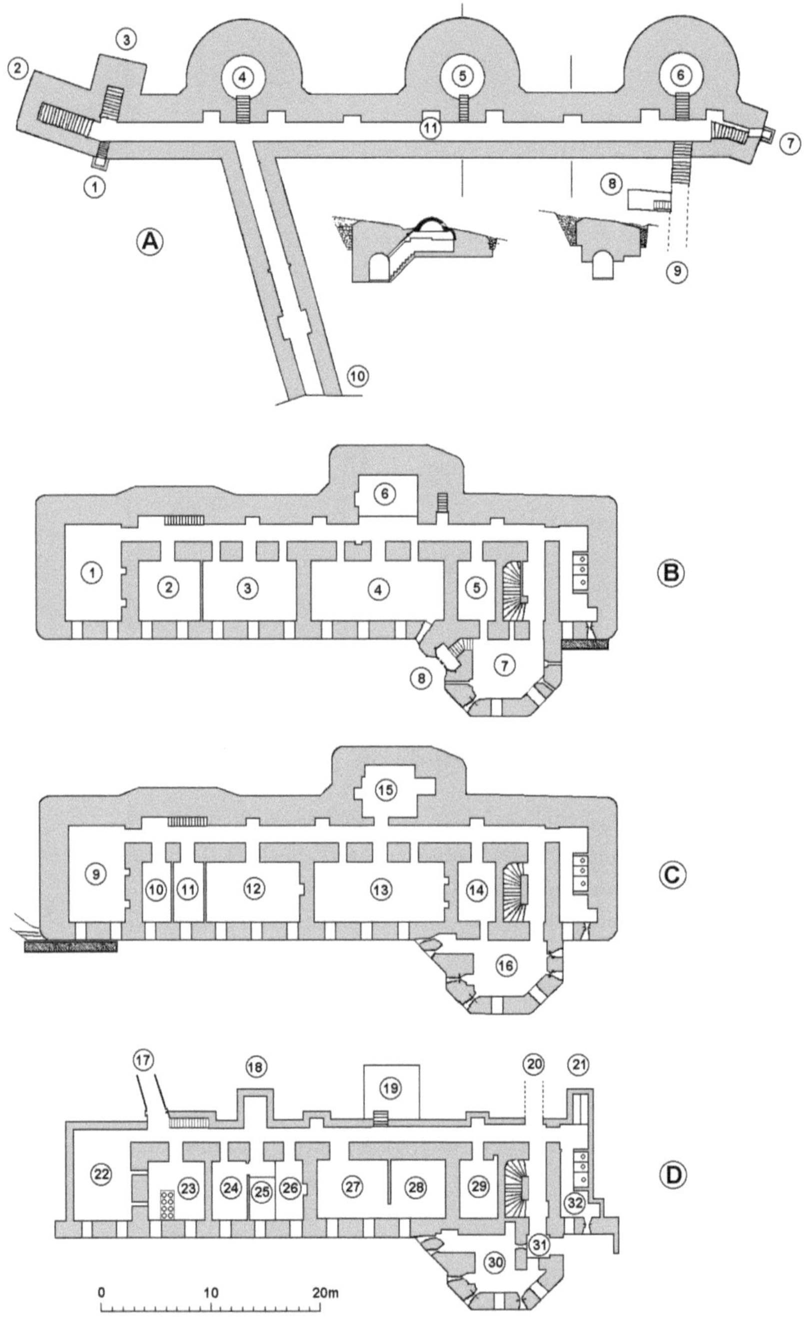

Abbildung 54: Batterie- und Kasemattenblock des Werks Gschwent

(A) Batterieblock
(1) Notausgang
(2) Poterne zur Anlage IV
(3) Poterne zur Anlage II und III
(4) Turmhaubitze Nr. III (T.H. 21)
(5) Turmhaubitze Nr. II (T.H. 23)
(6) Turmhaubitze Nr. I (T.H. 22)
(7) Poterne zur Anlage I
(8) Eiskeller
(9) Poterne zum Kasemattenblock
(10) Poterne zum Kasemattenblock
(11) Batteriegang mit Nischen für Telefon, Munition und Leuchtpistolenstände
(B) Kasemattenblock 2. Stock
(1) Mannschaftszimmer
(2) Artilleriematerialdepot
(3) Proviantdepot
(4) Mannschaftszimmer
(5) Proviantdepot
(6) Geniematerialdepot
(7) optische Signalstation zum Werk Sebastiano, Monte Rust (im Fenster), Carbonare sowie Oberwiesen (Werk Lusern)
(8) Panzerkasematte für 2 MG (Mg.Sch. 10)
(C) Kasemattenblock 1. Stock
(9) Mannschaftszimmer
(10) Arztzimmer
(11) Verbandlokal
(12) Krankenzimmer
(13) Mannschaftszimmer
(14) Gewehrmunitionsmagazin
(15) Proviantdepot
(16) Unbekannt
(D) Kasemattenblock Erdgeschoss
(17) Poterne zum Batterieblock
(18) Brennmaterialdepot
(19) Benzindepot
(20) Poterne zum Batterieblock
(21) Gruft für 6 Särge
(22) Munitionsmagazin für 10-cm-T.H.
(23) Küche
(24) Kommandantenzimmer
(25) Telefonzentrale
(26) Offizierszimmer
(27) Maschinenraum mit Stromaggregat
(28) Werkstatt mit Requisitenraum
(29) Akkumulatorenraum
(30) Wachzimmer mit MG-Stand in Panzerscharte (P.S. 3)
(31) Eingang mit Zwinger
(32) Aborte mit MG-Stand in Panzerscharte (P.S. 2)

Hoch über dem Asticotal thront das Panzerwerk Gschwent.
Auf dem Verdeck des Kasemattenblocks ahnt man die Verstärkungsauflage, die im Sommer 1915 gegen den italienischen Beschuss aufgebracht wurde. Rechts am Abhang die rechte Nahkampfanlage [Foto SO]

Die Beschiessungen im Mai und August 1915

Gschwent wurde während der ersten Beschießungsperiode im Mai 1915 hauptsächlich mit 28-cm-Haubitzen beschossen, die auf dem Monte Campomolon und auf dem Monte Toraro postiert waren. Bis auf einen Durchschlag in der Decke des Kehlkoffers am 28. Mai 1915, der fünf Verletzte forderte, blieb Gschwent jedoch bei dieser Beschießung trotz der 1200 schweren Granaten von katastrophalen Treffern verschont. Als die italienischen Bombardierungen im Juni 1915 unter anderem aus Munitionsmangel eingestellt wurden, brachte die Besatzung eine Erinnerungstafel am Werkseingang an. Sie konnte nicht ahnen, dass die größten Prüfungen für Gschwent erst im April 1916 kommen sollten. Nach dieser Beschießung wurde auf dem Verdeck eine Verstärkung aus Holzbalken und Schotter aufgebracht.

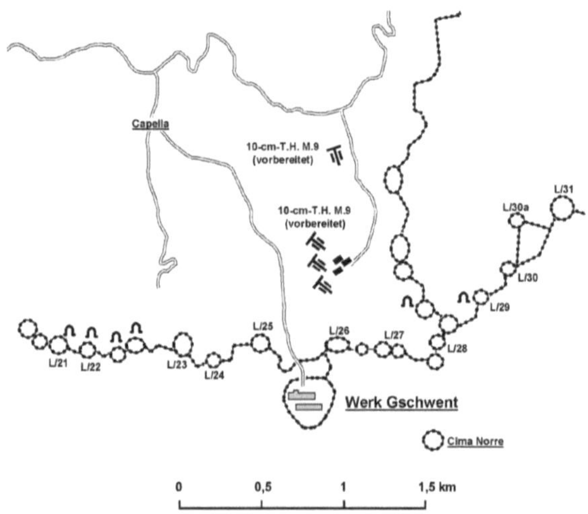

Abbildung 55: Österreichische Stützpunkte im Abschnitt Gschwent
Die Karte zeigt auch die vorbereiteten Stellungen für die Turmhaubitzen.

Im August 1915 konzentrierten die Italiener ihr schweres Feuer auf den Raum zwischen den Nachbarwerken Verle und Lusern, wo sie auch ihren Durchbruchsversuch planten. Gschwent wurde daher bis auf etwa 100 28-cm-Bomben meist nur mit 14,9-cm-Kanonen beschossen. Ihr Ziel waren unter anderem die 90-cm-Scheinwerfer, die sie mit Schrapnellfeuer zu beschädigen versuchten. Nur einmal beteiligte sich auch eine italienische 30,5-cm-Küstenhaubitze mit etwa 80 Schuss an der Bombardierung des Werks Gschwent. Die Schäden bei dieser Beschießung fielen dementsprechend gering aus. Das Werk wurde vom 25. Mai bis zum 31. Oktober mit insgesamt 1228 28-cm-Granaten beschossen. Für den Rest des Jahres erlahmte die Kampftätigkeit auch für diese Festung. Wie bei den Nachbarfestungen wurden auch hier ab November 1915 Ersatzbettungen für die Turmhaubitzen auf der Höhe 1243 m nördlich des Werkes errichtet. Am 20. Februar 1916 wurde mindestens ein Geschütz aus seiner Panzerkuppel ausgebaut und dort eingestellt.

DIE BESCHIESSUNG IM APRIL 1916 UND DIE ZEIT BIS ZUM KRIEGSENDE

Im Frühjahr 1916 flammten die Kämpfe wieder auf. Der Artilleriekommandant des Abschnitts Folgaria-Lavarone, Oberst Janećka, hatte Störfeuer durch die Festungsartillerie befohlen, um von den offenen Batteriestellungen abzulenken, die in Vorbereitung der österreichischen Maioffensive überall auf der Hochfläche angelegt wurden. Dadurch provoziert, nahmen die Italiener die Bombardierung des Werks Gschwent wieder auf. Die Rohre der Turmhaubitzen wurden daraufhin in die Treppenaufgänge der Türme zurückgezogen, die

Der Kontereskarpenkoffer des Werks Gschwent nach dem Einschlag einer 30,5-cm-Bombe am 18. Mai 1916

Das glatte Einschussloch oberhalb des MG-Schildes ist deutlich zu erkennen. Der unglückliche Treffer forderte mindestens zwei Tote. [Foto KA]

Die Gräber der Festungssoldaten heben sich durch ihre individuell gestalteten Betongrabsteine noch heute von all den Holzkreuzen des Soldatenfriedhofs Slaghenaufi ab.
Die Kanoniere Prosol und Kura fielen durch den schweren Treffer im Kontereskarpenkoffer am 18. Mai 1916. Der Kanonier Krenn fiel am 15. April 1916 möglicherweise bei einem Treffer in einer Turmhaubitze. [Foto SH]

Türme vom Feind abgedreht und die Scharten mit Sandsäcken verschlossen. Die Werksartillerie sollte dadurch für den österreichischen Angriff am 15. Mai 1916 geschont werden.

Bei dieser Bombardierung wurde Gschwent neben etwa 800 28-cm-Granaten auch von einigen 30,5-cm-Granaten getroffen. Gerade diese wenigen schweren Granaten sollten Gschwent jedoch großen Schaden zufügen. Am 15. April 1916 wurde der Vorpanzer der Turmhaubitze Nr. II durchschossen, wobei mindestens ein Toter zu beklagen war. Die Turmhaubitze Nr. III erlitt einen zentralen Kuppeltreffer vom Kaliber 30,5 cm. Die Geschossspitze drang 19 cm tief ein, ohne weiteren Schaden anzurichten. Wahrscheinlich am 29. April 1916 durchschlug eine 28- oder 30,5-cm-Bombe das mit 6 cm Panzerstärke nur gebirgsgeschützsichere MG-Schild im obersten Stock des Kehlkoffers und vernichtete die beiden Maschinengewehre. Eine weitere schwere Bombe durchschlug die Seitenwand des Kehlkoffers in der Nähe dieses Treffers. Ein Deckendurchschlag einer 30,5-cm-Granate im Kontereskarpenkoffer am 18. Mai 1916 forderte forderte zwei Tote, nach anderen Darstellungen waren es neun oder sogar 24 Tote. Die explodierende MG-Munition verhinderte die Rettungs- und Löscharbeiten in den engen Räumen über viele Stunden. Möglich ist daher, dass einige der Verletzten so schwere Verbrennungen erlitten, dass sie später daran starben. Die MG-Schilde im durchschlagenen Kehlkoffer und im Kontereskarpenkoffer waren mit 6 cm Panzerstärke nur schwach ausgelegt. Dies deutet darauf hin, dass eine Bombardierung des Werks aus der Richtung des östlich gelegenen Assatals bei der Planung nicht in Betracht gezogen worden war.

Von dieser Katastrophe abgesehen erlitt Gschwent nur geringe Schäden, darunter acht Panzertreffer, die jedoch zu keinen längeren Ausfällen der Turmhaubitzen führten. Die etwa einen Meter starke zusätzliche Betonauflage auf der Decke des Kasemattenblocks, die die Besatzung im Jahr 1915 aufgebracht hatte, half hierbei, Schlimmeres zu verhindern. Außer den drei Durchschlägen im Kehl- und Kontereskarpenkoffer kam es zu keinen Deckendurchschlägen. Die Verluste betrugen außer den Opfern im Kontereskarpenkoffer und den Opfern in der Turmhaubitze Nr. II angeblich nur zwölf Verwundete innerhalb des ersten Kriegsjahres. Infanteristisch wurde das Werk nie angegriffen. Von Mai 1915 bis Mai 1916 wurde Gschwent mit etwa 2000 28-cm-Granaten und 100 30,5-cm-Granaten beschossen, sein eigener Munitionsverbrauch betrug 10 141 10-cm-Granaten. Nach der österreichischen Offensive war der Krieg für Gschwent vorbei. Das Werk wurde bis auf eine Turmhaubitze desarmiert. Der Kommandant ließ zum Abschied der abrückenden Besatzung eine Gedenktafel mit den Namen aller Werksangehörigen, der lebenden und der toten, im Kehlgraben anbringen.

Als einziges Festungswerk auf der Hochfläche ist Gschwent von umfangreichen Umbauarbeiten während des Krieges verschont geblieben. Es wurden weder Zugangspoternen noch Kavernen gebaut, so dass der heute erhalten gebliebene Teil weitgehend den Originalzustand von 1912 darstellt. Die einzigen Änderungen während des Krieges waren die Verstärkungsarbeiten im Batteriegang sowie ein Unterstand für einen dritten 90-cm-Scheinwerfer an der rechten Flanke des Werks, der am 30. August 1915 fertig gestellt wurde. Dieser Stand ist heute durch die angebaute Bar nicht leicht zu erkennen.

Die Zeit nach dem Krieg

In den 1930er und 1940er Jahren wurden Panzerteile ausgebaut und die Eisenträger zur Schrottgewinnung von innen entfernt, ohne dabei die Werksdecke zu sprengen. Angeblich geht die sorgsame Behandlung der Anlage auf eine Initiative des italienischen Königs Viktor

Aus der 25 cm starken Kuppel einer Turmhaubitze des Werks Gschwent wurde schon ein Teil herausgeschnitten.
Dieses unrühmliche Ende erlebten alle Panzerteile der Werke auf der Hochfläche. [Foto KA]

Emanuel III. zurück, der das Werk im Jahr 1935 besuchte. In den 1950er Jahren erwarb Herr Oseli die Anlage, die elektrisch beleuchtet und der Öffentlichkeit zugänglich gemacht wurde. An Stelle der herausgebrochenen drei Turmhaubitzen und der beiden Beobachtungskuppeln wurden Imitationen aus Beton eingesetzt. Seit einigen Jahren ist die Gemeinde Lavarone Besitzer der Anlage. Gemeinsam mit dem Bund der Tiroler Kaiserjäger wurden umfangreiche Sanierungsmaßnahmen am Kasemattenblock durchgeführt und ein wirklich gelungenes Konzept für ein Museum im Inneren der ehemaligen Kasematten entwickelt.

Rechts neben dem MG-Schild im Obergeschoss des Kehlkoffers sind noch die Spuren des Einschlags einer 30,5-cm-Granate erkennbar.
Die Aufnahme stammt aus dem Jahr 1931. [Foto SW]

Links der Kehlkoffer des Werks Gschwent, rechts am Abhang zum Asticotal die Nahkampfanlage Nr. I.
Der Unterstand für einen zusätzlichen 90-cm-Scheinwerfer in der Bildmitte wurde erst am 30. August 1915 fertig gestellt. Die Aufnahme entstand zwischen 1918 und 1940. [Foto DZL]

Ein fixer Beobachtungs- und Maschinengewehrstand des Werks Gschwent wird mit dem Schneidbrenner zerlegt.
Die 20 cm starke Panzerwand wirkt noch trutzig, bevor sie sich in Schrott verwandelt. Die Aufnahme stammt wahrscheinlich aus dem Jahr 1940. [Foto KA]

WERK GSCHWENT HEUTE

Parkplatz	Am Beginn der Werksstraße
Öffnungszeiten	Von Ostern bis Ende September täglich von 9 bis 18 Uhr

Zweifelsohne ist das Werk Gschwent der Publikumsmagnet unter den österreichischen Festungen auf der Hochebene. Grund dafür ist sein guter Erhaltungszustand sowie das kleine Museum in seinem Kasemattenblock.

Über dem Werkseingang erinnert eine kleine Gedenktafel an die erste Bombardierung vom 28. Mai bis zum 11. Juni 1915. Die Besatzung verlieh damit ihrer Freude Ausdruck, bei diesem Inferno so glimpflich davongekommen zu sein. Die darauf folgenden zahlreichen und teilweise folgenschweren Beschießungen würdigte die mittlerweile kriegsgewohnte Besatzung allerdings nicht mehr in so auffälliger Weise.

An der Felswand gegenüber dem Kehlkoffer verewigte sich die gesamte Werksbesatzung nach dem letzten Bombardement im Mai 1916 in einem Gedenkstein. Interessanterweise wurden sowohl die Überlebenden als auch die Gefallenen hierbei ohne Unterscheidung aufgeführt. Die Tafel nennt die 207 Namen von zwölf Offizieren, 150 Artilleristen (Kanoniere, Vormeister und Korporale), 42 Infanteristen (Unterjäger, Jäger, Landesschützen, und Patrouillenführer) sowie drei Sappeuren, denen die Bedienung des Benzinaggregats oblag.

Der Kasemattenblock des Werks Gschwent wirkt mit seinem Blechdach fast wie neu.
Nur der Maschinengewehrpanzer rechts im Kehlkoffer fehlt noch, um die alte Wehrhaftigkeit wiederherzustellen. [Foto SH]

Diese unterirdische Felspoterne des Werks Gschwent führt vom Batterieblock zur linken Nahkampfanlage.
Bis auf die Beleuchtung wurde hier seit 1915 nichts mehr verändert. [Foto SH]

Am besten beginnt man die Besichtigung mit der Ausstellung in den Gängen des Kasemattenblocks. Die ehemalige Funktion von Räumen und Nischen ist mit Schildern gekennzeichnet, ob die spärlichen Einrichtungsgegenstände wie Betten, Öfen und Badewannen allerdings immer authentisch sind, sei dahingestellt. Der gepanzerte MG-Stand unter der Decke des Kehlkoffers wurde mit einer Mauer verschlossen, hier wurde die Möglichkeit einer Attrappe leider nicht genutzt.

Durch eine der beiden Felspoternen gelangt man in den Batterieblock. Der Aufgang in die Turmhaubitzen ist möglich, leider sind diese leer. Der Aufgang zur mittleren Turmhaubitze ist deutlich schmaler als die anderen, ein Zeichen dafür, dass hier tatsächlich ein anderes Modell eingesetzt wurde. Der Batteriegang wurde offensichtlich durch die nur hier sichtbare Betonverstärkung schmaler und niedriger. Man kann sich lebhaft vorstellen, wie negativ sich diese Maßnahme auf den Verkehr der Munition schleppenden Soldaten ausgewirkt haben mag. In einer Nische im Gang findet man einen Leuchtpistolenstand mit seinen Ausschussrohren durch die Betondecke. Diese Rohre sind auch bei fast allen MG-Positionen zu finden.

Vom Batteriegang führt links eine Felspoterne zur Nahkampfanlage IV. Das Mannschaftszimmer war ursprünglich zweistöckig und dürfte einem Dutzend Soldaten Unterkunft geboten haben. Der Mauerausbruch in Richtung Asticotal barg früher die Panzerwand eines bombensicheren MG-Standes. Das Loch in Richtung der Werkskehle enthielt ein Panzerschild für zwei Maschinengewehre. Die Attrappe der Beobachtungs- und MG-Kuppel ist nicht begehbar. Im Keller des Blocks liegt die Scheinwerferpoterne. Aus dieser einmaligen Einrichtung konnte ein 90-cm-Scheinwerfer herausgefahren werden, mit dem das Asticotal bis zur Ortschaft Valdastico ausgeleuchtet werden konnte.

Vom Batterieblock geht eine weitere Felspoterne unter dem Graben hindurch in den Kontereskarpenkoffer (Anlage II). Auch hier gab es Mannschaftsunterkünfte. Der Kampfraum selbst ist für die notwendige Besatzung von acht Mann für die vier MG, zwei Mann für die Gewehrscharten und einen Mann zur Bewachung der Ausfallpforte reichlich klein bemessen. Über dem ehemaligen MG-Schild zum linken Grabenast erkennt man noch die Spuren der Reparatur des Durchschusses einer 30,5-cm-Bombe. Man kann sich vorstellen, welch verheerende Wirkung die Explosion im Inneren des Koffers gehabt haben mag.

Die Poterne führt von hier weiter zur Spitze des Werks, an der die Anlage III liegt. Diese unscheinbare Kampfanlage stellt ein Unikat in den Werken der Sperrkette dar. Zum einen ist sie die einzige Kampfanlage, die vor einem Frontgraben liegt. Zum anderen ist sie ohne die übliche Eisen- oder Betonarmierung der Decke und der Wände gebaut. Die Panzerwände für jeweils ein MG wurden direkt in den Felsen eingepasst. Die Nahkampfanlage am rechten Flügel des Werks (Anlage I) gleicht bis auf die Scheinwerferpoterne im Prinzip der Anlage IV.

Auf die Werksdecke gelangt man durch einen Aufgang aus der rechten Seite des Kehlgrabens. Der Baumbestand auf dem Gelände verwischt leider den Eindruck der ausgefeilten Gestaltung der Schussfelder. Die Lage des Werks über dem Asticotal ist beeindruckend, der Blick auf die wesentlich höher liegende gegnerische Talseite relativiert diese angeblich so überlegene Position jedoch erheblich.

Eine interessante Spur des Werks Gschwent führt zum Soldatenfriedhof Slaghenaufi. Dieser Friedhof des ehemaligen Malteserspitals ist der einzige original erhaltene Militärfriedhof auf den Hochebenen von Folgaria und Lavarone. Unter all den Holzkreuzen fallen einige wenige aus Stein auf. Vier davon gehören zu den Gefallenen des Festungsartilleriebaons Nr. 6. Drei von ihnen stammen vom Werk Gschwent, sie fielen im Frühjahr 1916. Ob die Grabmale wohl aus dem gleichen Zement hergestellt wurden, der auch für die Reparaturen der letzten Treffer auf Werk Gschwent verwendet wurde?

Panzerwerk Sebastiano

Österreichischer Name	Werk Sebastiano
Italienische Bezeichnung	Forte Dosso Cherle
Baubeginn	1910
Fertigstellung	1913
Besatzung	3/236
Planer	Oberleutnant E. Luschinsky
Kommandant	Hauptmann E. Proksch

4	10-cm-Turmhaubitzen
2	10-cm-Kasematthaubitzen
2	6-cm-Kasemattkanonen
5	Panzerkasematten mit je 2 MG
3	Panzerkuppeln mit je 2 MG
1	Drehbarer Beobachtungsstand mit 1 MG
17	MG gesamt

Ursprünglich hieß das Werk Sebastiano nach der nahe gelegenen Alm Cherle. Um phonetische Verwechslungen mit dem Werk Verle zu verhindern, wurde es nach dem nahe gele-

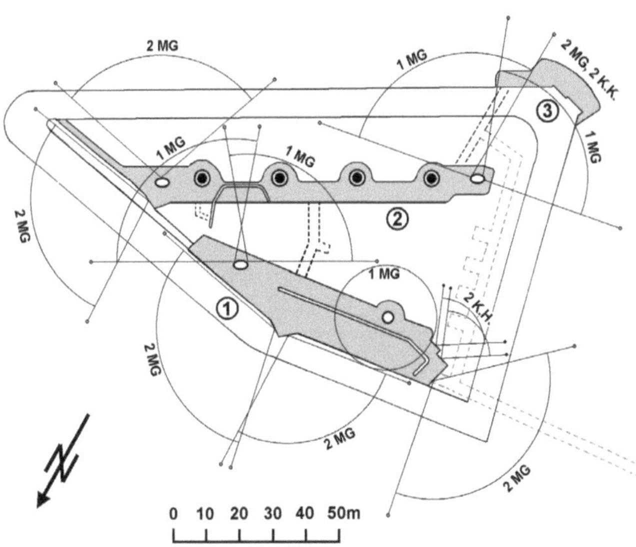

Abbildung 56: Lage- und Bewaffnungsplan des Werks Sebastiano
(1) Kasemattenblock, (2) Batterieblock, (3) Kontereskarpenkoffer. Die unterirdischen Verbindungsgänge sind gestrichelt eingezeichnet. Poternen, die erst nach Kriegsbeginn gebaut wurden, sind grau gestrichelt.

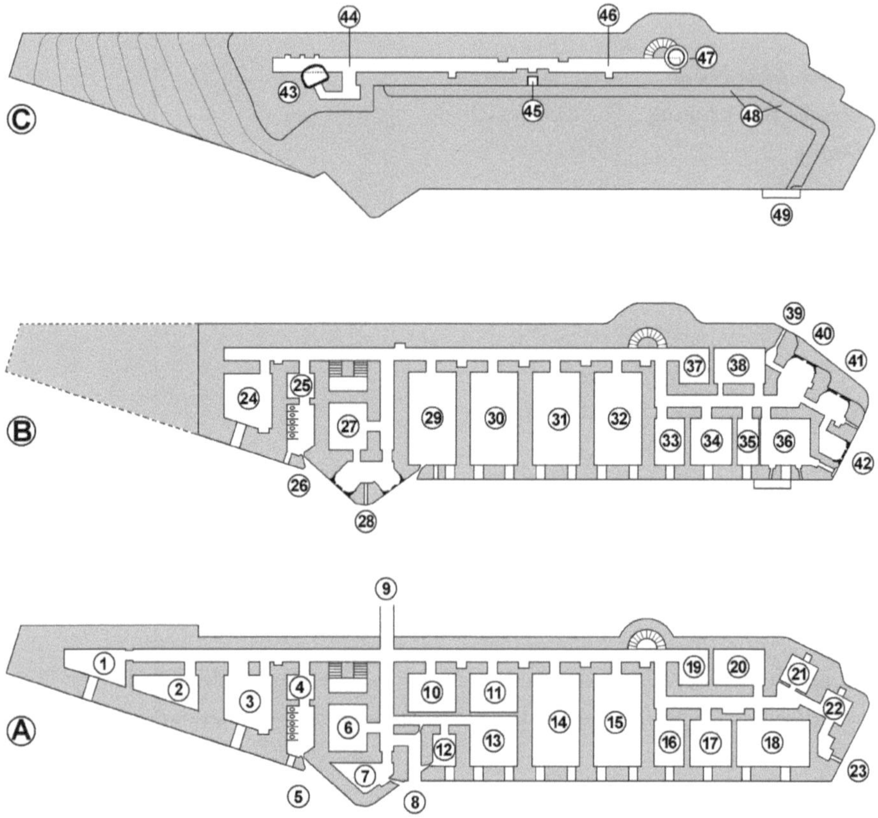

Abbildung 57: Kasemattenblock des Werks Sebastiano
(A) Erdgeschoss, (B) erster Stock, (C) Kampfgeschoss

(1) Werkstatt mit Depot
(2) Treibstoffdepot für Stromaggregat
(3) Maschinenraum mit Stromaggregat
(4) Vorraum
(5) Abort
(6) Proviantdepot
(7) Wachzimmer
(8) Werkseingang mit Zwinger
(9) Poterne zum Batterieblock und zur Gruft
(10) Munitionsmagazin für 10-cm-T.H.
(11) Munitionsmagazin für 10-cm-T.H.
(12) Mannschaftszimmer für 4 Sappeure
(13) Mannschaftszimmer für 11 Mann
(14) Mannschaftszimmer für 24 Mann
(15) Krankenzimmer mit 11 Betten
(16) Verbandlokal
(17) Küche
(18) Depot
(19) Depot
(20) Brennmaterialdepot
(21) Lebensmitteldepot
(22) Depot
(23) Scheinwerfer
(24) Akkumulatorenraum
(25) Vorraum
(26) Abort und 21-cm-Scheinwerfer
(27) Lebensmitteldepot
(28) Kehlkoffer mit 2 Panzerkasematten für je 2 MG (Mg.St. 33 und Mg.St. 32) und einem 21-cm-Scheinwerfer

(29) Mannschaftszimmer für 24 Mann und 21-cm-Scheinwerfer
(30) Mannschaftszimmer für 24 Mann
(31) Mannschaftszimmer für 24 Mann
(32) Mannschaftszimmer für 24 Mann
(33) Kommandantenzimmer
(34) Offizierszimmer
(35) Telefonzentrale
(36) optische Signalstation zum Monte Rust und Carbonare sowie 21-cm-Scheinwerfer und Notausgang
(37) Lebensmitteldepot
(38) Munitionsmagazin für 10-cm-Kasematthaubitzen
(39) optische Signalstation zum Zwischenwerk Sommo
(40) 10-cm-Kasematthaubitze M.12 (H.PK. 1)
(41) 10-cm-Kasematthaubitze M.12 (H.PK. 2) und optische Signalstation zum Monte Cornetto
(42) Panzerkasematte für 2 MG (Mg.St. 30)
(43) Panzerkuppel für 2 MG (B.u.M.f. 10)
(44) Bereitschaftsraum
(45) Hangard (H. 11)
(46) Bereitschaftsraum
(47) drehbarer Beobachtungsstand (B.u.M. 11)
(48) Infanterielinie
(49) Notaufstieg

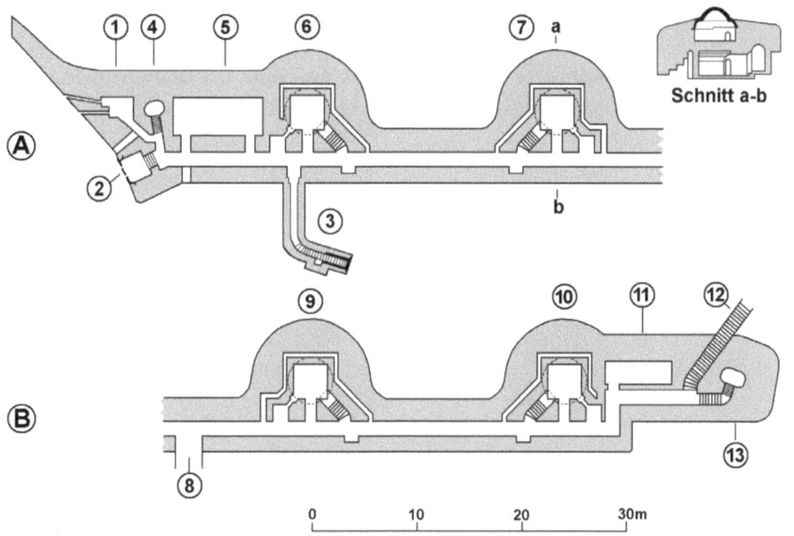

Abbildung 58: Batterieblock des Werks Sebastiano
(A) Linke Batteriehälfte, (B) rechte Batteriehälfte. Die Handmunitionsmagazine lagen jeweils unter den Turmhaubitzen und waren mit diesen über Munitionsaufzüge verbunden.

(1) optische Signalstation zu den Werken Lusern und Gschwent sowie Stand für 21-cm-Scheinwerfer
(2) Panzerkasematte für 2 MG (Mg.St. 31)
(3) Ausgang zur Infanteriestellung mit Hangard (H.6)
(4) Panzerkuppel für 2 MG (Mg.St.f. 29)
(5) Depot
(6) Turmhaubitze Nr. IV (T.H. 31)
(7) Turmhaubitze Nr. III (T.H. 30)
(8) Poterne zum Kasemattenblock
(9) Turmhaubitze Nr. II (T.H. 29)
(10) Turmhaubitze Nr. I (T.H. 28)
(11) Depot
(12) Poterne zum Kontereskarpenkoffer
(13) Panzerkuppel für 2 MG (Mg.St.f. 28)

Gesamtaufnahme der Frontseite des Werks Sebastiano, ganz links die Traditorenbatterie
Die Kuppeln der Haubitzenbatterie heben sich nicht gegen den Horizont ab und sind daher kaum zu erkennen. [Foto KA]

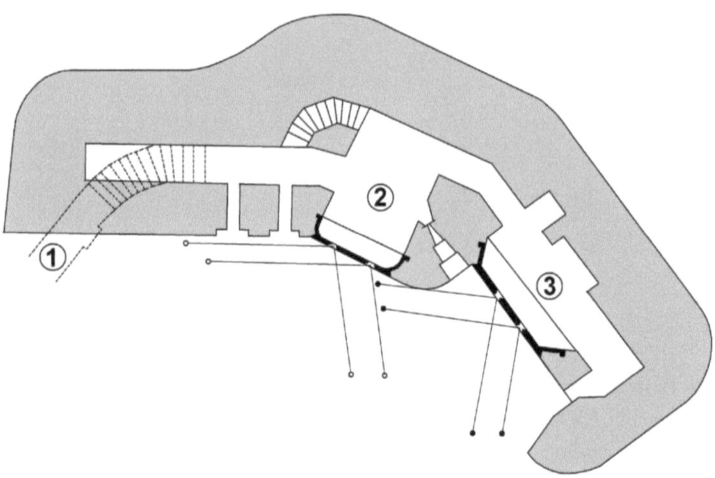

Abbildung 59: Kontereskarpenkoffer des Werks Sebastiano
(1) Poterne zum Batterieblock, (2) Kampfraum mit 2 MG (Mg.St. 42), (3) Kampfraum mit 2 6-cm-Kasemattkanonen M.10 (K.Sch. 5)

genen Dorf San Sebastiano unbenannt. Das Werk liegt in 1445 m Höhe über dem 500 m tiefer gelegenen Asticotal. Sebastiano sperrte die Straße zum Sommo-Pass sowie die Straße aus dem Asticotal nach Carbonare.

Luftaufnahme des Werks Sebastiano mit den Spuren der schweren Beschießung
Der Kasemattenblock, der Batterieblock sowie der Graben mit dem Kontereskarpenkoffer sind zur besseren Orientierung gekennzeichnet. Die Einschläge zogen eine perfekte Schneise der Verwüstung vom Frontgraben bis zum Kasemattenblock, nur wenige Granattrichter lagen seitlich neben dem Werk. Die Panzerkuppeln blieben jedoch meist unbeschädigt. [Foto SB mit Bearbeitung durch den Autor]

Der Grundriss des Werks ähnelt denen der Werke Verle und Lusern. Die fortschrittlichere Bauausführung der Werkgruppe Folgaria bewirkte jedoch eine stärkere Ausführung der Werksdecke und einen größeren Abstand zwischen den einzelnen Werksteilen. So standen die vier Turmhaubitzen jeweils 24 m weit auseinander, statt nur 13 m wie bei dem zwei Jahre zuvor gebauten Werk Verle. Die Festung verfügte in der Traditorenbatterie über zwei 10-cm-Kasematthaubitzen M.12 hinter Stirnpanzern, die die Nachbarwerke Sommo und Serrada decken konnten. Der Frontgraben wurde aus dem Kontereskarpenkoffer in der rechten Ecke mit zwei 6-cm-Kasemattkanonen M.10 sowie zwei MG in einer Panzerkasematte bestrichen. Im Kehlkoffer des Kasemattenblocks waren zwei Panzerkasematten, in der linken und rechten Flanke jeweils eine Panzerkasematte für je zwei MG eingebaut. Zwei fest stehende Panzerkuppeln auf dem Batterieblock und je eine drehbare und eine fest stehende auf dem Kasemattenblock dienten dem frontalen MG-Feuer.

Die linke Kehle des Werks Sebastiano in einer Aufnahme aus dem Jahr 1931
Die beiden fixen Beobachtungskuppeln heben sich deutlich gegen den Horizont ab. Im Frontgraben links liegt die abgesprengte Kuppel der Turmhaubitze Nr. IV. Möglicherweise wurde sie von der Besatzung beim Rückzug im November 1918 gesprengt. [Foto SW]

Das Werk Sebastiano wurde hauptsächlich von einer 28-cm-Batterie am Monte Campomolon mit insgesamt etwa 3400 Bomben belegt, deren Schäden jedoch meist wieder repariert werden konnten. Wie allen Werken der Sperrgruppe Folgaria blieb Sebastiano der verheerende Beschuss mit dem Kaliber 30,5 cm erspart. Im Juni 1915 begann man mit dem Bau eines 120 m langen Zugangsstollens zur Armierungsstraße hin, um die andauernden Verluste unter den Trägern bei der Zufuhr von Nachschub zu vermeiden. Dieser Stollen wurde bis zum 11. Oktober 1915 fertig gestellt. Bei dieser Gelegenheit wurden auch Kavernen unterhalb der rechten Flanke des Werks gebohrt sowie eine weitere Felspoterne in Richtung des Kontereskarpenkoffers. Der Höhepunkt der einjährigen Beschießung lag zwischen dem 15. August 1915 und dem 10. Oktober 1915. Am 17. August wurde der Vorpanzer des drehbaren Beobachtungsstands so getroffen und deformiert, dass er sich nicht mehr bewegen ließ. Dieser Schaden konnte bis zum Mai 1916 nicht behoben werden. Zwei Turmhaubitzen waren am 18. August kurzzeitig wegen durchschlagenen Vorpanzern außer Gefecht. Die Turmhaubitze Nr. IV wurde am 24. August von einer 28-cm-Granate unterfahren, konnte aber wieder repariert werden. Hier hatte die ausbetonierte Ringgalerie die Explosionswucht aufgefangen und größeren Schaden im Kuppelinnern verhindert. In der Kuppel der Turmhaubitze Nr. III blieb am 26. August eine 28-cm-Granate 19 cm tief stecken, ohne im Inneren Schaden anzurichten.

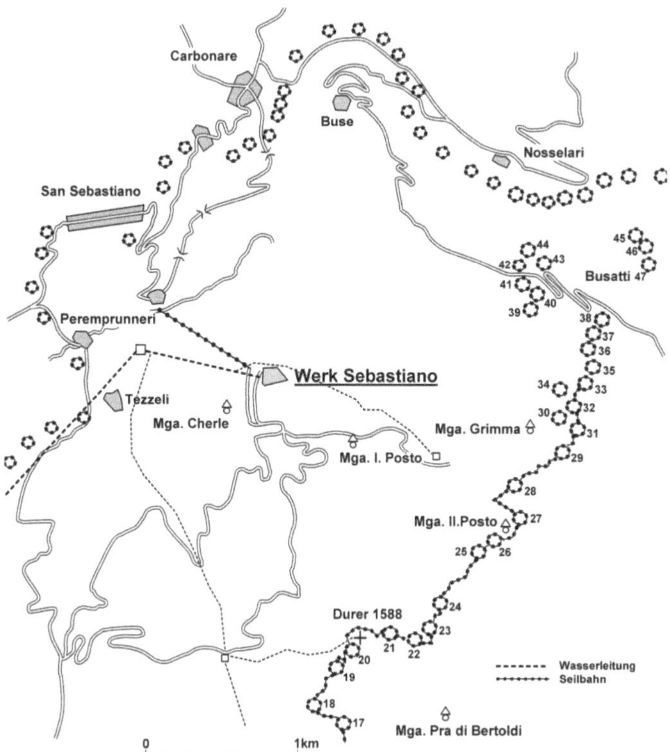

Abbildung 60: Österreichische Stellungen im Abschnitt Sebastiano
Die östliche Stützpunktlinie wurde erst im Juni 1915 eingerichtet. Die Wasserleitungen waren zur Versorgung der Stellungen im Karst lebensnotwendig. Die Seilbahn zum Werk Sebastiano wurde erst während des Krieges gebaut, sie führte direkt zur Zugangspoterne am Hinterhang.

Bis zum 17. Dezember 1915 errichtete man vorsorglich Ersatzbettungen für die Geschütze außerhalb des Werks. Diese wurden jedoch nicht mehr bezogen, da die Tätigkeit der italienischen Artillerie an diesem Frontabschnitt erlahmt war. Während der Bombardierung erlitt das Werk keine Deckendurchschläge. Dies blieb für Sebastiano der einzige Betondurchschlag während des gesamten Krieges. Von einer 14,9-cm-Batterie auf dem Monte Toraro erhielt Sebastiano 10 000 Treffer. Die Hauptziele dieser Kanonen waren die Zufahrtsstraße und die Traditorenbatterie mit ihren beiden Kasematthaubitzen. Die 20 cm starken Stirnpanzer erhielten zahlreiche Treffer. Da das Kaliber der Italiener jedoch zu klein war und sie zudem keine geeigneten Panzergranaten verwendeten, blieb dieser Beschuss auf die Traditorenbatterie ohne Wirkung. Die Granaten drangen allenfalls 5 cm tief in die Panzerung ein. Wie alle Werke der Sperrgruppe Folgaria wurde Sebastiano niemals infanteristisch angegriffen. Zur österreichischen Offensive im Mai 1916 waren alle Turm- und Kasematthaubitzen einsatzbereit. Das Werk wurde entgegen den ursprünglichen Plänen nach der Offensive nicht desarmiert. Bis zum Kriegsende kam es zu keinen Kampfhandlungen mehr.

Nachkriegsaufnahme des Werks Sebastiano auf einer Postkarte aus dem Jahr 1921.
Die Kehle des Kasemattenblocks mit den schweren MG-Panzern im Kehlkoffer und in der rechten MG-Flankierungsanlage präsentiert sich noch in gutem Zustand, da die Schrotträuber noch nicht am Werk waren. [Foto SH]

Das Werk besaß Unterkunftsräume für fünf Offiziere und 128 Mannschaften und Unteroffiziere. Am 1. Februar 1915 war Sebastiano schon mit 236 Mann belegt. Bei Kriegsausbruch steigerte sich diese Zahl auf 267 Mann. Im Laufe des Krieges kamen noch 100 Landsturmarbeiter für die umfangreichen Reparaturarbeiten sowie Artilleriebeobachter und Telefonisten hinzu. Das Werk war schließlich mit mehr als 400 Mann absolut überbelegt. Die Männer schliefen in den engen Gängen und auf Stiegen, waren aber immerhin froh, einen einigermaßen sicheren Platz gefunden zu haben. Diese Situation war symptomatisch für die viel zu spartanisch ausgestatteten Festungswerke auf der Hochebene.

Sebastiano verschoss vom 24. Mai 1915 bis zum 22. Mai 1916 aus seinen vier Turmhaubitzen und zwei Kasematthaubitzen insgesamt 21 647 10-cm-Granaten, davon alleine 5105 in den vier Tagen vom 15. bis zum 18. Mai 1916 bei der Vorbereitung der österreichischen Maioffensive. Hierbei wurden ohne Unterbrechung bis zu acht Schuss je Minute und Geschütz abgefeuert.

Im Jahr seiner Beschießung hatte Sebastiano innerhalb des Werks angeblich keine Toten unter der Besatzung zu beklagen. Das Denkmal für die Gefallenen des Werks auf dem kleinen Friedhof unterhalb der Werkskaserne gibt leider keine weitere Auskunft über die wahre Zahl der Opfer, die wahrscheinlich hauptsächlich aus den Infanteriekämpfen um den Monte Coston stammten.

Auch im Werk Sebastiano lagen schon im Jahr 1931 die Kuppeln der Turmhaubitzen abgesprengt im Graben und auf dem Verdeck. Ob dies auf Sabotage der Werksbesatzung im

November 1918 oder auf »wilde« Sprengversuche in der Nachkriegszeit zurückzuführen ist, kann heute nicht mehr geklärt werden.

Werk Sebastiano heute

Parkplatz	Albergo Forte Cherle
Weg	Rechts neben dem Albergo über eine Wiese direkt zum Werk
Entfernung	0,5 km
Höhenunterschied	10 m

Im Jahr 1990 wurden die Trümmerberge um die Anlage und aus den noch begehbaren Werksteilen geräumt. Teilweise wurden Sicherungsmaßnahmen gegen die nachdrückenden Schuttmassen aus den noch immer verschütteten Räumen des Kasemattenblocks ergriffen. Diese Maßnahmen haben dem Erscheinungsbild der Ruine sehr wohl getan. Die technischen Darstellungen auf den Informationstafeln, die um das Jahr 2000 aufgestellt wurden, sind jedoch leider nicht immer korrekt. Der Kehlkoffer wurde in den 1930er Jahren durch das Heraussprengen der beiden Panzerstände bis auf das Erdgeschoss zerstört, hier sind nur noch einige flankierende Gewehrscharten erhalten geblieben. Durch den Haupteingang rechts neben dem Kehlkoffer gelangt man durch den inneren Zwinger mit seinen Gewehrscharten sowohl zur Poterne Richtung Batterieblock als auch zum rechten Kasemattenhauptgang.

Am Ende des rechten Kasemattenhauptgangs gelangt man zu einem Stollen, der während des Krieges als gedeckter Zugang zur Armierungsstraße gebohrt wurde. Dieser Teil ist heute verschüttet. Vom Stollen biegt nach etwa 10 m ein Gang nach links ab. Er führt an vier in den Fels gesprengten Räumen vorbei zur Verbindungspoterne zwischen dem Kontereskarpenkoffer und dem Batterieblock. Diese betonierte Verbindungspoterne ist heute jedoch vor dem Kontereskarpenkoffer durch Sprengarbeiten verschüttet, auch kann der Wasserstand hier bis zu 20 cm hoch werden. Im Berichtsjahr waren die unterirdischen Magazine mit der nötigen Ausrüstung und Vorsicht begehbar. Man findet hier noch die Reste von Teerpappeisolierungen sowie Ofenrohre, die von hier aus in den rechten Flankierungsgraben münden.

Auf dem Weg vom Eingangszwinger durch die Hauptpoterne zum Batterieblock kommt man an den Resten der Zwischenhindernisse und einer Gruft für sechs Särge vorbei. Im Stollen weisen Eisenösen in der Wand auf die Stelle hin, an der der Gang im Falle einer Gefahr mit Stacheldraht, Holzbalken und Türen gesperrt werden konnte. Der Batterieblock ist das eigentliche Glanzstück des Werkes, außer in Gschwent ist dieser Gebäudeteil nirgends so gut erhalten geblieben wie hier. Durch die gesicherten Aufgänge gelangt man in die ehemaligen Stellungen der Turmhaubitzen. Im rechten Winkel zum Aufgang findet man den Ausgang des Munitionsaufzugs, der wahrscheinlich noch im Krieg aus Sicherheitsgründen zubetoniert wurde. Diese zusätzliche Schwachstelle des Vorpanzers führte nämlich direkt in

Die Sonne scheint durch das weggesprengte Verdeck des Werks Sebastiano und wirft Schattenlinien auf die Almwiese.
Nach den 1930er Jahren war die Ruine bis zum oberen Stockwerk unter einem Trümmerberg begraben, der in den 1990er Jahren abgetragen wurde. [Foto SH]

das jeweilige Handmunitionslager, das man unter jeder Panzerkuppel findet. In den Munitionsräumen zeigen acht quadratische Vertiefungen in der Decke die Lage der Verankerung des Vorpanzers mit dem Fels an. Von hier aus wurde die Munition in den Aufzug gereicht, der gegenüberliegende Ausgang des Munitionsaufzugs diente wahrscheinlich der Entsorgung der leeren Kartuschen. Auffällig ist, dass der Batteriegang keine Spuren von Verstärkungsarbeiten aufzeigt.

Nach links führt der Batteriegang zu einem Bereitschaftsraum, den optischen Signalstationen nach Oberwiesen (Werk Lusern) und Gschwent sowie zu den Resten einer MG-Kasematte. Am rechten Ende des Batterieganges gelangt man zur ehemaligen Poterne Richtung Kontereskarpenkoffer. Daneben erkennt man noch den Aufgang zur rechten MG-Panzerkuppel. Durch einen Mauerdurchbruch im Bereitschaftsraum gelangt man ins Freie. Hier liegen auf der äußeren Seite des Grabens die traurigen Reste des Kontereskarpenkoffer; seine Bedeutung kann man heute nur noch am Verlauf des gut erhaltenen Grabens erahnen.

Geht man am rechten Flankierungsgraben entlang zurück zum Kasemattenblock, so gelangt man zu den Resten der rechten MG-Kasematte. Die optische Signalstation zum Monte Cornetto ist noch zu erkennen, des Weiteren in der Kehlmauer die Rohre zum Monte Rust und zu einem geplanten Werk bei Carbonare. Von der Traditorenbatterie sowie dem drehbaren und dem fixen Beobachtungsstand sind keine Spuren mehr zu finden.

Die Aussicht von der Werksdecke ist durch Baumbewuchs behindert. Will man sich ein Bild von der Bedeutung des Werks machen, empfiehlt es sich, vor den Frontgraben zu wandern. Das ausgeformte Glacis ist noch gut zu erkennen. Des Weiteren tritt hier die besondere Bedeutung der vorgeschobenen Beobachtungsposten, der Malga I Posta und der Malga II Posta, hervor, die das Manko der übersichtslosen Lage des Werks Sebastiano ausgleichen sollten. Von der Kehle nach rechts kommt man nach etwa 120 m zu den Resten des Stolleneingangs, der ab 1915 einen gefahrlosen Zugang zum Werk erlaubte. Hier endeten früher eine Zufahrtsstraße sowie eine Seilbahn aus dem Asticotal. Der Stollen ist heute eingestürzt. Wegen seiner instabilen Decke sollte man einen Aufenthalt über dieser Poterne vermeiden.

Folgt man vom Werkseingang aus dem Wanderweg »Sentiero della Pace« in Richtung Westen, so kommt man an den Resten der ehemaligen Werkskaserne vorbei. An der Stelle, an der dieser Weg nach etwa einem Kilometer die Autostraße berührt, findet man die Überreste eines kleinen Militärfriedhofs. Die Lage der Gräber ist noch gut zu erkennen, die Leichen wurden in den 1930er Jahren exhumiert und auf die großen Kriegerfriedhöfe umgebettet. Hier steht ein Gedenkstein aus dem Jahr 1915, der den Gefallenen des Werks Sebastiano gewidmet ist. Die Gedenktafel mit den Namen der Gefallenen ist leider verschwunden.

Zwischenwerk Sommo

Österreichischer Name	Zwischenwerk Sommo
Italienische Bezeichnung	Forte Sommo Alto
Baubeginn	20. Juni 1910
Fertigstellung	15. September 1914
Besatzung	2/177
Planer	Oberleutnant O. Hauenstein
Kommandant	Hauptmann R. Kalifius

2	10-cm-Turmhaubitzen
1	Panzerkasematte mit 2 MG
4	Panzerkuppeln mit je 2 MG
4	Panzerkuppeln mit je 1 MG
3	Hangards mit je 1 MG
1	Drehbarer Beobachtungsstand mit 1 MG
18	MG gesamt

Das Zwischenwerk Sommo liegt in 1613 m Höhe über dem Ursprung des Asticotals. Sommo war als Zwischenwerk zur Füllung der unübersichtlichen Lücke zwischen den Werken Serrada und Sebastiano konzipiert.

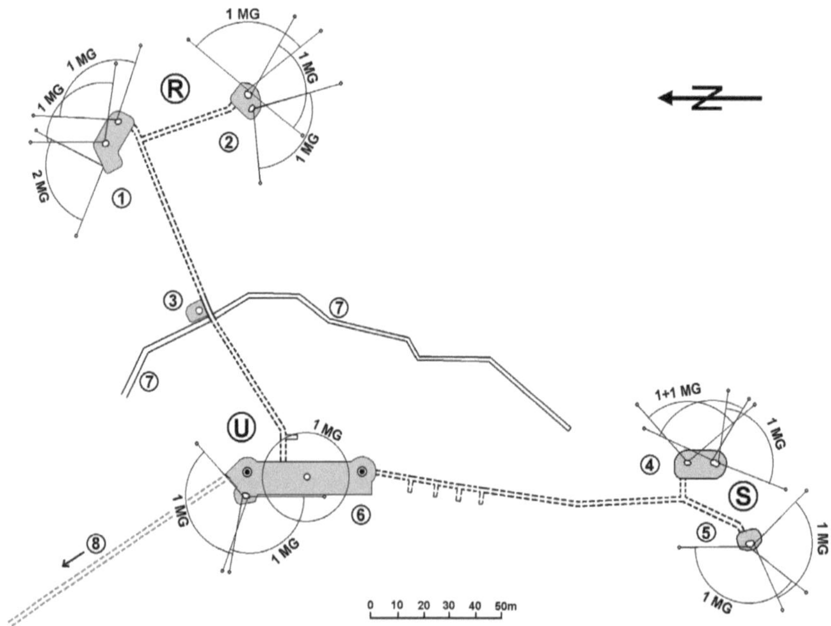

Abbildung 61: Lage- und Bewaffnungsplan des Zwischenwerks Sommo
(1) Komplex Rücken Links, (2) Komplex Rücken Rechts, (3) Infanterieausgang zum Schützengraben, (4) Komplex Sattel Front, (5) Komplex Sattel Kehle, (6) Komplex Unterkunft (Kasemattenblock mit Turmhaubitzenbatterie), (7) Schützengraben, (8) Poterne zur Armierungsstraße (ab September 1915). Die unterirdischen Verbindungsgänge sind grau gestrichelt eingezeichnet. Poternen, die erst nach Kriegsbeginn gebaut wurden, sind grau gestrichelt gezeichnet. Die Maschinengewehre der Hangards sind aus Gründen der Übersichtlichkeit nicht abgebildet.

Am 19. Mai 1910 wurde der Bau des Werks vom Kriegsministerium in Wien genehmigt, obwohl noch nicht endgültig entschieden war, wie das Werk bewaffnet werden sollte. Dennoch begann man schon am 20. Juni 1910 mit dem Bau. Die zwei ursprünglich vorgesehenen 10-cm-Kasematthaubitzen in Richtung des Werks Serrada wurden vom Kriegsministerium abgelehnt, stattdessen entschied man sich für zwei 10-cm-Turmhaubitzen. Die Entscheidung gegen den Einbau von zwei 6-cm-Kasemattkanonen fiel erst nach Baubeginn. Anscheinend hatte man es mit der Befestigung dieses Abschnitts sehr eilig. Die beiden Turmhaubitzen sollten jeweils 20 m vom Kasemattenblock entfernt aufgestellt werden, was jedoch aus Etatgründen abgelehnt wurde.

Die Planung des Werkes war vergleichsweise sparsam angelegt, es kostete nur 982 000 Kronen. Sommo verfügte nur über zwei 10-cm-Turmhaubitzen M.9, die auf dem Kasemattenblock lagen. Einen Frontgraben oder einen Kontereskarpenkoffer gab es nicht, da das Gelände hierfür zu steil war. Zur Nahverteidigung wurden an der rechten Flanke im Komplex S (Sattel) drei Panzerkuppeln mit insgesamt fünf MG und in der Front im Komplex R (Rücken) vier Panzerkuppeln mit insgesamt fünf MG eingebaut. Die Komplexe R-Links,

Kehle des Kasemattenblocks von Zwischenwerk Sommo
Ganz links auf dem Verdeck die Turmhaubitze Nr. II, daneben ein fixer MG-Stand (Mg.St.f. 45), etwa in der Mitte der drehbare Beobachtungsstand (B.u.M. 15). Von den drei Stockwerken des Kasemattenblocks schaut nur noch der oberste aus der Eindeckung heraus, die zum Schutz gegen das italienische Feuer vom Col Santo errichtet wurde. Vor dem Werkseingang posieren Offiziere und Zivilarbeiter einer Baufirma. Weiter rechts ruhen sich bosnische Landsturmarbeiter von ihrer anstrengenden Arbeit aus. [Foto KA]

S-Front sowie der Infanterieausgang besaßen zusätzlich kombinierte Hangards für je ein MG sowie einen 21-cm-Scheinwerfer. Diese Hangards dienten gleichzeitig als Gefechtsausgänge. Alle Werksanlagen waren durch in den Fels gesprengte Poternen miteinander verbunden, die schon zu Friedenszeiten eine Gesamtlänge von 330 m hatten. Zwischen den Komplexen S und R waren Schützengräben in den Fels gesprengt, die von einem gepanzerten Infanterieausgang zwischen den Komplexen S und U betreten werden konnten. Durch die so erreichte Zergliederung, den starken Einsatz von Panzern und die hohe Feuerdichte der MG wirkte das Werk seiner Zeit weit voraus. Die Kehle des Kasemattenblocks wurde durch eine Panzerkuppel mit zwei MG beherrscht. Am 25. September 1913 führte Sommo sein erstes Probeschießen durch.

Zu Beginn der Jahres 1915 war Oberleutnant Denaro vom Landesschützenregiment Nr. 1 Kommandant des Werks Sommo. Denaro verlor jedoch im Frühjahr 1915 diesen Posten wegen mangelnder Disziplin und wurde zum Kommandanten der Nahkampfanlage Oberwiesen (Lusern) degradiert. Sein Nachfolger in Sommo wurde am 6. April 1915 Oberleutnant Kalifius vom gleichen Regiment, der zuvor der Kommandant des Landesschützendetachements im Werk Lusern war.

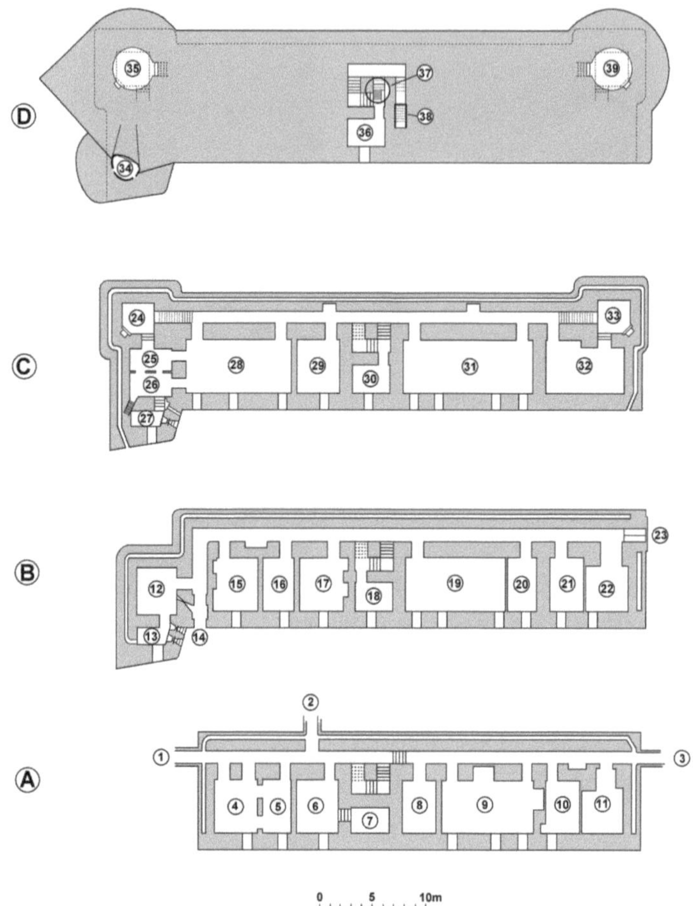

Abbildung 62: Kasemattenblock des Zwischenwerks Sommo
(A) Untergeschoss, (B) Erdgeschoss, (C) 1. Stock (D) Kampfgeschoss

(1) Zugangspoterne zum Werk (ab September 1915)
(2) Poterne zum Komplex R (Rücken)
(3) Poterne zum Komplex S (Sattel)
(4) Proviantdepot
(5) Proviantdepot
(6) Mannschaftszimmer
(7) Materialdepot
(8) Akkumulatorenraum
(9) Maschinenraum mit Stromaggregat
(10) Werkstatt
(11) Treibstoffdepot für Stromaggregat
(12) Wachzimmer mit Innenverteidigung
(13) Kehlkoffer mit zwei Gewehrscharten
(14) Werkseingang mit Zwinger
(15) Küche
(16) Operationszimmer
(17) Verbandlokal
(18) Abort
(19) Mannschaftszimmer
(20) Kommandantenzimmer
(21) Mannschaftszimmer
(22) Telefonzentrale
(23) Gruft für 6 Särge
(24) Munitionsdepot mit Munitionsaufzug
(25) Munitionsdepot für 10-cm-T.H.
(26) Artilleriematerialdepot
(27) optische Signalstation zum Werk Serrada

(28) Mannschaftszimmer
(29) Offizierszimmer
(30) Abort
(31) Mannschaftszimmer
(32) Munitionsdepot für 10-cm-T.H.
(33) Munitionsdepot mit Munitionsaufzug
(34) Panzerkuppel für 2 MG (Mg.St.f. 45)
(35) Turmhaubitze Nr. II (T.H. 33)
(36) Bereitschaftsraum
(37) drehbarer Beobachtungsstand (B.u.M. 15)
(38) gepanzerter Verdecksaufgang mit Hangard für 35-cm-Scheinwerfer in Drehblende (S.H. 17)
(39) Turmhaubitze Nr. I (T.H. 32)

Das Zwischenwerk Sommo wurde ab Mai 1915 von einer italienischen 28-cm-Batterie mit zwei Geschützen beschossen, die zwischen dem Monte Campomolon und dem Spitz Tonezza stand. Das Werk wurde mit etwa 1400 Granaten vom Kaliber 28 cm beschossen, wobei die meisten Schüsse in den Zeitraum vom 16. August 1915 bis zum 7. Oktober 1915 fielen. 712 dieser Garanten trafen das ausgedehnte Werksgelände. Nur 49 schwere Granaten trafen die Wohn- und Kampfblöcke, der Rest explodierte wirkungslos im Gelände. Dies war eine direkte Folge des stark zergliederten Aufbaus. Es wurden keine Betondecken und auch kleine Felspoternen durchschlagen. Insgesamt wurden elfmal Panzerteile getroffen, wobei jedoch kaum eine Wirkung erzielt wurde. Am 30. August 1915 wurde der Vorpanzer des drehbaren Beobachtungsstands von einer 28-cm-Granate getroffen, die jedoch nicht explodierte. Die Geschossspitze des Blindgängers ragte 17 cm tief in den Turmschacht. Durch die Splitterwirkung wurde der Beobachter jedoch schwer verletzt, ein Telefonist starb an seinen Verwundungen. Es gelang aber, den Blindgänger zu entschärfen.

Da die Kehle des Kasemattenblocks aus Stellungen des von den Österreichern geräumten Col Santo von einer 14,9-cm-Batterie beschossen werden konnte, errichtete man zu ihrem Schutz einen Erdwall, der bis zum ersten Stockwerk hinaufreichte. Die dortigen Fenster versuchte man mit Sandsäcken zu schützen, so dass für die Belüftung des Werks nur noch die schwache Ventilation zur Verfügung stand.

Wegen der dauernden Bombardierung der Zufahrtsstraße durch die 14,9-cm-Batterie auf dem Col Santo begann man mit dem Bau eines Zugangsstollens, der aus dem Keller des Kasemattenblocks nach Norden zur Armierungsstraße führte. Dieser Stollen wurde erst nach der Maioffensive im Frühjahr 1917 durchbrochen und mit all seinen Lagerkavernen im Juni 1917 endgültig fertig gestellt. Durch diesen 265 m langen Stollen führte man auch die empfindliche Telefon- und Wasserleitung ins Werk. Auch die Frischluft, die bis dahin von der Kehlseite des Kasemattenblocks angesaugt wurde und oft durch Sprenggase verpestet war, wurde nun durch den Stollen bezogen.

Nach der Frühjahrsoffensive im Mai 1916 wurden alle MG bis auf eins ausgebaut und an die Front verlegt. Die Artillerie blieb jedoch vollständig im Werk. Über die nun folgende Zeit bis zum Ende des Krieges ist wenig bekannt. Da Sommo nun weit hinter der Front lag, war es vorerst nicht mehr in Kampfhandlungen verwickelt. Der Mythos, dass die Festung in den letzten Kriegstagen im November 1918 seine gesamte Munition auf die über den Passo del Coe nachrückenden Italiener verschossen hätte, ist historisch nicht belegbar.

Im Mai 1915 hatte Sommo eine reguläre Besatzung von 140 Mann, davon acht Offiziere. Dazu gesellten sich 56 zugewiesene Landsturmarbeiter. Bei der Maioffensive 1916 kam noch ein Artilleriestab von 90 Mann, davon 25 Offiziere, hinzu. Das Werk beherbergte dadurch insgesamt 296 Mann und war somit hoffnungslos überbelegt. Sommo verschoss bis Ende Mai 1916 12 609 10-cm-Granaten, viele davon bei der österreichischen Maioffensive 1916.

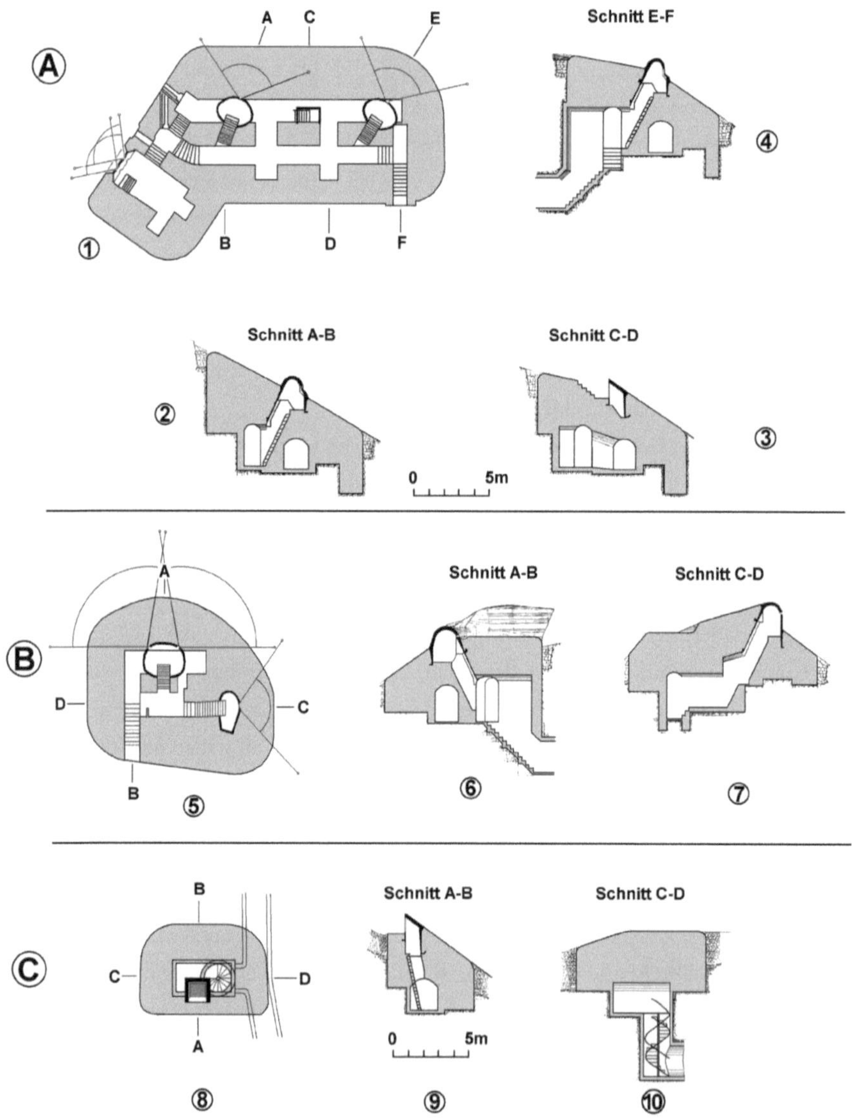

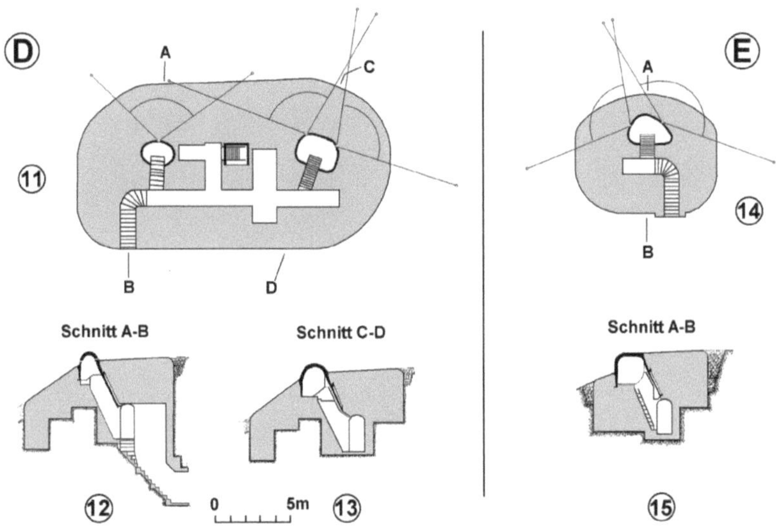

Abbildung 63: Kampfkomplexe des Zwischenwerks Sommo

(A) Komplex Rücken Links	(1)	Grundriss, links Panzerkasematte für 2 MG (Mg.Sch. 20) und 1 21-cm-Scheinwerfer (M.u.S.H. 10) sowie optische Signalstation zum Werk Sebastiano und zum Monte Cornetto
	(2)	Panzerkuppel für 1 MG (B.u.M.f. 16)
	(3)	Hangard für 1 MG und 1 21-cm-Scheinwerfer (M.u.S.H. 10)
	(4)	Panzerkuppel für 1 MG (B.u.M.f. 15)
(B) Komplex Rücken Rechts	(5)	Grundriss
	(6)	Panzerkuppel für 2 MG (B.u.M.f. 14)
	(7)	Panzerkuppel[54] für 1 MG und 1 35-cm-Scheinwerfer in Drehblende (Mg.u.S.f. 1)
(C) Infanterieausgang	(8)	Grundriss
	(9)	Hangard für 1 MG und 1 21-cm-Scheinwerfer in Drehblende (M.u.S.H. 9)
	(10)	Seitenriss zur Poterne
(D) Komplex Sattel Front	(11)	Grundriss mit 2 Panzerkuppeln und dazwischen einem Hangard für 1 MG und 1 21-cm-Scheinwerfer (M.u.S.H. 7)
	(12)	Panzerkuppel für 1 MG (Mg.St.f. 48)
	(13)	Panzerkuppel für 2 MG (Mg.St.f. 47)
(E) Komplex Sattel Kehle	(14)	Grundriss
	(15)	Panzerkuppel für 2 MG (Mg.St.f. 46)

Nahaufnahme der Kehle mit dem improvisierten Schutz des Eingangs

ZWISCHENWERK SOMMO HEUTE

Parkplatz	Bus de la Nef dele Coe vor dem Passo Coe
Weg	Ausgeschildert zum Fort Sommo Alto
Entfernung	2,5 km
Höhenunterschied	115 m

Durch den vergleichsweise schonenden Ausbau der Eisenträger ist die Werksdecke und somit das äußere Erscheinungsbild des Werkes gut erhalten geblieben. Die drei Gewehrscharten mitsamt ihren Stahlblenden und der originalen Holzverkleidung bewachen immer noch vom Kehlkoffer aus den Kehlgraben. Neben der oberen Scharte sieht man die Rohre der optischen Signalstation zum Nachbarwerk Serrada. Entlang der Kehle des Kasemattenblocks steht noch das Fundament der im Krieg errichteten Schutzmauer gegen die italienische 14,9-cm-Batterie auf dem Col Santo. Durch den Haupteingang gelangt man in den Kasemattengang, in dessen Mitte das Treppenhaus liegt. Am rechten Ende des Ganges findet man die ehemalige Gruft. Leider sind die Zwischendecken der Räume eingestürzt, so dass man die Funktion und die Aufteilung der Kasematten nur ahnen kann.

Vom rechten Flügel des ersten Stockwerkes gelangt man zum Aufgang der rechten Turmhaubitze. Im ehemaligen Geschützraum kann man noch den Ausgang des Munitionsaufzuges erkennen. Von der Werksdecke aus kehlwärts sieht man das Werk Serrada und dahinter das Gebirgsmassiv des Monte Pasubio mit dem Col Santo. Zur Front hin hat man einen guten

Der Kasemattenblock des Zwischenwerks Sommo wurde in den 1980er Jahren von dem Schutzwall befreit, der 1915 gegen die italienischen 14,9-cm-Kanonen auf dem Col Santo errichtet wurde. [Foto SH]

Überblick über das stark gegliederte Vorfeld des Werkes, das die Anlage von insgesamt vier gepanzerten Nahkampfanlagen, zusammengefasst in zwei Komplexen, notwendig machte. Den Komplex S (Sattel) sieht man von der rechten Turmhaubitze aus nach Süden auf der rechten und linken Seite einer Langlaufloipe. Der frontseitige Komplex R (Rücken) liegt östlich und zirka 40 m unterhalb; er ist wegen des Baumbestandes vom Unterkunftsblock aus nicht zu sehen. An der höchsten Stelle der Werksdecke lag der drehbare Beobachtungsstand, auf dem linken Flügel findet man den Aufstieg zu einer MG-Kuppel, die die Kehle des Kasemattenblocks verteidigte. Bei genauem Hinsehen kann man an der Südseite des drehbaren Beobachters, der rechten Turmhaubitze sowie des rechten Endes des Kasemattenblocks Betonverstärkungen erkennen, die während des Krieges aufgebracht wurden.

Durch das Treppenhaus zurück gelangt man in den Kellergang, von dem aus drei größtenteils gut erhaltene Poternen abgehen. Nach links führte früher ein Gang, der während des Krieges als gedeckter Zugang in Richtung Armierungsstraße gebaut wurde. Eine Handschrift über dem Stollenmund weist noch heute auf den Zeitpunkt der Fertigstellung im Juni 1917 hin. Dieser Gang soll 265 m lang gewesen sein, heute ist er nach etwa 100 m an einer Stelle eingestürzt, die früher statt mit Beton nur mit Holz ausgekleidet war.

Zur Front hin führt eine Poterne zum Komplex R. Man folgt diesem sehr gut erhaltenen Gang vorbei an Magazinräumen, bis man nach etwa 50 m auf der linken Seite den ehemaligen Aufgang zu einem gepanzerten Maschinengewehr- und Scheinwerferhangard sieht. Nun beginnt ein Abstieg über etwa 200 Stufen, wobei nach jeweils 23 Stufen ein kleines Podest einen Standplatz bietet. Kurz vor dem Ende der Poterne führt nach rechts eine Abzweigung zur Stellung R-Rechts, dieser Gang ist am Ende jedoch verschüttet. Geradeaus führt die Poterne nun treppauf zum Hauptblock R-Links des Komplexes R.

Die Nahkampfanlagen des Werks Sommo sind mit zahlreichen Poternen verbunden, die sich heute in meist tadellosem Zustand präsentieren. [Foto SH]

Vom Gang aus führen zwei Aufgänge zu den beiden ehemaligen MG-Kuppeln, die jeweils ein MG besaßen. Unter den Panzerkuppeln liegt ein Bereitschaftsraum, von dem aus ein Aufstieg zu einem gepanzerten Maschinengewehr- und Scheinwerferhangard mit Ausgang in den Schützengraben führt. Hier sieht man auch zahlreiche Eisenrohre, die schräg nach oben durch die Betondecke weisen. Durch diese Rohre konnte man mit Leuchtpistolen das Vorfeld beleuchten. Der Gang führt nun weiter, vorbei an den optischen Signalstationen zum Monte Cornetto und zum Werk Sebastiano, in einen zweiten Bereitschaftsraum. Durch das Heraussprengen eines Panzerschildes für zwei Maschinengewehre entstand hier ein großes Loch in der Außenwand, durch das man nun bequem auf das Verdeck der Anlage gehen kann. Bis auf die drei Löcher in der Decke, die durch die Demontage der beiden Panzerkuppeln und des Scheinwerferhangards entstanden sind, ist diese Anlage noch in sehr gutem Zustand.

Folgt man von hier aus dem gemauerten Schützengraben Richtung Süden, so erreicht man die Stellung R-Rechts des Komplexes R. Hier standen zwei Panzerkuppeln: eine für zwei MG in Frontrichtung und eine für einen Scheinwerfer und ein MG mit Hauptschussrichtung nach Süden. Dieses MG flankierte den MG-Block des Komplexes S, den man von hier aus weiter oben erkennen kann. Im Innern findet man noch den Munitionsraum mit den Ausschussrohren für die Leuchtpistolen in der Decke. Zum Komplex S wählt man den direkten Aufstieg über den Wiesenhang.

Der frontseitige Block S-Front ähnelt dem Hauptblock R-Links des Komplexes R, ihm fehlt lediglich der Annex mit der MG-Kasematte. Eine Panzerkuppel war mit einem MG bewaffnet, die andere enthielt zwei MG. Die Stiegen dazwischen führten zu dem gepanzerten MG- und Scheinwerferhangard. Die Zinkblechstreifen, die man auf der Decke im Abstand von 0,5 m findet, stammen von der Befestigung der ehemaligen Blechabdeckung. Sie zeigen, dass dieser Beton während des Krieges weder beschädigt noch verstärkt worden ist. Auf der Rückseite des Grates Richtung Westen liegt noch der Stand S-Kehle, der eine Panzerkuppel für zwei MG enthielt. Vor Jahren führte hier noch eine Holzleiter ins Innere, die leider verfallen ist.

Will man ins Innere dieser kleineren Anlage, so kann man vom Kellergang des Kasemattenblocks aus nach rechts durch die Zugangspoterne gehen. Hier liest man über dem Portal der Poterne noch die Jahreszahl 1911. Der gut erhaltene Gang führt vorbei an vier Magazinen für Brennmaterial und den üblichen Spuren der inneren Zwischensperren. Es fällt auf, dass auch dieser Gang leicht S-förmig geschwungen ist. Am Ende der Poterne, nach 120 m, führt die rechte Abzweigung zur südwestlichen MG-Kuppel S-Kehle. Die Lärchenholzauflage auf der Betontreppe ist wahrscheinlich noch original. Weitere Räume findet man hier jedoch nicht. Der Gang zur frontseitigen Kampfanlage S-Front ist leider verschüttet.
Man tut gut daran, nach diesem Rundgang noch einmal auf das Werksverdeck zu steigen und sich die Aufgabe der einzelnen Werksteile vor Augen zu führen: Die Anlage stellt im Gegensatz zu den benachbarten Artilleriewerken eher ein Infanteriewerk dar. Die stark zergliederte Anlage ohne den üblichen Frontgraben wirkt ihrer Zeit voraus und erinnert in vielem an die späteren Infanteriewerke der französischen Maginot-Linie aus den 1930er Jahren.

Geht man auf dem Rückweg über den südlich gelegenen kleinen Hügel, auf dem heute ein Sessellift endet, so kann man von hier aus das Werk Sebastiano auf dem Nordrand der Hochebene von Fiorentini liegen sehen.

Etwas nördlich des Werks liegt der Rifugio Stella d'Italia, der früher wahrscheinlich die Friedenskaserne für die Werksbesatzung war.

Panzerwerk Serrada

Österreichischer Name	Werk Serrada
Italienische Bezeichnung	Forte Dosso del Sommo
Baubeginn	1911
Fertigstellung	12. September 1914
Besatzung	4/227
Planer	Hauptmann R. Mayer
Kommandant	Hauptmann L. Schwarz

4	10-cm-Turmhaubitzen
2	6-cm-Kasemattkanonen
3	Panzerkasematten mit je 2 MG
1	Panzerkuppel mit 4 MG
1	Panzerkuppel mit 3 MG
4	Panzerkuppeln mit je 2 MG
1	Drehbarer Beobachtungsstand mit 1 MG
22	MG gesamt

Das Werk Serrada liegt auf einem 1670 m hohen Bergrücken entlang des 1000 m tiefer gelegenen Terragnolotals. Seine Aufgabe war die Sperrung des Terragnolotals und des Borcola-Passes mit der Straße nach Rovereto sowie des Coe-Passes als Übergang auf die Hochebene von Folgaria. Das Werk war der westlichste Eckpfeiler der Sperrkette. Erst auf der Westseite des benachbarten und berüchtigten Monte Pasubio sollte die Festungslinie mit dem nicht mehr fertig gestellten Werk Valmorbia fortgesetzt werden.

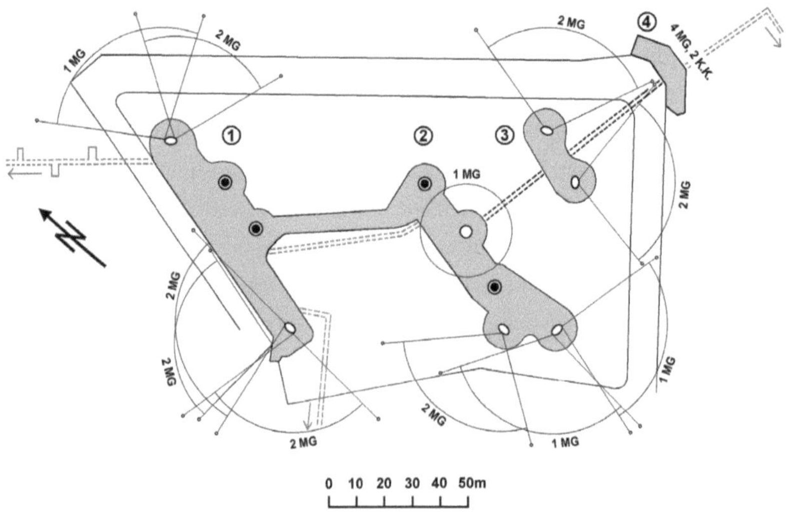

Abbildung 64: Lage- und Bewaffnungsplan des Werks Serrada
(1) Kasemattenblock mit hinterem Batterieblock, (2) vorderer Batterie- und rechter Maschinengewehrtrakt, (3) vorderer Maschinengewehrtrakt, (4) Kontereskarpenkoffer mit Poterne zur »Felsbatterie«. Die unterirdischen Verbindungsgänge sind grau gestrichelt eingezeichnet. Poternen, die erst nach Kriegsbeginn gebaut wurden, sind grau gezeichnet.

Serrada war das letzte Werk in dieser Baureihe und das modernste in seiner Bauausführung. Es setzte sich aus vier Kampfblöcken zusammen: dem Kasemattenblock mit dem hinteren Batterieblock, dem vorderen Batterie- und rechten Maschinengewehrtrakt, dem vorderen Maschinengewehrtrakt und dem Kontereskarpenkoffer. Jeder Block hatte einen eigenen Eingang mit Eingangsverteidigung sowie eine eigene elektrische Ventilation. Bei einem möglichen Einbruch des Feindes konnten die unterirdischen Gänge zwischen den Blöcken mit gewehrschusssicheren Türen und Stacheldrahthindernissen verrammelt werden.

Die Turmhaubitzenbatterie war nicht mehr in einer Linie aufgestellt, sondern in zwei seitlich und in der Tiefe gestaffelten Gruppen zu je zwei Geschützen. Unter den Turmhaubitzen des Kasemattenblocks lagen im ersten und zweiten Stockwerk die Munitionsmagazine im Schussschatten des Felsens. Die Munition wurde mit jeweils einem Aufzug in die Bedienungsräume der Turmhaubitzen transportiert. Auf dem Kasemattenblock standen zwei Pan-

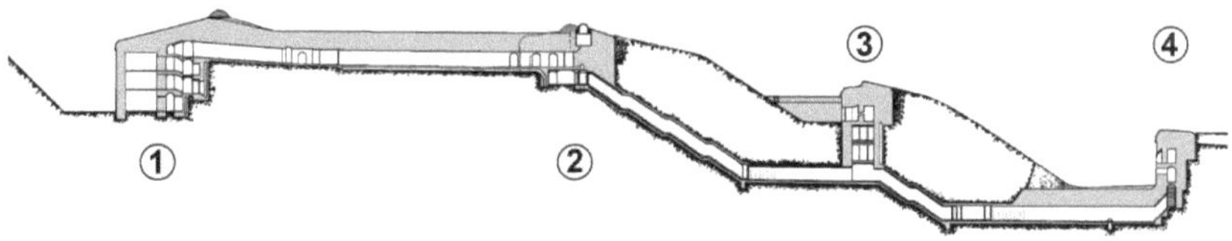

Abbildung 65: Querschnitt durch das Werk Serrada
(1) Kasemattenblock mit hinterem Batterieblock, (2) vorderer Batterie- und rechter Maschinengewehrtrakt, (3) vorderer Maschinengewehrtrakt, (4) Kontereskarpenkoffer

zerkuppeln mit jeweils drei (links) bzw. vier (rechts) MG. Aus diesen Panzerständen konnte jeweils ein Scheinwerfer ausgefahren werden. Der Kehlgraben wurde durch zwei MG in einer Panzerkasematte bestrichen. Auf dem vorderen Haubitzenblock standen zwei weitere fixe Panzerkuppeln für je zwei MG sowie der drehbare Beobachtungsstand. Die Verbindung zwischen dem Kasemattenblock und dem vorderen Batterieblock erfolgte durch eine Betonpoterne. An dessen Verdeck konnte ein 60-cm-Scheinwerfer zur Beleuchtung der Militärstraße zum Monte Maggio aufgestellt werden.

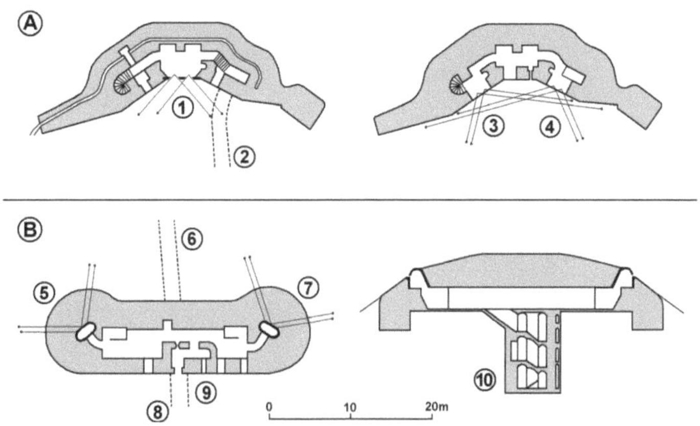

Abbildung 66: Nahkampfanlagen des Werks Serrada
(A) Kontereskarpenkoffer, links Erdgeschoss, rechts Obergeschoss, (B) vorderer Maschinengewehrtrakt, links Grundriss, rechts Seitenriss

(1) Panzerkasematte mit 2 6-cm-Kasemattkanonen M.10 (K.Sch. 6)
(2) Poterne zum vorderen Maschinengewehrtrakt
(3) Panzerkasematte mit 2 MG (Mg.St.f. 56)
(4) Panzerkasematte mit 2 MG (Mg.St.f. 57), zwischen den beiden MG-Kasematten lag der Beobachtungs- und Leuchtpistolenstand (B.u.L.St. 1)
(5) Panzerkuppel für 2 MG (Mg.St.f. 55)
(6) Poterne zum Kontereskarpenkoffer
(7) Panzerkuppel für 2 MG (Mg.St.f. 54)
(8) Poterne zum vorderen Batterie- und rechten Maschinengewehrtrakt (im Kellergeschoss)
(9) Eingang mit Zwinger und innerer Gewehrverteidigung (im Erdgeschoss)
(10) Treppenhaus zur Verbindungspoterne

Vor dem Batterieblock war ein frontaler Nahkampfblock mit zwei Panzerkuppeln mit je zwei MG angeordnet. Hier fanden auch etwa 20 Infanteristen Unterstand, die bei einem möglichen Nahkampf die links und rechts des MG-Traktes liegenden Infanterielinien besetzen sollten. Die Äste des Frontgrabens trafen sich beim Kontereskarpenkoffer, der mit zwei 6-cm-Kasemattkanonen M.10 im Erdgeschoss sowie zwei Panzerkasematten mit je zwei MG im ersten Stock bewaffnet war. Im ersten Stockwerk des Kontereskarpenkoffers befand sich auch ein Panzerstand für Leuchtpistole und Repetierpistole. Eine projektierte, zum Borcola-Pass wirkende Traditorenbatterie wurde aus Kostengründen nicht verwirklicht.

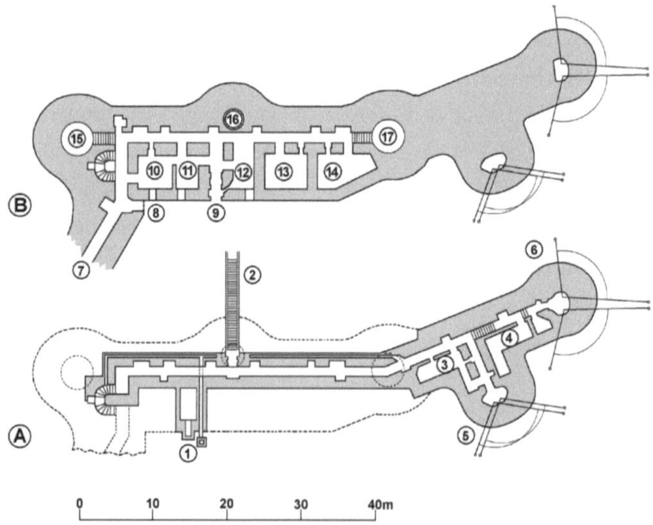

Abbildung 67: Vorderer Batterie- und Maschinengewehrtrakt des Werks Serrada
(A) Untergeschoss, (B) Obergeschoss

(1) Senkgrube
(2) Poterne zum vorderen Maschinengewehrtrakt
(3) MG-Munitionsmagazin
(4) Bereitschaftsraum
(5) Panzerkuppel für 2 MG (Mg.St.f. 53)
(6) Panzerkuppel für 2 MG (B.u.M.f. 13)
(7) Poterne zum Kasemattenblock
(8) Kampfstand für 2 Gewehre
(9) Eingang mit Zwinger und innerer Gewehrverteidigung
(10) Bereitschaftsraum
(11) Abort mit Vorraum
(12) Artilleriematerialdepot und Scheinwerferhangard
(13) Munitionsmagazin für 10-cm-T.H.
(14) Munitionsmagazin für 10-cm-T.H.
(15) Turmhaubitze Nr. II (T.H. 39)
(16) drehbarer Beobachtungsstand (B.u.M. 13)
(17) Turmhaubitze Nr. I (T.H. 38)

Serrada wurde ab dem 25. Mai 1915 um 4 Uhr morgens von einer Mörserbatterie am Monte Toraro beschossen. Es wurde während des ganzen Krieges nur von 28-cm-Bomben getroffen, so dass sich die Schäden in Grenzen hielten. Insgesamt schossen die Italiener 5000 dieser Granaten auf Serrada ab. Das Werk erhielt dabei 28 Treffer auf Panzer, die jedoch keinen nachhaltigen Schaden anrichteten, nachdem die Ringgalerien der Turmhaubitzen im Juni 1915 ausbetoniert worden waren. Der Vorpanzer der Turmhaubitze Nr. I wurde von einem Blindgänger durchschlagen. Ein Treffer auf die Kuppel der Turmhaubitze Nr. II blieb bis auf eine 11 cm tiefe Einbuchtung ohne Wirkung. Der drehbare Beobachtungsstand blieb nach einem Vorpanzertreffer für vier Tage unbeweglich.

Beim Werk Serrada wendete man eine besondere List an, um die italienischen Artilleriebeobachter zu täuschen. Die Schutzhauben aus Zinkblech, die in Friedenszeiten die Turmhaubitzen vor den Unbilden des Hochgebirgswetters schützen sollten und die exakt die Form der Panzerkuppeln hatten, wurden neben der linken Werksflanke aufgestellt, um eine Turmhaubitzenbatterie vorzutäuschen. Zwei Wochen lang beschossen die Italiener diese Scheinbatterie, bis sie die Täuschung erkannten. Auf Luftaufnahmen ist zu erahnen, dass diese Scheinanlage auch etliche Treffer auf sich gezogen hat.

Da die Zugangsstraße vom Feindfeuer bestrichen werden konnte, wurde noch während der Beschießung vom 2. September bis zum 29. November 1915 ein 260 m langer Stollen vom Werk in nordwestliche Richtung zur Zufahrtsstraße gebaut, durch den auch die Ansaugluft der Ventilatoren geführt wurde. Die ursprünglichen Ansaugöffnungen lagen viel zu tief im Kehlgraben und saugten daher ständig die Sprenggase der italienischen Granaten ins Werksinnere. Als die Befürchtung aufkam, dass Serrada auch mit 30,5-cm-Bomben belegt werden könnte, wurden entlang dieses Stollens 13 Kavernen als Unterkunft für die Besatzung errichtet. Etwa auf halber Strecke führte von dieser Poterne ein Notausgang nach oben ins Freie.

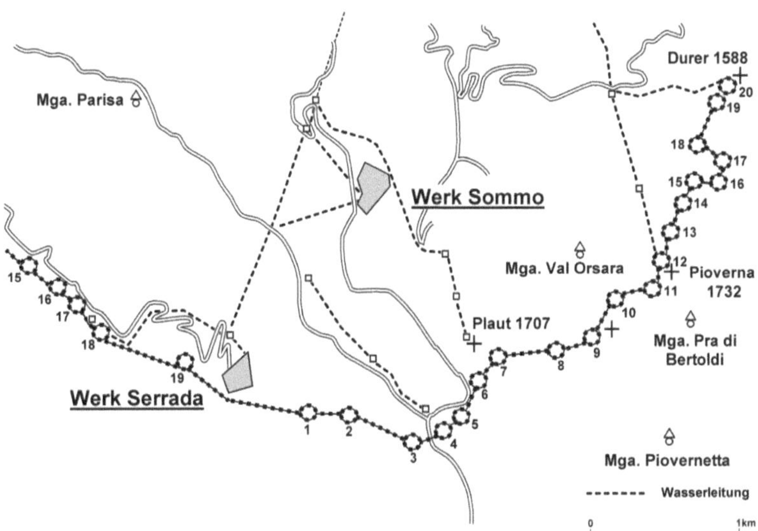

Abbildung 68: Österreichische Stellungen im Abschnitt Sommo-Serrada
Die Stützpunktlinie zwischen Plaut und Durer war im Herbst 1915 Schauplatz heftiger Infanteriekämpfe.

Die linke Flanke des Kasemattenblocks von Werk Serrada auf einer Ansichtskarte aus den 1930er Jahren
Ganz links eine der beiden vorderen Turmhaubitzen und der drehbare Beobachtungsstand (B.u.M. 13), im Vordergrund der 45 t schwere, zusammengesetzte Beobachtungs- und Maschinengewehrstand (B.u.M.f. 17 und 18), am rechten Ende des Verdecks der zweite MG-Stand. Das MG-Schild der Flankierungsanlage ist im Mauerwerk rechts nur undeutlich zu erkennen. [Foto KA]

Eine weitere 56 m lange Poterne wurde schon im Juni 1915 innerhalb von nur 19 Tagen vom Kasemattenblock zum vorderen Batterietrakt getrieben, da die ursprüngliche Betonpoterne der Bombardierung schon ab dem 9. Juni nicht mehr standhielt. Es erscheint heute unverständlich, warum diese lange und wichtige Verbindung nicht wie auch bei den Nachbarwerken Sommo und Sebastiano von Anfang an tief in den gewachsenen Felsen getrieben worden war. Als im April 1916 Gerüchte über einen geplanten italienischen Minenangriff aufkamen, plante man den Vortrieb von Horchstollen an der rechten Werksflanke entlang des Terragnolotals. Durch die Frontverlegung in Folge der Frühjahrsoffensive 1916 war diese Gefahr jedoch fürs Erste gebannt.

Serrada lag jedoch trotz des erheblichen Geländegewinns der Österreicher immer noch in der Nähe des Kampfgeschehens, wie beispielsweise des Monte Pasubio. Man verzichtete daher auf die vorgesehene Desarmierung und arbeitete stattdessen sogar an der Verbesserung seiner Verteidigungsfähigkeit. So trieb man vom Kontereskarpenkoffer aus einen etwa 150 m langen Stollen in Richtung Südosten bergab zu einem kleinen Felsrücken am Abhang zum

Italienische Offiziere posieren nach dem Krieg auf der MG-Kuppel auf der rechten Flanke des Kasemattenblocks von Werk Serrada.
Der zusammengesetzte MG-Stand (Mg.St.f. 15 und 16) war mit vier Maschinengewehren bewaffnet (2 links, 2 rechts, durch die Soldaten verdeckt) und hatte in der Mitte einen 35-cm-Scheinwerfer in einer Panzerblende. Die Trennfugen der Panzerkalotte auf beiden Seiten des Scheinwerfers sind deutlich sichtbar. In der Wand links unten die Rohre von zwei optischen Signalstationen zum Palon und Monte Biaena. [Foto KA]

Terragnolotal. Hier wurden zwei Maschinengewehr-Kavernen errichtet, die die rechte Flanke des Werks beherrschten. Zwei weitere Kavernen für 6-cm-Kasemattkanonen, die von hier aus frontal in Richtung Borcola-Pass wirken sollten, waren geplant. Eine weitere Stollenanlage sollte von der rechten Seite des Kasemattenblocks nach Westen zu einer schon fertig gestellten Felsgalerie für vier Geschütze führen. Bis zum 23. März 1917 wurden für diese Reparatur- und Erweiterungsarbeiten immerhin 14 200 Sack Zement verbraucht.

Insgesamt verschoss Serrada während des Krieges 26 103 10-cm-Granaten, mehr als jedes andere Werk der Sperrkette. Das Werk überstand den Krieg ohne nachhaltige Beschädigungen an Panzern und Werksdecken. Insgesamt waren während des Jahres der Beschießung drei Tote und zehn Verwundete zu beklagen, die meisten fielen bei den Arbeiten zur Erhaltung des Werks.

Serrada diente im Juli 1931 als Ziel für ein Probeschießen der italienischen Armee, die hiermit die Anforderungen an ihre neue Festungslinie, den Vallo Alpino (Alpenwall), erproben wollte, der ab 1932 an den Grenzen zu Frankreich und Jugoslawien errichtet wurde.

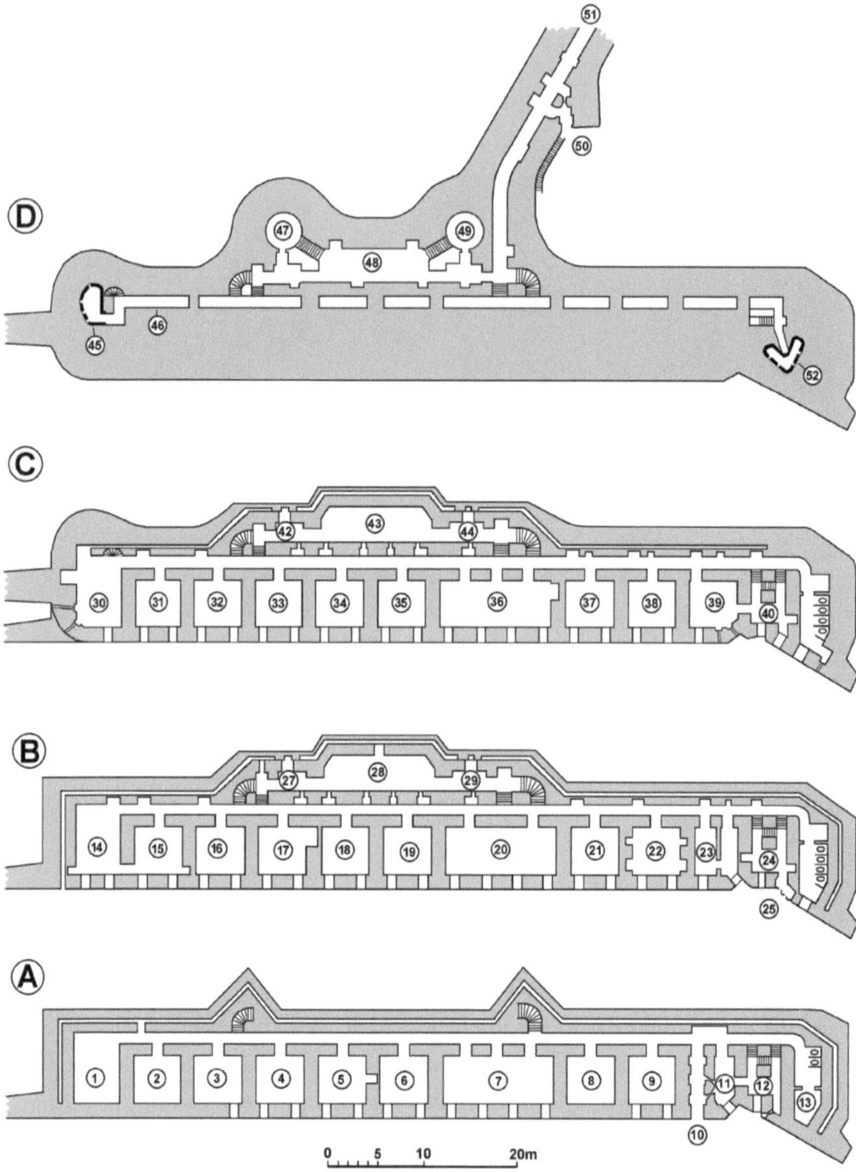

Abbildung 69: Kasemattenblock mit rückwärtigem Batterieblock des Werks Serrada
(A) Erdgeschoss, (B) 1. Stock, (C) 2. Stock, (D) Deckengeschoss

(1) Brennmaterialdepot
(2) Brennmaterialdepot
(3) Geniematerialdepot
(4) Artilleriematerialdepot
(5) Werkstatt mit Depot
(6) Akkumulatorenraum
(7) Maschinenraum mit Stromaggregat
(8) Treibstoffdepot für das Stromaggregat
(9) Mannschaftszimmer
(10) Eingang mit Zwinger
(11) Wachzimmer mit Innenverteidigung
(12) Kehlkoffer

(13) Gruft für 6 Särge
(14) Operationszimmer
(15) Krankenzimmer
(16) Proviantdepot
(17) Küche
(18) Proviantdepot
(19) Mannschaftszimmer
(20) Mannschaftszimmer
(21) Mannschaftszimmer
(22) Offizierszimmer
(23) Kommandantenzimmer, Arztzimmer
(24) Koffer
(25) Panzerkasematte für 2 MG (Mg.Sch. 19)
(26) Abort
(27) Manipulationsraum mit Munitionsaufzug
(28) Munitionsmagazin für 10-cm-T.H.
(29) Manipulationsraum mit Munitionsaufzug
(30) optische Signalstation zum Monte Cornetto und Zwischenwerk Sommo, Telefonzentrale und Bereitschaftsraum
(31) Mannschaftszimmer
(32) Mannschaftszimmer
(33) Mannschaftszimmer
(34) Mannschaftszimmer
(35) Mannschaftszimmer
(36) Mannschaftszimmer
(37) Mannschaftszimmer
(38) Mannschaftszimmer
(39) Mannschaftszimmer, optische Signalstation zum Monte Biaena und Monte Finonchio
(40) Kehlkoffer
(41) Abort, optische Signalstation zum Palon
(42) Manipulationsraum mit Munitionsaufzug
(43) Munitionsmagazin für 10-cm-T.H.
(44) Manipulationsraum mit Munitionsaufzug
(45) 3-teilige Panzerkuppel für 3 MG und einen 25-cm-Scheinwerfer (B.u.M.f. 17, B.u.M.f. 18, S.H. 12)
(46) Munitionsmagazin für MG
(47) Turmhaubitze Nr.IV (T.H. 41)
(48) Munitionsmagazin für 10-cm-T.H. und Bereitschaftsraum
(49) Turmhaubitze Nr. III (T.H. 40)
(50) Gefechtsausgang mit Gewehrverteidigung
(51) Poterne zu den vorderen Kampfständen
(52) 3-teilige Panzerkuppel für 4 MG und einen 35-cm-Scheinwerfer (Mg.St.f. 15, Mg.St.f. 16, S.H. 13)

Das Werk Serrada war schon früh ein beliebtes Ausflugsziel.
Diese friedliche Aufnahme einer Turmhaubitze stammt aus dem Jahr 1927. [Foto DZL]

WERK SERRADA HEUTE

Parkplatz	Bus de la Nef dele Coe vor dem Passo Coe
Weg	Ausgeschildert zum Fort Dosso delle Somme
Entfernung	2 km
Höhenunterschied	170 m

Der Fußweg zum Werk Serrada führt am Steilabhang zum Terragnolotal entlang und bietet prächtige Aussichten zum Borcola-Pass und zum Pasubio-Massiv. Man erreicht die Ruine des Werks über das gut erhaltene Glacis am ehemaligen Kontereskarpenkoffer. Serrada wurde durch die Sprengungen der Nachkriegszeit am meisten in Mitleidenschaft gezogen, aber anhand des Plans und mit etwas Fantasie kann man sich auch heute noch ein Bild von der Aufgabe und Lage der ehemals modernen Anlage machen. Von der Trümmerwüste des Kontereskarpenkoffers blickt man auf den in halber Höhe gegenüberliegenden vorderen MG-Block. Hier standen früher zwei Panzerkuppeln mit Maschinengewehren, die das gesamte Vorfeld der Festung beherrschten. Von diesem Block sind praktisch nur noch die Umrisse sowie die beiden eingestürzten Zugänge zu den Kuppeln erhalten geblieben.

Von den einst drei Stockwerken des Kasemattenblocks von Werk Serrada ist das unterste im Schutt versunken.
Die mächtige Betondecke wurde durch die Sprengungen in den 1930er Jahren restlos zerstört. Im Hintergrund erhebt sich das Gebirgsmassiv des Monte Pasubio und des Col Santo. [Foto SH]

Ab dem Herbst 1916 wurden vom Werk Serrada aus lange Poternen in vorgelagerte Kampfkavernen gebaut.
Die meisten davon sind heute noch erhalten. [Foto SH]

Eine Treppe geht an der linken Flanke des Kontereskarpenkoffers in den Frontgraben, von hier aus führen Trampelpfade vorbei am MG-Block auf die Werksdecke. Der vordere Batterieblock ist ebenfalls eine scheinbar nichts sagende Trümmerwüste, die Standorte der beiden Turmhaubitzen sind kaum mehr zu erahnen. Hält man sich von hier in Richtung Terragnolotal, so erkennt man die Bedeutung der beiden mit MG bewaffneten Panzerkuppeln, die von hier aus die gesamte rechte Flanke des Werks decken konnten. Ein Blick von der Mitte des Blocks zum Borcola-Pass zeigt, welche begrenzte Aussicht der Beobachter im drehbaren Beobachtungsstand von hier aus hatte. Die Bedeutung des Beobachtungspostens auf dem Monte Maggio links neben dem Borcola-Pass wird nun deutlich.

Eine Trümmerspur entlang der linken Werksflanke zum Kasemattenblock kennzeichnet die Lage der gesprengten Betonpoterne, die diese beiden Werksteile miteinander verband. Ihr folgend stößt man auf die zerstörte Decke des Kasemattenblocks. Links und rechts auf dem Verdeck standen einst mächtige Panzerkuppeln mit Maschinengewehren und Scheinwerfern, in der Mitte waren zwei weitere Turmhaubitzen installiert. Erkennbar sind in der linken Kehle noch die optische Signalstation zum Monte Cornetto, auf der rechten Seite die Rohre zum Monte Biaena und zum Palon.

Von der linken Kehlseite des Kasemattenblocks kann man mit der nötigen Vorsicht in den Kasemattenhauptgang klettern, der noch in allen drei Stockwerken begehbar ist. Im

Obergeschoss ist neben dem Aufgang zur rechten Turmhaubitze noch ein Stück der Verbindungspoterne zu erkennen, auch hier sieht man deutlich die Betonverstärkungen, die während des Krieges errichtet wurden. Das linke Treppenhaus verbindet noch heute alle Stockwerke. Durch den Kellergang gelangt man an der rechten Werksflanke zu einem Stollen, der während des Krieges als Zugang zu einer Felsgalerie für vier Geschütze westlich des Werks begonnen wurde. Dieser Gang wurde nicht vollendet, während die Geschützkavernen noch heute etwa 40 m unterhalb des Werks am Felsabsturz des Tarragnolotals zu finden sind. Von der ehemaligen Zugangspoterne zum Werk sind noch der betonierte Eingang an der Werksstraße sowie ein senkrechter Notausstiegsschacht etwa auf halber Strecke zum Werk erhalten. Da dieser tiefe Schacht in der Wiese schlecht zu erkennen ist, ist hier besondere Vorsicht geboten.

Mutige mit der entsprechenden Ausrüstung wie Helm und Stirnlampe finden heute noch ihren Weg in das unterirdische Stollensystem. Etwa die Hälfte der Betonpoterne zwischen dem Kasemattenblock und dem Batterieblock ist heute noch vorhanden, des Weiteren die 1915 gebohrte Felspoterne zwischen diesen beiden Blöcken. Weitere Wege führen unterirdisch zum vorderen MG-Trakt, dann weiter zum Kontereskarpenkoffer und von dort 180 Stufen bergab zu den beiden Maschinengewehr-Kavernen am Abhang des Terragnolotals. Von diesem letzten Gang zweigen einige weitere Stollen ab, die zu nicht mehr fertig gestellten Kampfstellungen führen sollten. Wenn man das zertrümmerte Verdeck des Werks betrachtet, vermutet man nicht, dass unter dieser Wüste noch so viele Strukturen des Werks Serrada erhalten geblieben sind. Da die Ruine Ähnlichkeiten mit Gebäuden nach einem Erdbeben aufweist, wird sie heute vom italienischen Zivilschutz für die Ausbildung von Suchhunden verwendet.

21 Sonstige österreichische Militärbauten

Außer den eigentlichen Festungswerken gab es auf den Hochebenen von Folgaria und Lavarone noch weitere Militärbauten, die in direktem Zusammenhang mit der Infrastruktur der Festungslinie standen. Die wichtigsten Anlagen sollen im Folgenden kurz vorgestellt werden.

Optische Zentral-Signalstation Monte Rust

Parkplatz	Ortseingang von Chiesa beim Hotel Monte Rust
Weg	Sentiero della Pace
Entfernung	2 km
Höhenunterschied	100 m

Am Ortseingang von Chiesa di Lavarone beginnt die alte Zufahrtsstraße auf den 1282 m hohen Monte Rust, der vor dem Ersten Weltkrieg noch mit Horstberg bezeichnet wurde. Diese Werksstraße aus dem Jahr 1907 sollte ursprünglich zu einem Panzerwerk auf dem Gipfel führen. Erst im Jahr 1908 entschied man sich dazu, die geplante Festungslinie näher an die Reichsgrenze zu verlegen. In den Jahren 1910 bis 1911 wurde hier dann eine der beiden zentralen optischen Signalstationen auf den Hochebenen von Folgaria und Lavarone errichtet. Während die heute zerstörte Station auf dem 2060 m hohen Monte Cornetto für das Artilleriesignalnetz zuständig war, liefen hier die Verbindungen des allgemeinen Festungssignalnetzes zusammen. Von hier aus bestanden optische Verbindungen zu den Festungswerken einerseits und telefonische Verbindungen zu den rückwärtigen Stäben und Kommandos andererseits. Etwa 20 Telegrafisten und Telefonisten des FsArtB Nr. 6 versahen hier ihren Dienst. Im Soldatenjargon wurde diese Signalstation auch »Pissoir der Hochfläche« genannt, weil es ein sicherer Platz war, um sich zu »verpissen«[55]. Die Sende- und Empfangs-

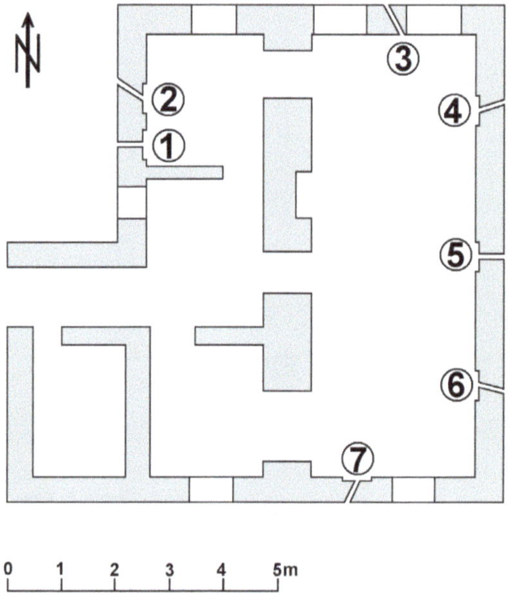

Abbildung 70: Grundriss der optischen Signalstation auf dem Monte Rust
Die Ziffern kennzeichnen die verschiedenen Signalstationen: (1) Carbonare, (2) Wachhaus Fricca, (3) Blockhaus Maranza, (4) Posten Vezzena, (5) Werk Lusern, (6) Werk Gschwent, (7) Werk Sebastiano.

Ein Blick in die Ruinen der optischen Zentral-Signalstation auf dem Monte Rust
Im Erdgeschoss findet man heute noch die Rohre, durch die die Blinksignale zu den verschiedenen Festungen und Vermittlungsstationen gesendet wurden. [Foto SH]

rohre, die zu den Werken der Sperrgruppen Lavarone und Folgaria wiesen, waren etwa 5 m lang, um eine Beobachtung der Lichtsignale von der italienischen Seite aus zu verhindern. Das Gebäude war nicht bombensicher gebaut. Die unterirdischen Poternen wurden wahrscheinlich erst um 1914 errichtet, als der Monte Rust Bestandteil der zweiten rückwärtigen Verteidigungslinie wurde. Heute sind die Rohre der optischen Signalstationen in den Mauern des Erdgeschosses noch gut erhalten. Leider verhindert der Bewuchs meist die direkte Sicht durch die Senderohre auf die Gegenstationen.

Telefon- und Telegrafenzentrale des Sperrkommandos in Virti

Parkplatz	Am Ortsausgang von Virti in Richtung Lavarone
Weg	Sentiero della Pace
Entfernung	1 km
Höhenunterschied	20 m

In einer natürlichen Felsschlucht legten die Österreicher in vier Kavernen und einem gegen Fliegersicht getarnten Gebäude die Telefon- und Telegrafenzentrale des Sperrkommandos an. Hier liefen von den ersten Kriegstagen an alle Fäden auf den Hochebenen von Folgaria und Lavarone zusammen. Bei einem Ausfall dieser Nachrichtenverbindungen wären die Meldungen und Befehle über die optischen Signalverbindungen des nahe gelegenen Monte Rust

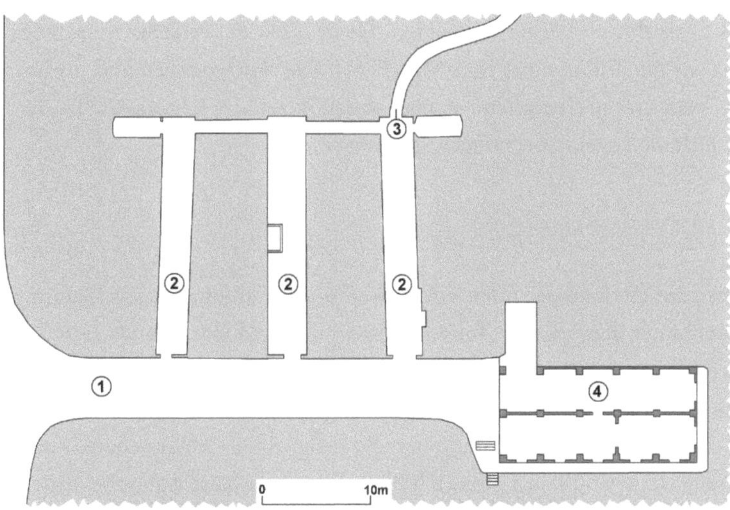

Abbildung 71: Grundriss der Telefon- und Telegrafenzentrale des Sperrkommandos in Virti
Diese Skizze geht auf eine Arbeit von Mario Puecher (Trient) aus dem Jahr 1968 zurück.
(1) Eingang in die Felsschlucht, (2) Felskaverne, (3) Notausgang, (4) Ruine des sogenannten »Kaiserzimmers«

Ein Blick von oben in die Nachrichtenzentrale des Sperrkommandos in Virti
Angeblich hat sich hier während der Maioffensive im Jahr 1916 auch der Thronfolger Karl aufgehalten. [Foto SH]

zu den Festungswerken übermittelt worden. Heute wirkt der verlassene, im tiefen Wald versteckte Ort wie die Kulisse eines Karl-May-Films. Die vier Kavernen und ihr Notausgang in Richtung Osten sind noch vorhanden, ebenso das Skelett des Betongebäudes, in dem früher wahrscheinlich die Lagebesprechungen stattfanden.

Wachhaus Fricca

Zum Schutz der 1910 ausgebauten Fricca-Straße von Carbonare nach Vattaro und Caldonazzo wurde hinter dem zweiten Tunnel in Richtung Caldonazzo, etwa zwei Kilometer von Carbonare entfernt auf einer Seehöhe von 1074 m, ein Wachhaus errichtet. Diese Kleinanlage war im Grunde nicht mehr als eine befestigte Unterkunft, deren Mauern gebirgsgeschützsicher waren. Die Bewaffnung bestand lediglich aus Mauerscharten mit Gewehren. Die Besatzung war vermutlich 12 bis 20 Mann stark. Diese hatte wahrscheinlich die Aufgabe, die beiden Straßentunnels gegen Sabotageversuche von Seiten der Italiener zu schützen. Für den Fall eines schnellen Vormarsches des Feindes bestand bei den Tunnels eine permanente Minenanlage, die, mit 250 kg Ekrasit geladen, diese wichtige Verbindungsstraße gesprengt hätte. Von hier aus bestand eine optische Signalverbindung nach Carbonare und zum Monte

Rust. Im Krieg hatte General Ignaz von Verdross, der Chef der 180. IBrig, hier sein Hauptquartier. Heute ist das Wachhaus verschwunden, es fiel dem Ausbau der Straße zum Opfer.

Das Wachhaus Fricca an der gleichnamigen Straße von Carbonare nach Vattaro
Die Anlage ist heute vollständig verschwunden. [Foto SL]

Artilleriegruppen-Telefonzentrale Monte Rover

Parkplatz	Auf dem höchsten Punkt der Kaiserjägerstraße (Menadorstraße) von Monte Rover nach Caldonazzo
Weg	Die Straße etwa 100 m bergab in Richtung Brentatal, dann nach links in einen Waldweg abbiegen und weitere 100 m gehen
Entfernung	200 m
Höhenunterschied	30 m

Das militärische Telefonnetz auf der Hochebene gliederte sich zu Kriegsbeginn in ein allgemeines Festungstelefonnetz und ein Artillerietelefonnetz. Letzteres sollte der schnellen und direkten Verbindung zwischen den Artilleriebeobachtern und der Festungsartillerie dienen. Die Zentrale des Artillerietelefonnetzes für die Sperrgruppe Lavarone war in einem kleinen granatsicheren Betongebäude untergebracht, das geschützt am Abhang zum Brentatal lag. In Friedenszeiten verrichteten hier drei Telefonisten und ein Telegrafist ihren Dienst. Eine optische Signalverbindung zum Blockhaus Maranza stellte eine alternative Verbindung zur

Die Artilleriegruppen-Telefonzentrale Monte Rover präsentiert sich auch heute noch in fast perfektem Zustand. [Foto SH]

Festung Trient dar, eine weitere ging zum Werk Tenna im Brentatal. Heute stellt sich das Gebäude in einem guten Erhaltungszustand dar. Die Rohre der optischen Signalstationen sind noch gut zu erkennen. Mit etwas Fantasie kann man in dem linken Raum die Arbeitsplätze der Telefonisten entlang der Wände erahnen.

Artilleriebeobachtungsposten Malga Milegna und Anlage Monte Maggio

Um das Jahr 1912 erkannte man die Notwendigkeit, strategisch wichtige Positionen im grenznahen Gebirge mit Feldbefestigungen und Beobachtungsposten zu sichern. In der Zeit vom 25. Juni 1913 bis zum 30. September 1914 errichteten die Österreicher daraufhin etwa einen Kilometer nördlich des Gipfels des Monte Maggio auf einer Seehöhe von 1819 m für 18 037 Kronen den vorgeschobenen Artilleriebeobachtungsposten Malga Milegna (Tarnbezeichnung T.M.M.). Weitere Beobachtungsposten wurden in dieser Zeit auf dem Monte Pasubio und dem Col Santo errichtet. Der Posten lag dicht hinter der österreichisch-italienischen Staatsgrenze und diente hauptsächlich den Werken Serrada und Sommo, zu denen auch optische Signalverbindungen bestanden. Das gemauerte Bauwerk lag geschützt hinter einer Felswand, war granatsicher gebaut und besaß im hinteren Teil zwei bombensichere Kavernen für 30 Mann. Für die Nahverteidigung verfügte der Posten über Gewehrscharten.

Direkt unter dem etwa einen Kilometer entfernten eigentlichen Hauptgipfel boten auf 1840 m Seehöhe zwei bombensichere Kavernen der Sicherungsbesatzung von 50 Mann den notwendigen Schutz vor der italienischen Artillerie. Von dieser Stelle gab es eine optische Verbindung zum Werk Serrada. Der Beobachtungsposten fiel allerdings trotz des Sperrfeuers der Festungswerke schon am 18. August 1915 in die Hände der Italiener, da er viel zu weit vor der Hauptverteidigungslinie lag. Er wurde erst im Mai 1916 zurückerobert.

Der Artilleriebeobachtungsposten Malga Milegna heute

Parkplatz	Bus de la Nef dele Coe vor dem Passo Coe
Weg	Etwas nördlich des Passes, ausgeschildert zum Forte Serrada, dann ausgeschildert zum Monte Maggio
Entfernung	4 km
Höhenunterschied	250 m

Als Weg empfiehlt sich die alte Militärstraße, die von der Bushaltestelle de la Nef dele Coe links abbiegt und westlich um den Monte Maronia herum entlang des Terragnolotals führt. Die Aussichten auf den Borcola-Pass, den Monte Pasubio und Col Santo sowie auf das Werk Serrada empfehlen diese Variante sehr. Etwa einen Kilometer vor dem Hauptgipfel erkennt man links eine hohe Stützmauer, oberhalb derer der Beobachtungsposten lag. Von hier aus kann man die Werke Serrada und Sommo gut erkennen. Heute ist das Gebäude eingestürzt, die Rohre der optischen Signalstationen zu den Werken Serrada und Sommo sind nicht mehr zu finden. Geht man den Weg weiter zum Monte Maggio, so findet man nordwestlich unterhalb des Gipfels noch Reste der Mannschaftskaverne, die ebenfalls vor dem Krieg errichtet wurde. Die Aussichten vom Gipfel sind eindrucksvoll und reichen bei klarem Wetter bis in die venezianische Tiefebene.

Verteidigungsfähiges Munitionslager Cost'Alta

Anfahrt	3 km nach der Abfahrt vom Vezzena-Pass in Richtung Lusern
Parkplatz	Rechts am Straßenrand
Entfernung	100 m
Höhenunterschied	20 m

An der Straße zwischen dem Vezzena-Pass und dem Werk Lusern, etwas hinter dem alten Friedhof von Cost'Alta, steht heute noch auf der linken Straßenseite die Ruine des Wachhauses für das verteidigungsfähige Munitionslager Cost'Alta. Das eigentliche Munitionslager findet man, wenn man vom Wachhaus aus die Fahrstraße kreuzt und dem gegenüberliegenden Waldweg etwa 100 m bergab folgt.

Die alte Tarnbezeichnung des Lagers war T.Co. (Trient Cost'Alta). Hier sollte ab 1912 die Munition für die beweglichen Batterien der Festung Trient für den Bereich Lavarone gelagert werden. Zusätzlich konnten ein 150-cm-Scheinwerfer und acht schwere Haubitzen untergestellt werden, wie zum Beispiel die als Intervallbewaffnung vorgesehenen 15-cm-Batterien Nr. 11 und Nr. 15 des FsArtB Nr. 5.

Möglicherweise sollten hier auch die 30,5-cm-Granaten der österreichischen Motormörser M.11 eingelagert werden, die als »Fernhalteartillerie« die feindliche Belagerungsartillerie auf Distanz halten und gleichzeitig die italienischen Forts bombardieren sollten. Die unmittelbare Nähe der Staatsgrenze machte die Verteidigungsfähigkeit gegen handstreichartige Überfälle notwendig. Das etwa 500 m² große Munitionslager war daher mit zwei diametral gegenüberliegenden Flankierungskoffern mit Gewehrscharten versehen. Heute finden sich von dem Lager, das in den 1930er Jahren wegen seiner Eisenträger gesprengt wurde, nur noch Betontrümmer und Fundamente im Gelände.

Verteidigungsfähiges Munitionslager Tezzeli

Anfahrt	Vom Passo del Sommo entlang der alten Werksstraße zum Zwischenwerk Sommo, ausgeschildert zum Rifugio Stella d'Italia
Parkplatz	An der Ruine des alten Wachhauses
Weg	Gegenüber dem Wachhaus auf der alten Armierungsstraße etwa 150 m bergauf
Entfernung	1,5 km
Höhenunterschied	20 m

Das Wachhaus diente früher der Wachmannschaft als Unterkunft. Diesem gegenüber führt eine alte Armierungsstraße etwa 150 m bergan. Am Wendeplatz erblickt man unter Tannen die Fundamente des verteidigungsfähigen Munitionslagers Tezzeli. Das Objekt mit der Tarnbezeichnung T.Te. (Trient Tezzeli) diente der Versorgung des Abschnitts Folgaria, es war identisch wie das Munitionslager Cost'Alta aufgebaut. Einige umherliegende Betonschießscharten, Treppen und Betonfundamente sind die einzigen Zeugen dieser ehemals etwa 500 m² großen Anlage. Angeblich flog das Lager im Frühjahr 1918 durch Selbstentzündung in die Luft. Wahrscheinlich wurden die Steine des Gebäudes nach Kriegsende von der Bevölkerung zum Wiederaufbau ihrer zerstörten Dörfer verwendet.

22 Die italienischen Festungswerke

Italien unternahm zu Beginn des 20. Jahrhunderts große Anstrengungen zur Befestigung seiner Landesgrenzen. Zwischen 1904 und 1915 wurden etwa 50 Festungswerke entlang der Grenzen zu Frankreich, der Schweiz und Österreich-Ungarn errichtet. Diese Forts hatten die Aufgabe, den Feind etwa drei Wochen lang aufzuhalten, bis die Mobilmachung der eigenen Armee abgeschlossen war. Über diese italienischen Festungen gibt es im Gegensatz zu den österreichischen Werken heute nur noch spärliche Unterlagen. Das Geniearchiv in Rom (Istituto Storico di Cultura dell'Arma del Genio) ist für Wissenschaftler nur schwer zugänglich, so dass angeblich sogar italienische Forscher stattdessen das österreichische Kriegsarchiv in Wien besuchen. Dort lagern jedoch nur die Pläne und Beschreibungen, die der österreichische Militärgeheimdienst (Konfidenzbüro) über Mittelsmänner zusammentragen konnte. Einige dieser Informationen, wie zum Beispiel die Stärken der Panzerkuppeln, die Bewaffnung mit Maschinengewehren sowie die Bauzeiten, sind daher etwas ungenau. Auch die Angaben über die Geschehnisse in den Festungen sind leider sehr rar und manchmal widersprüchlich.

Fort	Höhe ü. M. (m)	Bauzeit	Artilleriebewaffnung	MG-Panzertürme und sonstige MG	Sektor
Campomolon	1853	1912 – nicht vollendet	4 14,9-cm-Kanonen A	? / ?	II
Casa Ratti	350	1906 – 08	3 14,9-cm-Kanonen G	3 / 2	III
Punta Corbin	1077	1906 – 12	6 14,9-cm-Kanonen A	1 / 4	III
Campolongo	1720	1910 – 14	4 14,9-cm-Kanonen S	- / 4	III
Verena	2015	1910 – 14	4 14,9-cm-Kanonen S	- / 4	III

Die italienischen Festungswerke, die den österreichischen Werken von Folgaria und Lavarone gegenüber lagen, waren Teil der Sperre Agno-Assa und gehörten zum II. Sektor Arsiero bzw. zum III. Sektor Asiago. Erbaut wurden die Forts Anfang des 20. Jahrhunderts, bis auf das Fort Campomolon, das bis zum Kriegsbeginn 1915 noch nicht über den Rohbau hinausgekommen war. Die hier interessanten Festungen mit ihren charakteristischen Kennzeichen sind der Tabelle auf der vorhergehenden Seite zu entnehmen.

Die Bauausführung der Forts

Das Kernstück jedes Forts war eine Panzerbatterie mit drehbaren Geschütztürmen und weitreichenden 14,9-cm-Kanonen. Zur Artilleriebeobachtung diente ein feststehender Panzerstand mit Rundumsicht. Die Batteriegebäude wurden meist vollständig aus Beton gegossen. Hierbei wurde jedoch keinerlei Stahl für eine Armierung verwendet. Die Decken waren freitragende Gewölbe mit großen Spannweiten und ohne eine stützende Eisenträgerkonstruktion. Der Beton wurde ohne wesentliche Verdichtung in Schichten aufgebracht. Er war von sehr minderwertiger Qualität mit einem zu geringen Anteil an Zement.

Im Batterieblock lagen neben der Artilleriebewaffnung die Handmunitionsmagazine mit der Bereitschaftsmunition für die Geschütze. Das eigentliche Pulverlager lag stets in bombensicheren unterirdischen Kavernen abseits der Batterie. Eine kleinere Kaverne barg die Schießbaumwolle für die Treibladungen der Kartuschen, während in einer größeren Kaverne das Ekrasit für die Sprengladungen der Granaten lagerte. Da das Pulver feuchtigkeits- und funkenempfindlich war, waren die Kavernen mit doppelten Wänden und Holzfußböden gegen die Funkenbildung durch die genagelten Stiefel der Artilleristen ausgekleidet.

Der Laborierraum, in dem die Granaten und Kartuschen gefüllt wurden, war meist eine einfache Betonbaracke, die durch ihre Lage an steilen Felswänden gegen feindliches Feuer geschützt war. Das Hantieren mit den Sprengstoffen war wegen der möglichen Selbstentzündung nicht ohne Risiko. Die leichte Bauweise sollte den möglichen Schaden für das Fort bei einer Explosion in Grenzen halten.

Die gefüllten Granaten wurden dann über Schienen und Aufzüge in die Handmunitionsmagazine im Batterieblock befördert. Der Transport der Munition innerhalb des Batterieblocks erfolgte mit Aufzügen und Rollwägen auf Schienen mit 40 cm Spurweite. Um enge Kurvenradien der Schienen an den Abzweigungen in den Werksgängen zu vermeiden, wurden die Rollwägen an diesen Stellen auf kleinen Drehscheiben geführt. In den Aufgängen zu den Geschütztürmen kamen Schrägaufzüge zum Einsatz. Je Geschütz war ein Munitionsvorrat von 200 bis 300 Schuss vorgesehen, von denen jeweils 50 Schuss als Bereitschaftsmunition in den Handmunitionsmagazinen in der Nähe der Geschütze lagerten.

Im Batterieblock lagen meist noch ein gepanzerter Beobachtungsstand sowie eine Kommandozentrale. Hier wurden aus den Beobachtungen die Koordinaten und Einstellungen für die Geschütze berechnet und durch Sprachrohre oder Telefon an die Kanonen und deren Munitionsmagazine weitergegeben. Die 120-V-Stromversorgung für die Beleuchtung, die

Aufzüge und die Ventilation erfolgte durch ein Einzylinder-Dieselaggregat innerhalb des Batterieblocks. Für die Notbeleuchtung standen Akkumulatoren zur Verfügung.

Als Infanterie-Hindernisse für die Nahverteidigung dienten ganze und halbe Gräben, wobei bei letzteren die innen liegende Eskarpenmauer durch eine Böschung ersetzt war. Die ganzen Gräben wurden durch Grabenstreichen mit Maschinengewehren flankierend beherrscht, während die halben Gräben durch offene Infanteriestellungen oder Versenkpanzertürme mit MG frontal bestrichen wurden. Bei ausreichend sturmfreien Lagen auf Gipfeln oder Steilabstürzen waren oft nur Teile des Forts mit Gräben geschützt. Insgesamt waren die Nahverteidigung und somit auch die Sturmfreiheit im Gegensatz zu den österreichischen Festungen nur sehr schwach ausgeprägt.

Die Bedienung von sechs Kanonieren je Geschütz war doppelt vorhanden, so dass ein Schichtbetrieb möglich war. Die Mannschaften waren aber nicht innerhalb der bombensicheren Festung untergebracht, sondern meist in gewöhnlichen Kasernengebäuden, die rückwärts der Forts hinter schusssicheren Berghängen standen. In den Batterien war nur Platz für eine Geschützbereitschaft vorgesehen. Die Hauptaufgabe der italienischen Forts war zweifellos der Fernkampf und weniger die zähe Verteidigung eines befestigten Platzes.

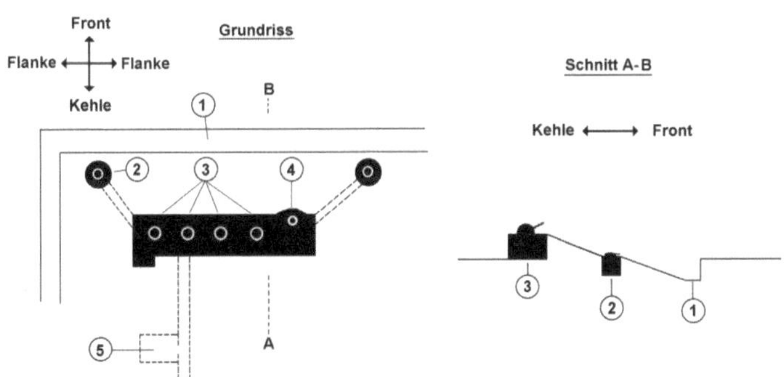

Abbildung 72: Schematischer Aufbau eines italienischen Panzerforts
(1) »Halber« Frontgraben, (2) MG-Versenkturm, (3) Batterie mit vier 14,9-cm-Kanonen in Panzertürmen, (4) gepanzerter Beobachtungsstand, (5) Pulverlager in bombensicherer Kaverne

DIE BEWAFFNUNG DER FORTS

Die Panzertürme für die Geschütze wurden von verschiedenen Herstellern geliefert und unterschieden sich in ihren Ausführungen, wenn auch das Grundkonzept bei allen das Gleiche war. Die Panzerkuppeln waren mit etwa 5 m Durchmesser sehr geräumig. Wegen ihrer großen Abmessungen mussten sie jedoch für den Transport auf den engen Gebirgsstraßen je nach Modell in zwei oder drei Teile zerlegt werden. Die Stoßfugen zwischen den Panzerteilen schwächten die Konstruktion der Panzerkalotte empfindlich, wie die spätere österreichische

Beschießung beweisen sollte. Die Hersteller der Panzertürme lieferten auch die dazugehörigen Geschütze. Die mehrteiligen Vorpanzer der Geschütztürme waren nur 80 cm tief in die 2,50 m starke Betondecke eingelassen. Die Türme lagen nur 10 bis 15 m voneinander entfernt, was den Batterieblock zwar sehr kompakt wirken ließ, aber die Wahrscheinlichkeit schwerer Treffer bei einer Bombardierung wesentlich erhöhte.

Im Jahr 1905 wurde der Typ »I« (Modell Ispettorato) eingeführt. Die Kuppeln der italienischen Firma Terni (Genua) waren dreiteilig und hatten eine Panzerstärke von 16,5 cm (14 cm Panzer und 2,5 cm Unterkonstruktion). Hiervon gab es auch eine splittersichere Variante mit nur 4 cm Panzerstärke. Das bei diesem Typ verwendete 14,9-cm-Geschütz des »Arsenale di artiglieria di Torino« (O.C.T.) stammte aus dem Jahr 1896. Sein 3,2 t schweres Rohr mit einer Länge von 23 Kalibern (3,98 m) war aus Gussstahl und wurde daher mit 149G (ghisa) bezeichnet. Seine Reichweite betrug 9000 m für Sprenggranaten und 8400 m für Schrapnells.

Die Geschütztürme des Typs »A« der Firma Armstrong (Armstrong, Mitchell & Cie in Pozzuoli) wurden ebenfalls im Jahr 1905 eingeführt. Die Panzerkuppeln dieses Typs waren dreiteilig mit ebenfalls 14 cm Stärke und einem Einzelgewicht von 7,5 t. Das Gesamtgewicht eines Panzerturms einschließlich Vor- und Deckenpanzer sowie Lafette und Geschützrohr soll etwa 100 t betragen haben. Die Kanonen vom Kaliber 14,9 cm der Firma Armstrong (Typ 149A) hatten Stahlgeschützrohre mit einer Länge von 36,6 Kalibern (5,46 m) und einem Gewicht von 3,7 t. Diese Geschütze konnten 42 kg schwere Sprenggranaten bis zu 12 400 m weit schießen. Die 52 kg schwere Schrapnellgranate mit 1057 Füllkugeln vom Kaliber 15,2 mm reichte 12 000 m weit.

Das Modell Typ »S« der Firma Schneider-Creuzot aus Frankreich wurde ab 1909 installiert. Bei den Türmen des Typs »S« waren die Panzerkalotten zweiteilig mit einer Stärke von 15 cm. Die beiden Segmente wurden vor Ort auf einen gemeinsamen 2 cm starken Träger montiert, wobei die Stoßfuge zwischen den Segmenten eine gefährliche Schwachstelle darstellte. Die Geschütze der Firma Schneider-Creuzot (Typ 149S) hatten die gleichen ballistischen Eigenschaften wie Typ 149A. Die große Reichweite dieser Kanonen gestattete es beispielsweise den Forts Verena und Campolongo, ihre österreichischen Gegner Verle und Lusern direkt zu beschießen, ohne selbst in der wirksamen Reichweite von deren 10-cm-Haubitzen zu liegen.

Die weitreichenden Kanonen gaben den Forts zwar eine große Fernkampfkraft, zur Sturmabwehr waren die Geschütze mit ihrer geringen Feuerschnelligkeit von etwa einem Schuss in 6 Minuten jedoch denkbar ungeeignet. Zur Abwehr von Infanterieangriffen auf ein Fort diente daher eine Feldgeschützbatterie in offener Feuerstellung in der Nähe der Festung. Meist kamen hierzu ältere 7,5- oder 8,7-cm-Kanonen zum Einsatz. Diese Batterien waren einem vorbereitenden Artilleriefeuer des Angreifers schutzlos ausgeliefert. Es gibt keinen Bericht darüber, dass diese Batterien bei der Eroberung der Forts durch die Österreicher eine Rolle gespielt hätten.

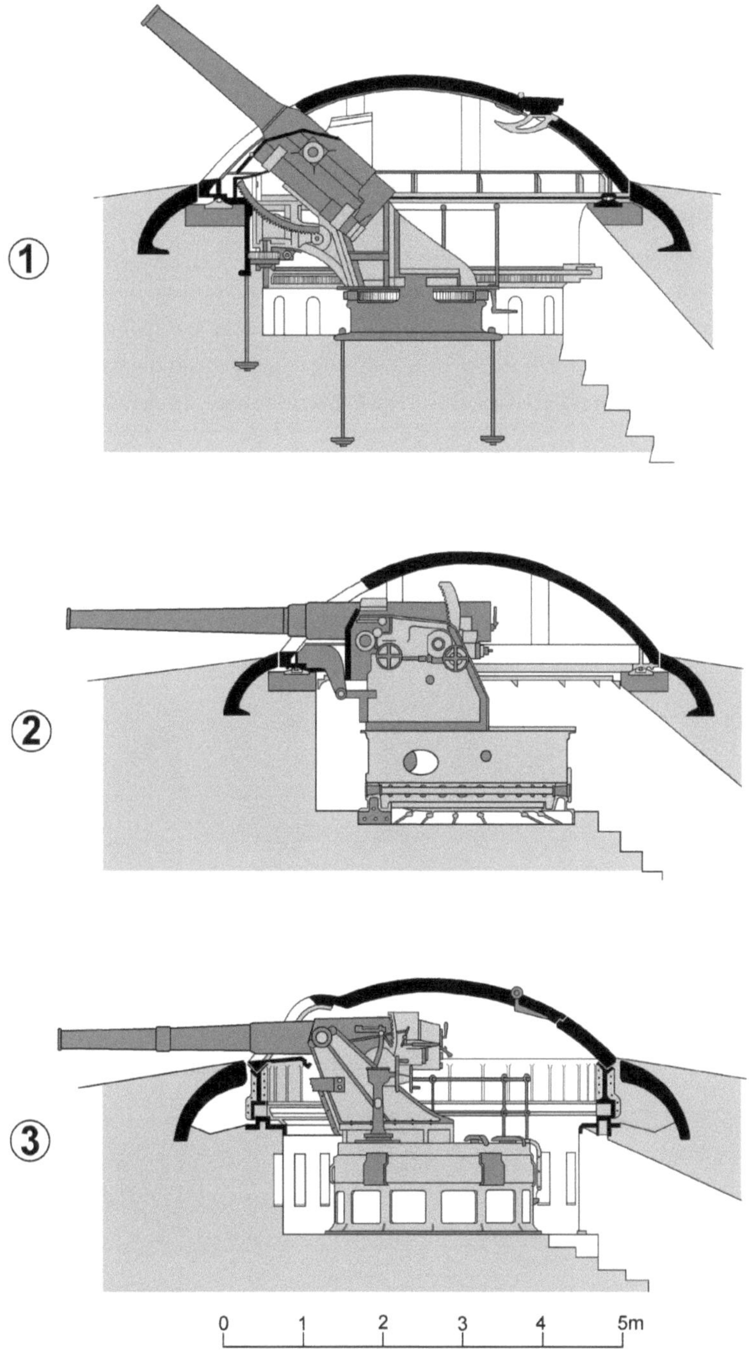

Abbildung 73: Panzertürme der italienischen Forts
(1) Typ »I« (Ispettorato) mit 14,9-cm-Kanone L 23 »G«, (2) Typ »A« (Armstrong) mit 14,9-cm-Kanone L 35 »A«, (3) Typ »S« (Schneider-Creuzot) mit 14,9-cm-Kanone L 35 »S«

Die italienischen Festungen im Krieg

Der Erste Weltkrieg wurde an der Alpenfront am 24. Mai[56] 1915 durch das Artilleriefeuer der Forts Verena, Campolongo und Punta Corbin eröffnet. Sie störten bis zum Juli 1915 mit ihren weitreichenden 14,9-cm-Geschützen den Nachschub und die Reparaturarbeiten der österreichischen Festungswerke empfindlich. Hierbei wurden am 28. Mai 1915 alleine vom Fort Verena 332 Schuss abgegeben, was etwa einem Viertel des Munitionsvorrats der Festung entsprach. Im Juni 1915 erschien auf der Hochebene von Lavarone die österreichische 30,5-cm-Mörserhalbbatterie Nr. 7, die den Forts Verena und Campolongo binnen kurzem schweren Schaden zufügte. Die italienische Führung erkannte bald die konstruktiven Schwächen ihrer Festungen und ließ daraufhin viele Panzerfestungen an der Grenze zu Österreich desarmieren.

Österreichischer 30,5-cm-Mörser in Stellung bei Cost'Alta
Möglicherweise wurden mit diesem Geschütz die italienischen Festungen Verena und Campolongo beschossen. [Foto SW]

Zu Beginn der österreichischen Offensive im Mai 1916 fuhren die Österreicher wahrhaft schweres Geschütz auf:

- eine 38-cm-Haubitze M.16 (Batterie Nr. 1 »Barbara«) auf Cost'Alta nördlich des Werks Lusern,
- eine 38-cm-Haubitze M.16 (Batterie Nr. 2 »Gudrun«) bei Calliano im Etschtal,
- eine 42-cm-Küstenhaubitze M.14 (Batterie Nr. 1) bei der Malga Laghetto einen Kilometer südlich von Monte Rover,
- eine 42-cm-Küstenhaubitze M.14 (Batterie Nr. 2) beim Bahnhof von Levico,
- eine 42-cm-Küstenhaubitze M.14 (Batterie Nr. 3) bei Calliano
- sowie 12 30,5-cm-Mörser.

Die 38-cm-Haubitze bei Lusern sowie die 42-cm-Küstenhaubitze bei Monte Rover beschossen die italienischen Forts ungeachtet dessen, ob sie noch armiert waren oder nicht. Im Laufe der Offensive gerieten alle italienischen Forts in diesem Abschnitt zumindest zeitweise in österreichische Hand, ohne dass sie den Verlauf der Kämpfe in nennenswerter Weise zu beeinflussen vermochten.

Touristische Hinweise

Für die allgemeinen Hinweise gilt das Gleiche wie für die österreichischen Festungen. Die Kompasskarte Nr. 623 »Altopiano di Asiago« hilft bei einer Wanderung um das Fort Verena herum und auf dem Weg zum Fort Punta Corbin. Die Kompasskarte Nr. 631 »Altipiani di Folgaria, Lavarone e Luserna« enthält die Forts Campolongo und Campomolon. Das Fort Casa Ratti ist auch mit einer normalen Straßenkarte leicht zu finden. Die italienischen Forts im Raum Arsiero-Asiago sind heute vollständig ihrer Ausrüstung und Panzerung beraubt und meist stark beschädigt. Ab dem Jahr 2006 wurde ein Programm begonnen, das mit insgesamt 6,3 Millionen Euro die Erhaltung von Bauten und Stellungen des Ersten Weltkriegs vorsieht. Es ist daher für die Zukunft mit baulichen Verbesserungen an einigen Festungen zu rechnen.

Es gibt jedoch für den technisch Interessierten noch heute zwei Forts dieser Epoche, die sich in einem sehr guten Erhaltungszustand präsentieren: das Fort Venini (auch Fort Oga genannt) nahe der Stadt Bormio sowie das Fort Montecchio bei Calico am Ostufer des Comer Sees. Letzteres besitzt heute sogar noch seine vollständige Artillerie!

Fort Campomolon

Das Fort Campomolon sollte zusammen mit einem geplanten Fort auf dem benachbarten Monte Toraro die Forcella Molon sperren. Die Fundamente der Geschütztürme waren schon gegossen und die Geschütztürme standen schon in den Militärmagazinen von Verona bereit, als der Weiterbau durch den Kriegsbeginn vereitelt wurde. Das Fort wurde im Mai 1916 von den Österreichern erobert, wobei der italienische Pionierleutnant Paolo Ferrario bei dem Versuch ums Leben kam, die schon fertig gestellten Teile des Forts zu sprengen. Der Verwendungszweck für den hufeisenförmigen Tunnel hinter dem Fort wird oft den in der Nähe postierten 28-cm-Haubitzen zugeschrieben, wofür es jedoch keinerlei Belege gibt.

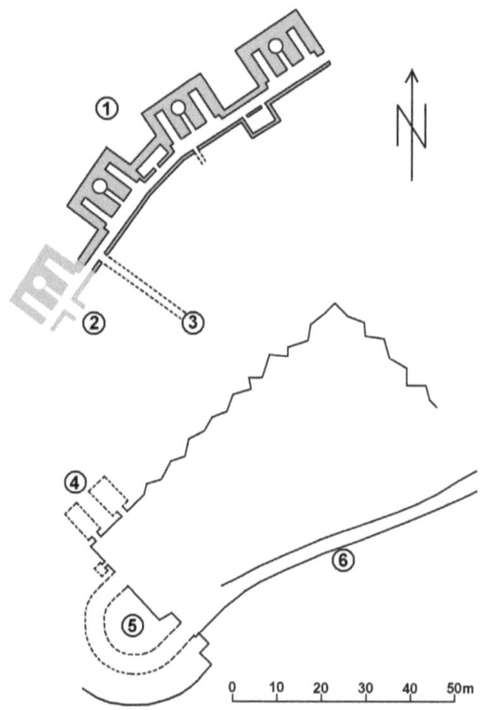

Abbildung 74: Lageplan des Forts Campomolon

(1) Batterieblock
(2) Zugangspoterne
(3) Munitionspoterne
(4) Munitionskaverne
(5) Tunnelanlage
(6) Zufahrtsstraße

Fort Campomolon heute

Parkplatz	An der Passhöhe zwischen dem Monte Toraro und dem Monte Campomolon
Weg	Wanderweg Nr. 569
Entfernung	4 km
Höhenunterschied	70 m

Campomolon übt heute auf den Besucher eine geheimnisvolle Wirkung aus. Die eigenartige und einzigartige Tunnelanlage gibt Festungsforschern noch heute Rätsel auf. Der Tunnel wurde nicht in den Fels getrieben, sondern oberirdisch errichtet. Die nur einen Meter starke Betondecke war keineswegs bombensicher, die scheunentorgroßen Schiebetüren hätten allenfalls einen Wetterschutz bieten können. Rechts neben dem Tunnel wurde der Bau einer kleinen und zwei größerer Kavernen begonnen. Die beiden letzteren haben die typische Grö-

Von links zieht sich die Werksstraße zum Fort Campomolon bergauf, um nach einer letzten Kurve vor den beiden rätselhaften Tunnels zu enden. [Foto SH]

ße von Pulvermagazinen. Das Felsgestein ist mit seinen lose aneinander haftenden Schichten nicht für den Bau von Felskavernen geeignet, so dass vorgesehen war, im Inneren dieser Kavernen ein starkes Betongewölbe einzuziehen. Ein Aufenthalt vor diesen Kavernen ist wegen der extremen Steinschlaggefahr nicht zu empfehlen!

Auf dem Gipfel liegen Fundamente und begonnene Teile des Batterieblocks für die vier 14,9-cm-Kanonen in Panzertürmen. Die Baustelle vermittelt einen guten Einblick in die Vorgehensweise beim italienischen Festungsbau. Zuerst wurden alle Räume und Gänge mit dünnen Betonwänden errichtet, später wäre dann die zwei Meter starke Betondecke aufgetragen worden. Reste von Baubaracken, die Station einer Materialseilbahn, Berge von bereitliegendem Schotter und eine alte Kalkgrube vermitteln ein Gefühl, als ob die Baustelle erst kürzlich eingestellt worden sei. Außer nach Lusern hatte Campolongo übrigens nur wenige Aussichten, weswegen man wohl den Bau eines weiteren Forts auf dem Nachbarberg Monte Toraro begonnen hatte.

FORT CASA RATTI

Parkplatz	Am südlichen Ortsausgang von Barcarola
Weg	Rechts vorbei an der Trattoria Al Fortino
Entfernung	150 m
Höhenunterschied	30 m

Das Fort Casa Ratti lag südwestlich von Barcarola und sperrte dort als klassische Talsperre das Asticotal. Die Artillerie des Forts bestand aus drei Panzertürmen Typ Ispettorato mit je einem 14,9-cm-Geschütz Typ »G«. Zur Nahverteidigung besaß das Fort drei versenkbare Panzertürme für MG, ein Panzerstand am rechten Flügel diente der Artilleriebeobachtung. Der Frontgraben wurde durch eine Grabenstreiche mit zwei MG bestrichen, der Kehlgraben wurde aus einem Koffer mit Gewehrscharten beherrscht.

Kehlfront des Forts Casa Ratti. Der hervorspringende Erker diente nicht wie bei den österreichischen Werken der Verteidigung der Kehle, sondern nur als Treppenhaus.
Die österreichischen Soldaten bewachen mit sichtbar entspannter Haltung das Fort. Nach nur vier Wochen mussten sich die Eroberer wieder zurückziehen, nachdem sie das Fort gesprengt hatten. [Foto SP]

Casa Ratti kam wegen seiner tiefen Lage unterhalb der Hochebenen von Folgaria und Lavarone zu Kriegsbeginn kaum zum Einsatz. Im Jahr 1915 wurde das Fort wahrscheinlich gar nicht beschossen. Am 15. Mai 1916 wurde es von der österreichischen 38-cm-Haubitze M.16 Barbara vom 12 550 m entfernten Cost'Alta aus mit 20 Bomben belegt, die jedoch wegen der schlechten Trefferlage praktisch keine Schäden anrichteten. Beim Vorstoß der Österreicher am 27. Mai 1916 wurde es unter der Führung von Leutnant Albin Mlaker von der 1. Kompanie des Sappeurbataillons Nr. 14 gegen 14 Uhr noch vor dem Eintreffen des Gros der eigenen Truppen fast unbeschädigt und unbesetzt, aber voll bewaffnet eingenommen. Die Werksbesatzung hatte das Fort schon am Morgen des gleichen Tages verlassen, nur sechs Mann waren zurückgeblieben und wurden von den Österreichern gefangen genommen. Die Italiener hatten die Geschütze und wichtige Werksteile schon für die Sprengung vorbereitet, aber es gelang den Österreichern rechtzeitig, die Minen zu entschärfen.

Die Hauptgefahr bei diesem Vorgehen war der Artilleriebeschuss, der zu diesem Zeitpunkt sowohl von der italienischen als auch von der österreichischen Seite auf dem Fort lag und jederzeit die Minen zur Explosion bringen konnte. Um das Recht dieser kampflosen Besetzung des Forts kam es später zu einem Streit zwischen Leutnant Mlaker und Major Artner von der 3. ID, der nachträglich nicht mehr zu klären war.

Als sich die Österreicher am 25. Juni 1916 wieder zurückziehen mussten, wurde Casa Ratti von Leutnant Mlaker mit 8 t Sprengstoff nachhaltig gesprengt. Mlaker erlangte später durch die erfolgreiche Sprengung des Monte Cimone weiteren Ruhm.

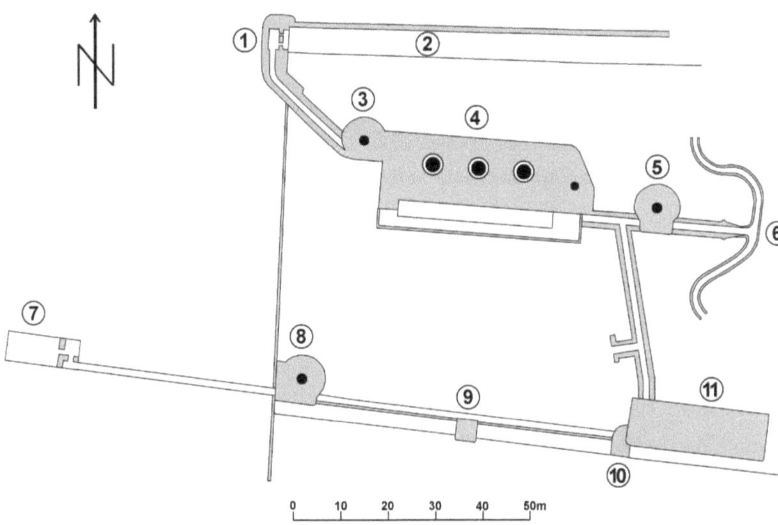

Abbildung 75: Lageplan des Forts Casa Ratti

(1) Grabenstreiche mit 2 MG
(2) Frontgraben
(3) MG-Panzerturm
(4) Batterieblock mit 3 14,9-cm-Kanonen Typ »G«
(5) MG-Panzerturm
(6) offene Infanterielinie
(7) Pulvermagazin
(8) MG-Panzerturm
(9) Kehlgrabenstreiche
(10) Kehlgrabenstreiche
(11) Unterkunftsblock

Heute ist das gesprengte Fort völlig zugewachsen. Seine Lage in dem engen Tal, in dem es meist sehr schwül ist, lässt eine Besichtigung während der warmen Jahreszeit im Gegensatz zu den anderen Forts dieser Gegend nicht gerade zu einem Genuss werden. Daher wird auf eine detaillierte Beschreibung an dieser Stelle verzichtet.

Die gesprengte Kehlseite des Kasemattenblocks von Fort Casa Ratti wird von dichtem Unterholz zugedeckt. [Foto SH]

Fort Punta Corbin

Das Fort Punta Corbin thront in herausragender Stellung am östlichen Steilhang des Asticotals in der Nähe des Orts Barcarola. Es verfügte als einziges Fort dieser Gegend über eine bombensichere Unterkunft für die gesamte Besatzung. Sein Hauptziel zu Kriegsbeginn war die Cima Norre, die ein wichtiger Beobachtungsposten für das Werk Lusern war. Das Fort verfeuerte an einem Großkampftag wie dem 30. Mai 1915 bis zu 364 Granaten. Am 22. Juni 1915 fiel ein Geschütz wegen eines Rohrkrepierers aus. Das Ersatzrohr musste aus dem Fort Pramand an der französischen Grenze herbeigeholt werden. Punta Corbin wurde angeblich schon frühzeitig vollständig desarmiert[57], zur Täuschung wurden stattdessen Baumstämme in die Geschütztürme eingesetzt.

Bei der Bombardierung durch die österreichische 38-cm-Haubitze M.16 Barbara vom 15. bis zum 25. Mai 1916 wurde das Fort aus 13 250 m Entfernung mit 57 Bomben belegt, die einigen Schaden anrichteten. Am 29. Mai 1916 wurde es beim Vormarsch der Öster-

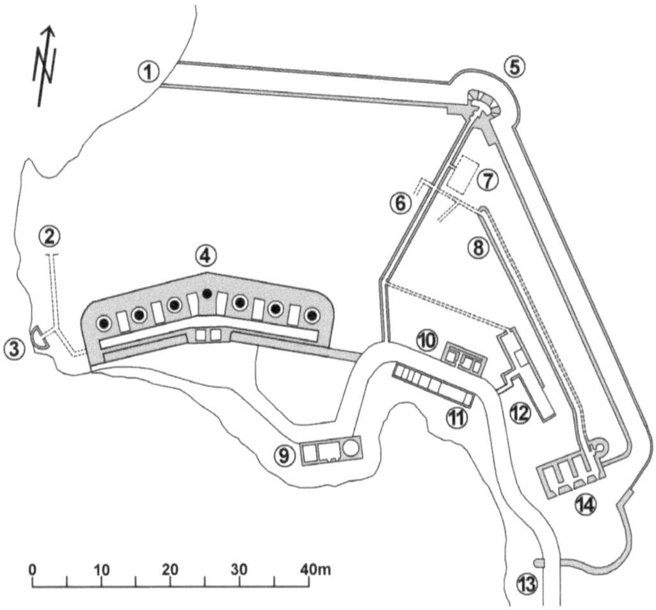

Abbildung 76: Lageplan des Forts Punta Corbin
(1) Frontgraben, (2) Ausgang zur Infanterielinie, (3) Latrine und Beobachtungsstand, (4) Batterieblock, (5) Grabenkoffer mit 2 MG, (6) Ausgang zur Infanterielinie, (7) Bereitschaftsraum, (8) Gewehrgalerie, (9) Küche, (10) Laborierräume, (11) Offiziersunterkunft, (12) Pulvermagazin, (13) Werkszugang, (14) Wache mit MG-Versenkturm. Diese Zeichnung basiert auf dem Projektsplan von Hauptmann Abbate Daga mit Ergänzungen durch den Autor.

Kehlseite des Forts Punta Corbin mit Blick auf die Panzerbatterie mit ihren sechs Kuppeln
Im Hintergrund der Spitz Tonezza, im Vordergrund die Hindernisgitter der Kehlverteidigung. Die Aufnahme stammt aus dem Mai 1916. [Foto SO]

reicher erobert. Schon am 25. Juni 1916 fiel es wieder in italienische Hand, wo es bis Kriegsende verblieb. Zuvor gelang es den Österreichern jedoch, wichtige Einrichtungen wie das Stromaggregat zu demontieren und Teile des Forts mit 1200 kg Sprengstoff zu demolieren. Bis zum Kriegsende wurde es nur noch als Unterkunft für das Militär genutzt.

Fort Punta Corbin heute

Zufahrt	Von der Kirche des Ortes Tresche Conca zum Forte Corbin
Parkplatz	Parkplatz am Werkstor
Entfernung	50 m
Höhenunterschied	keiner

Der Werkshof des Batterieblocks von Punta Corbin wirkt blitzsauber aufgeräumt.
Das Fort weist nur wenige schwere Treffer auf. [Foto SH]

Im Jahr 1940 kaufte ein Herr Panozzo das Fort Punta Corbin für 3 000 001 Lire. Heute gehört die Anlage seinem Sohn. Für eine Besichtigung ist es empfehlenswert, sich zuvor über die aktuellen Öffnungszeiten zu erkundigen, da das Fort bei geschlossenem Museum auch von außen nicht zu besichtigen ist. Das Fort präsentiert sich dank der Pflege des Besitzers in einem sehr guten Zustand. Die Anlage litt weniger durch die Beschießung der Österreicher als durch deren Sprengungen bei ihrem Rückzug im Juni 1916. Die Löcher in den Geschützbrunnen und die Zerstörung der Gewehrgalerie sind hierauf zurückzuführen. Die Poternen sind heute elektrisch beleuchtet, die Gänge des Batterieblocks und das unterirdische Pulvermagazin sind gefahrlos zu begehen. Im alten Wachgebäude, das früher einen versenkbaren MG-Turm trug, sind eine Bar und ein kleines Museum untergebracht. Das Fort gewährt spannende Ausblicke ins Asticotal und ist auf alle Fälle einen Umweg wert.

Fort Campolongo

Das Fort Campolongo liegt in 1720 m Höhe an einem Steilabsturz zum Asticotal. Dieses Fort beherrschte mit seinen vier 14,9-cm-Kanonen der Firma Schneider-Creuzot das österreichische Werk Lusern und seine Zufahrtswege vollkommen. Es stellte für dessen Besatzung während der Reparaturarbeiten auf dem Werksverdeck und beim Transport von Nachschub eine andauernde Bedrohung dar. Am 30. Mai 1915 wurde ein Werksgeschütz durch einen Rohrkrepierer zerstört, wobei es unter der Bedienungsmannschaft zwei Tote und zwei Schwerverwundete gab.

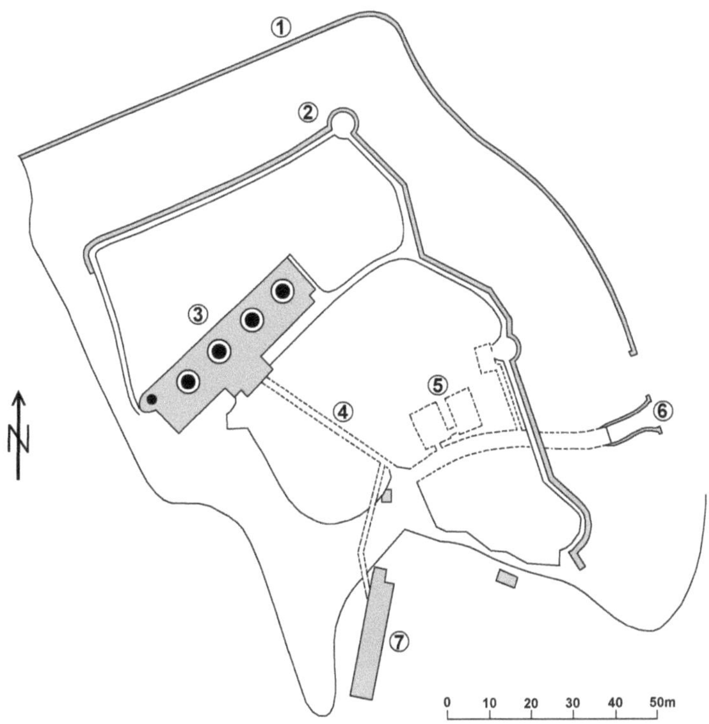

Abbildung 77: Lageplan des Forts Campolongo

(1) Äußere Mauer des »halben« Frontgrabens
(2) Infanterielinie mit zwei offenen MG-Stellungen
(3) Batterieblock mit 4 14,9-cm-Kanonen Typ »S«
(4) Poterne zur Kaserne und zum Innenhof
(5) Pulvermagazin
(6) Eingang zur Werkspoterne
(7) Kaserne

Zerstörte Panzertürme Nr. III (auf dem Kopf liegend) und Nr. IV (schräg stehend) des Forts Campolongo
Die Geschütze waren im Mai 1916 schon nicht mehr eingebaut. Der österreichische Soldat links im Bild stammt sehr wahrscheinlich von der Besatzung des Werks Gschwent, die zu Kriegsbeginn unter dem Feuer von Fort Campolongo stark zu leiden gehabt hatte. [Foto SO]

Die zerstörte Panzerbatterie des Forts Campolongo nach der österreichischen Offensive im Mai 1916
Im Batteriegang klafft eine riesige Bresche, die Panzerkuppel Nr. IV liegt schräg auf ihrem Vorpanzer. Die Kuppel Nr. III wurde durch eine Innenexplosion abgehoben und liegt auf dem Kopf. Der österreichische Soldat rechts neben dieser Kuppel verdeutlicht die enormen Abmessungen dieser Panzerkuppel. Man beachte die desarmierten, dem Feindfeuer abgewanden Panzerkuppeln Nr. II und I rechts im Bild. [Foto SO]

Zerstörte Kaserne des Forts Campolongo
Die Felswand sollte das Gebäude vor feindlichem Feuer schützen, was offensichtlich nicht gelang. Im Hintergrund die Panzerbatterie des Forts [Foto SO]

Fort Campolongo wurde schon frühzeitig, am 6. Juni 1915, mit einem österreichischen 30,5-cm-Mörser M.11 von Cost'Alta aus bombardiert, wobei das Fort an der Werksdecke nahe dem gepanzerten Beobachtungsstand getroffen wurde. Am 12. Juni entstanden weitere schwere Schäden an den Panzertürmen. Den Italienern gelang es am 2. Juli 1915 jedoch noch rechtzeitig, die wertvollen Kanonen auszubauen. Im weiteren Verlauf des Krieges spielte das Fort keine aktive Rolle mehr. In der Vorbereitung der österreichischen Maioffensive wurde das desarmierte Fort Campolongo am 25. Mai 1916 nochmals von der Malga Laghetto (südlich von Monte Rover) aus mit 42-cm-Bomben einer Küstenhaubitze M.14 belegt und anschließend widerstandslos besetzt. Es blieb bis zum Kriegsende in österreichischer Hand. In der Zeit bis zum Rückzug der Österreicher im Herbst 1918 wurden keinerlei Ausbesserungs- oder Verstärkungsarbeiten durchgeführt. Offensichtlich hatten die neuen Besitzer keine Verwendung für die Ruine.

Fort Campolongo heute

Anfahrt und Parkplatz	Von Mezzaselva di Roana zum Rifugio Casare di Campolongo, dort parken
Weg	Weg ausgeschildert zum Forte Campolongo, dann weiter auf dem Weg Nr. 810
Entfernung	2,5 km
Höhenunterschied	180 m

Mit einem Gesetz vom 7. März 2001 beschloss man, über sechs Millionen Euro in den Erhalt der ehemaligen Kriegsbauten auf der vicentinischen Hochebene zu investieren. Für über

300 000 Euro begann man im Jahr 2006 mit Sicherungsarbeiten an der Ruine des Forts Campolongo. Die unterirdischen Poternen wurden vom Schutt befreit und sind wieder frei zugänglich. Im Batterieblock wurden ebenfalls die Trümmer entfernt, und es wurde mit der Sicherung der eingestürzten Magazine und der durchbrochenen Fußböden begonnen. Eine Wanderung zu dem Fort, die schon früher wegen dessen beeindruckender Lage am Steilhang des Asticotals und dessen Aussichten lohnenswert war, ist hierdurch noch attraktiver geworden. Die Poternen sind meist sicher begehbar, eine eigene Lampe ist hierbei jedoch hilfreich.

Der Werkshof des Forts Campolongo ist im Jahr 2006 noch mit Baumaschinen gefüllt. Bald wird die Ruine ein Schmuckstück dieser Gegend sein. [Foto SH]

Von der Werksstraße kommend betritt man das Fort durch die Werkspoterne. In ihr führt nach rechts eine Treppe hinauf zur offenen Infanteriestellung, die einen Halbkreis um das Fort beschreibt. Etwa in der Mitte der Werkspoterne kommt man an den beiden großen Kavernen vorbei, die früher das Pulvermagazin beherbergten. Am Ende der Werkspoterne führt ein Stollen nach rechts in den Fels, der sich bald aufspaltet. Nach links führt eine Treppe bergab zur Ruine der Kaserne, geradeaus geht der Gang zum Batterieblock. Dieser lässt trotz der schweren Schäden durch die österreichischen Mörser noch viele seiner Strukturen und Aufgaben erkennen. Die Munitionsaufzüge, die vier Geschützstände mit ihren Munitionsmagazinen, der Beobachtungsstand und der Kommandoraum mit den Resten seiner neun Sprachrohre vermitteln einen Eindruck von der Funktion dieser Panzerbatterie. Die Aussichten vom Verdeck des Batterieblocks sind bei klarem Wetter beeindruckend.

Ein Blick entlang des Batteriegangs im Fort Campolongo
Durch die schweren Durchschläge der österreichischen Granaten fällt Licht ein, so dass dieser Teil der Anlage auch ohne Lampe begehbar ist. [Foto SH]

Für den Rückweg bietet sich ein Spaziergang entlang des Grabens an. Man sollte es nicht versäumen, einen Blick auf die ehemalige Kaserne zu werfen. Dazu geht man etwas unterhalb des Werkseingangs einen kleinen Pfad entlang Richtung Südwesten. Nachdem man an der Ruine eines Wachhauses vorbeigekommen ist, offenbaren sich die Sicht auf das kühn in den Felsabhang gebaute Gebäude sowie atemberaubende Blicke in die Tiefen des Asticotals.

Fort Verena

Fort Verena beherrschte vom Gipfel des 2015 m hohen Monte Verena aus die gesamte Hochebene von Lavarone. Seine vier 14,9-cm-Geschütze der Firma Schneider-Creuzot bedrohten die österreichischen Werke Verle, Vezzena und Lusern. Angeblich wurde von hier aus am 24. Mai 1915 um 3.55 Uhr der erste italienische Schuss des Ersten Weltkriegs abgefeuert. Bei den nun folgenden Bombardements wurden von den vier Geschützen zusammen bis zu 332 Schuss am Tag abgegeben. Die Kanonen waren dieser Dauerbelastung offensichtlich nicht gewachsen: Am 30. Mai und am 4. Juni 1915 wurde jeweils ein Geschütz durch Rohrkrepierer vernichtet.

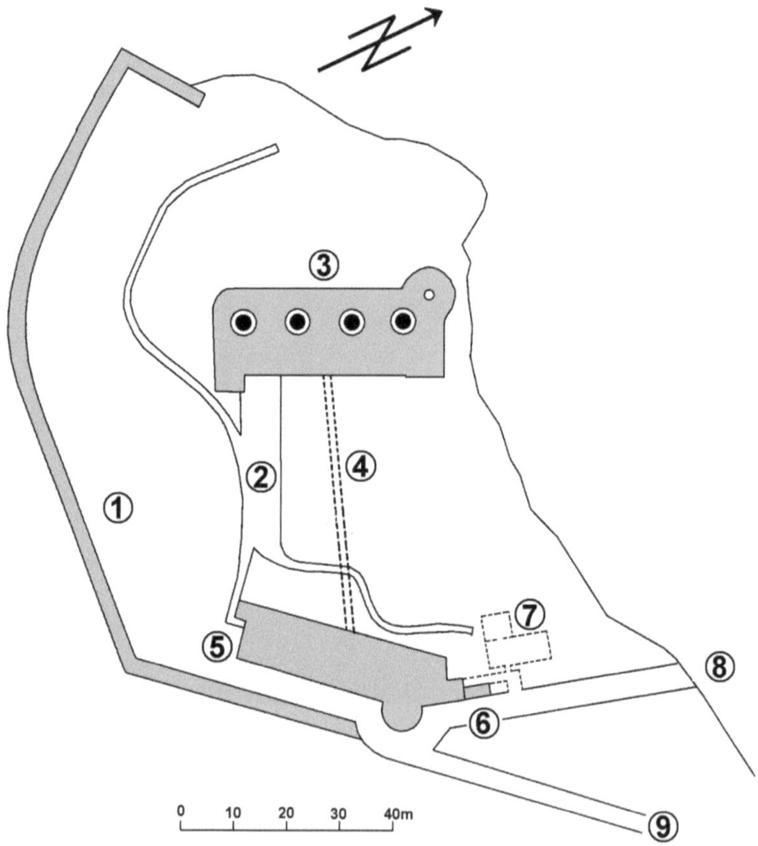

Abbildung 78: Lageplan des Forts Verena
(1) Eskarpenmauer des halben Grabens, (2) offene Infanteriestellung, (3) Batterieblock, (4) Verbindungspoterne, (5) Kasemattenblock, (6) Laborierraum, (7) Pulvermagazin für Treibladungen und Granatfüllungen, (8) ganzer Graben, (9) Zufahrtsstraße

Um das Schicksal dieses Forts spinnen sich etliche Legenden. Die Ereignisse, die im Kriegstagebuch des Kommandos der Sperre Agno-Assa[58] sowie in den österreichischen Gefechtsberichten der 180. IBrig beschrieben sind, werden im Folgenden zusammengefasst. Ab dem 4. Juni 1915 wurde das Fort Verena von einer Batterie des deutschen Alpenkorps (102. schwere Batterie) von Monte Rover aus mit 15-cm-Feldhaubitzen beschossen, was jedoch allenfalls eine moralische Wirkung hatte. Am 10. Juni um 16.44 Uhr begann die Beschießung des Forts durch einen österreichischen 30,5-cm-Mörser M.11 der Mörserhalbbatterie Nr. 7. Da sich die in Friedenszeiten angelegte Stellung auf dem Cost'Alta wegen der schlechten Sichtdeckung als ungünstig erwiesen hatte, wurde das Geschütz hierfür 800 m westlich der Malga Cost'Alta aufgestellt. Am ersten Tag schlug eine 30,5-cm-Bombe zwischen dem Geschütz Nr. III (von rechts gezählt) und der Frontmauer ein, drang in das leer geräumte

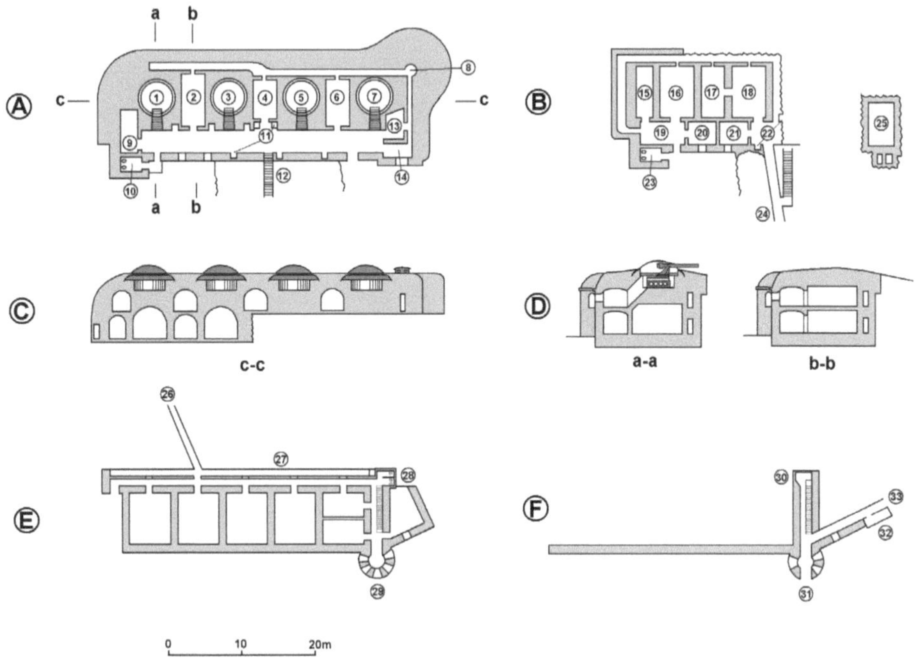

Abbildung 79: Batterieblock und Kasemattenblock des Forts Verena
(A) Batterieblock Obergeschoss, (B) Batterieblock Untergeschoss, (C) Längsriss c-c, (D) Seitenrisse a-a und b-b. (E) Kasemattenblock Obergeschoss, (F) Kasemattenblock Erdgeschoss. Der Grundriss des Batterieblocks basiert auf einem italienischen Plan vom 1. Februar 1912, der Grundriss des Kasemattenblocks wurde nach eigenen Vermessungen des Autors erstellt.

(1) Panzerkuppel Nr. IV mit 14,9-cm-Kanone
(2) Magazin für Kartuschen
(3) Panzerkuppel Nr. III mit 14,9-cm-Kanone
(4) Magazin für Granaten
(5) Panzerkuppel Nr. II mit 14,9-cm-Kanone
(6) Magazin für Kartuschen
(7) Panzerkuppel Nr. I mit 14,9-cm-Kanone
(8) gepanzerter Beobachtungsstand
(9) Magazin für Granaten
(10) Abort
(11) Munitionsaufzüge
(12) Treppe zum Untergeschoss
(13) Magazin für Granaten
(14) Kommandoraum
(15) Akkumulatorenraum
(16) Stromaggregat
(17) Magazin für Granaten
(18) Magazin für Granaten
(19) elektrische Schaltanlage
(20) Ventilator
(21) Magazin für Kartuschen
(22) Munitionsaufzüge
(23) Abort
(24) Poterne zum Kasemattenblock
(25) Zisterne
(26) Poterne zum Batterieblock
(27) Munitionsfördergang
(28) Abort
(29) Kehlkoffer mit Gewehrverteidigung
(30) Munitionsaufzug
(31) Kehlkoffer mit Eingang
(32) Laborierraum
(33) Poterne zum Pulvermagazin

Die Panzerbatterie des Forts Verena
Ganz rechts die Beobachtungskuppel, im Vordergrund das Fenster des Kommandoraums. Die kleinen Klappen an den Panzerkuppeln dienten der Entlüftung.

Kasemattenblock des Forts Verena im Juni 1916
Der Kehlkoffer rechts springt aus der Rückfront heraus, um den Kehlgraben zu flankieren. [Foto SO]

Munitionsmagazin unterhalb des dritten Geschützturms im Erdgeschoss (Raum Nr. 18 in Abbildung 79) ein und explodierte dort. Hier hielt sich in diesem Moment ein großer Teil der Besatzung auf, so dass die Explosion katastrophale Folgen hatte: Der Kommandant des Forts, Hauptmann Carlo Truchetti, zwei weitere Offiziere und 37 Mann der Besatzung waren auf der Stelle tot, 20 weitere wurden verletzt. Von diesen Verletzten erlagen bis zum nächsten Tag sieben ihren schweren Verwundungen. Das Geschütz Nr. III blieb jedoch nach diesem Treffer weiterhin feuerbereit. Als Konsequenz aus diesem Desaster erlaubte das Kommando des V. Armeekorps der Besatzung, das Fort während der österreichischen Beschießung zu räumen. Diese Maßnahme rettete in der Folge wahrscheinlich zahlreichen italienischen Festungsartilleristen das Leben.

Die Bombardierung durch die Österreicher hielt in der Zeit vom 10. bis zum 12. Juni mit insgesamt 73 30,5-cm-Granaten an. Bis zum 15. Juni klaffte ein 2,5 m großes Loch in der Decke des Batteriegangs, ein weiteres 1 m großes Loch gab es im Raum Nr. 18. Der Vorpanzer des dritten Geschützturms war gebrochen und teilweise herausgerissen. Das Gegenfeuer einer italienischen 28-cm-Batterie auf Bosco Arzari zwang den österreichischen Mörser jedoch bald zum Schweigen. Zudem waren seine Schussergebnisse wegen seines schon arg verschlissenen Rohres in den Augen der österreichischen Artilleristen unbefriedigend.

Am 22. Juni 1915 wurden die Ersatzrohre für die zwei durch Rohrkrepierer beschädigten Kanonen des Forts herangeschafft. Diese Rohre waren ursprünglich für das Fort Campomolon bestimmt gewesen. Am 23. Juni wurde bei einer Besichtigung des Forts durch das Artilleriekommando des V. Armeekorps der Verdacht laut, dass falsch verstandene Sparsamkeit bei der Auslegung der Wand- und Deckenstärken sowie Betrug bei der Herstellung des Betons die Ursache für die mangelnde Widerstandsfähigkeit des Panzerforts waren.

Ab dem 26. Juni stand ein Geschütz der österreichischen 30,5-cm-Mörserbatterie Nr. 19 800 m nordöstlich der Malga Zocchi bereit, um Fort Verena erneut zu beschießen. Vom 26. Juni bis zum 11. Juli wurden insgesamt 225 Schuss auf das Fort abgegeben, wobei die Österreicher vom Posten Vezzena aus über 50 Treffer im Festungsgelände beobachteten. Am 26. Juni wurde die Panzerkuppel Nr. III von einer 30,5-cm-Granate durchschlagen, das Geschoss flog die Zugangstreppe zum Geschützturm entlang in einen Munitionsaufzug, um anschließend im darunter liegenden Raum (Raum Nr. 21 in Abbildung 79) zu explodieren. Die Panzerkuppel Nr. II wurde ebenfalls durchschlagen, wobei sich eine Hälfte der 15 cm starken Panzerdecke ablöste. Der Batteriegang wurde an diesem Tag gleich zweimal durchschlagen. Weitere Durchschläge erfolgten zwischen dem zweiten und dritten Geschützturm sowie im weiter zurückliegenden Kasemattenblock. Hier war die Wucht des Geschosses so groß, dass es durch die Rückwand der Kasematte wieder austrat, um erst an der gegenüberliegenden Außenwand des Kehlgrabens zu detonieren. Am 30. Juni wurde die Panzerkuppel des Geschützturms Nr. I durch einen schweren Treffer in zwei Teile gespalten. Das Feuer des Forts konzentrierte sich während dieser Zeit auf den österreichischen 30,5-cm-Skoda-Mörser. Es gelang dem italienischen Beobachter jedoch nicht, dieses Geschütz einzumessen.

Haupteingang des Forts Verena.
Links neben dem Eingang eine Bresche in der Mauer, durch die im Juni 1915 ein österreichischer 30,5-cm-Blindgänger ausgetreten war, der zuvor die Decke des Kasemattenblocks durchschlagen hatte. Die österreichischen Soldaten posieren als Eroberer. [Foto SO]

Auch die eigens von Asiago aufsteigenden Beobachtungsflugzeuge hatten keinen Erfolg bei der Suche, da der Mörser bei ihrem Auftauchen jedes Mal sofort das Feuer einstellte. So sollte Fort Verena dieses im Ersten Weltkrieg seltene Artillerieduell zwischen einer Festung und der Belagerungsartillerie verlieren.

Am 2. Juli entschloss man sich, die Forts Verena und Campolongo zu desarmieren, um die noch brauchbaren Geschütze in der Umgebung in offenen Stellungen einzubauen. Der österreichische Beschuss hielt dessen ungeachtet weiter an. Am 4. Juli wurde der Vorpanzer des Geschützturms Nr. II durchschlagen, weitere Treffer zerstörten das Stromaggregat im Erdgeschoss sowie die Krankenstube im zurückliegenden Kasemattenblock. Vom Beobachtungsposten Vezzena aus konnten die Österreicher anhaltenden Brand im Fort beobachten.

Im Dezember 1915 wurden die Geschütztürme Nr. III und Nr. IV (die beiden linken) wahrscheinlich wieder armiert[59]. Am 16. Januar 1916 meldete das Werk Lusern den Beschuss durch die Geschütze des Forts Verena, sogar am 17. Mai 1916 um 14.30 Uhr soll Verena noch auf Cost'Alta geschossen haben! Fort Verena fiel den Österreichern nach einer weiteren Beschießung mit einer 42-cm-Küstenhaubitze vom 19. bis zum 22. Mai am 23. Mai 1916 ohne nennenswerte Gegenwehr in die Hände und blieb dort bis zum Kriegsende. Bei diesem letzten Bombardement war das Fort artilleristisch völlig niedergekämpft worden. Ähnlich wie bei Campolongo nutzten die Österreicher die Ruine des Forts nicht und führten auch keine Bauarbeiten daran aus.

FORT VERENA HEUTE

Anfahrt und Parkplatz	Von Mezzaselva di Roana in Richtung Rifugio di Verenetta. Parken an der Casare di Campoveccio
Weg	Wanderweg Nr. 820, dann der Werksstraße folgend zum Fort Verena bzw. Rifugio Forte Verena
Entfernung	6 km
Höhenunterschied	420 m

Eine Wanderung auf den Monte Verena lohnt sich nicht nur wegen seiner Festung. Die Ausblicke über das ehemalige Kampfgebiet sind zugleich eindrucksvoll und aufschlussreich. Bei klarem Wetter reicht die Aussicht zum Monte Grappa und Monte Ortigara, zu den österreichischen Werken Vezzena, Verle, Lusern, Sebastiano, Sommo, Serrada, zum Monte Maggio, Monte Pasubio und über den Spitz Tonezza bis zum italienischen Fort Campolongo. Am Horizont erheben sich der Cevedale, die Brenta-Gruppe, die Dolomiten und die Julischen Alpen.

Kleine Teile des Kasemattenblocks werden heute vom Betreiber der Seilbahnstation genutzt und sind verschlossen. Der Rest ist meist frei zugänglich, jedoch sind teilweise einge-

Wie eine antike Ruine thront das Fort Verena über der Hochebene.
Von der linken Hälfte des Batteriegangs ist fast nichts mehr übrig geblieben. [Foto SH]

stürzte Böden und Decken nicht gesichert. Eine Betrachtung des verheerenden Treffers in der Kasematte Nr. 18 am 12. Juni 1916 zeigt, dass die dünne Frontmauer vor dem Luftgang offensichtlich gar nicht aus Beton bestand, sondern nur gemauert war. Die 30,5-cm-Granate hatte demnach, nachdem sie die Werksdecke in ihrem vorderen Teil unterschossen hatte, keinerlei ernsthafte Hindernisse mehr zu überwinden. Das Innere der Kasematte weist noch heute in beeindruckender Weise die verheerende Wirkung der Explosion auf.

Der Kasemattenblock des Forts Verena wird heute zum Teil von der Seilbahngesellschaft genutzt. Rechts im Bild der Kehlkoffer mit dem Eingang, der mehr durch die Witterung als durch den österreichischen Beschuss gelitten hat. [Foto SH]

Die österreichische Belagerungsartillerie hat starke Schäden hinterlassen, die der Batterie heute die Atmosphäre von antiken Tempelruinen gibt. Bei genauer Betrachtung erkennt man im Kommandoraum am rechten Ende des Batteriegangs noch die Reste der neun Sprachrohre, mit denen das Feuer des Forts geleitet wurde. Ein Rohr führte zum gepanzerten Beobachtungsstand auf der rechten Werksflanke, vier Rohre mündeten in den Geschützbrunnen und vier weitere führten zu den Munitionsmagazinen zwischen den Geschützen. Der Gang zum Kellergeschoss ist auf dieser Seite des Batterieblocks verschüttet.

Vom Kasemattenblock aus ist auch heute noch die in den Felsen getriebene Verbindungspoterne zum Batterieblock teilweise erhalten, von einer Begehung ist jedoch wegen der Einsturzgefahr abzuraten. Geht man vom Kehlkoffer an der Rückseite des Kasemattenblocks nach rechts, kommt man zuerst an den Resten des Laborierraums für die Granaten vorbei, um anschließend in die beiden Pulvermagazine zu gelangen, die hier in sicheren Felskavernen angelegt waren. Diese Munitionslager wurden von der österreichischen Spionage fälschlich an der Verbindungspoterne zwischen Batterie- und Kasemattenblock vermutet.

Kriegserfahrung: eine Zusammenfassung

Die italienischen Forts hatten ihre große Stunde zu Beginn der Kampfhandlungen im Mai 1915, als sie mit ihren weitreichenden, meist überhöht aufgestellten Geschützen das Gefechtsfeld beherrschten und den Verkehr zu den österreichischen Werken empfindlich störten. Dem Eingreifen der österreichischen Belagerungsartillerie im Juni 1915 waren sie jedoch wegen ihrer mangelhaften Konstruktion und Bauausführung hilflos ausgeliefert. Auch erwies sich ihre Werksartillerie, die bei insgesamt 17 Kanonen vier Rohrkrepierer zu verzeichnen hatte, als wenig standfest. Bedingt durch ihre geringe Sturmfreiheit und ihre Desarmierung spielten sie während der österreichischen Offensive im Mai 1916 praktisch keine Rolle mehr.

Noch während der Beschießung im Sommer 1915 wurde der Erbauer der Forts Verena, Campolongo und Punta Corbin, Hauptmann Abbate Daga, beschuldigt, die Bauvorschriften des Genie-Oberkommandos missachtet und ungeeigneten Zement und Splitt verwendet zu haben. Die Untersuchung brachte jedoch zu Tage, dass die ursprüngliche Deckenstärke in Abstimmung mit der Geniedirektion in Verona aus Sparsamkeitsgründen von 4 m auf 2,5 m reduziert worden war. Auch stand nicht genügend Personal zur Überwachung der Bautätigkeit auf den drei Baustellen zur Verfügung. Eine Anklage gegen Hauptmann Daga wurde nicht erhoben.

Die Forts nach dem Krieg

Nach dem Krieg wurden die Ruinen der Forts nicht mehr aufgebaut oder weiter verwendet. Im August 1927 wurden sie vom italienischen Staat offiziell als Festungen aufgegeben. In den 1930er und 1940er Jahren wurden hier, wie auch bei den österreichischen Werken, die Stahlteile entfernt. Da die Betonstrukturen der Forts keine Moniereisen oder I-Träger enthielten, blieben sie von den zerstörerischen Sprengungen der Abrissfirmen verschont. Lediglich die Panzertürme und die Einbauten wurden ausgebaut. Die heute sichtbaren Beschädigungen beruhen daher meist auf den Beschießungen und Sprengungen aus dem Ersten Weltkrieg sowie auf dem Einfluss von Frost und Regen auf den oft minderwertigen Beton.

23 Die italienische und österreichische Belagerungsartillerie

Eine der Hauptaufgaben seit der Erfindung des Geschützes im 13. Jahrhundert war es, Burgen und Festungen sturmreif zu schießen. Das österreichisch-ungarische Heer hatte sich schon Anfang des 20. Jahrhunderts auf einen Angriffskrieg vorbereitet, so dass es zu Beginn des Ersten Weltkriegs gut mit beweglicher Belagerungsartillerie ausgestattet war. Beim italienischen Heer hatte man den Schwerpunkt der Landesverteidigung eher auf die Abwehr eines gegnerischen Angriffs mit Grenzbefestigungen gelegt. Dadurch war man gezwungen, für die Beschießung der österreichischen Befestigungen auf Geschützmaterial zurückzugreifen, das ursprünglich für die Küstenverteidigung vorgesehen gewesen war. Diese Geschütze waren daher für einen schnellen Stellungswechsel und einen Transport auf engen Gebirgsstraßen nicht gut geeignet. Dieser Nachteil führte beim überhasteten Rückzug der Italiener im Mai 1916 zum Verlust der meisten Batterien auf der Hochebene.

	Italien		**Österreich-Ungarn**		
	28-cm-Haubitze A	30,5-cm-Haubitze[60]	30,5-cm-Mörser M.11[61]	38-cm-Mörser M.16[62]	42-cm-Küstenhaubitze M.14[63]
Rohrlänge in Kalibern	12	17	10	17	15
Rohrgewicht (kg)	11 251	12 790	5 920	20 700	–
Gesamtgewicht (kg)	23 600[64]	26 840	20 900	81 700	183 000
Mündungsgeschwindigkeit (m/s)	430	412	330	459	415
Mündungswucht (mt)	1000	2000	2250	8450	9000
Schussweite (m)	11 400	12 700	9 600	15 000	12 700
Geschossgewicht (kg)	215	442	380	740	1000
min. Elevation	-5°	+20°	+40°	+40°	+15°
max. Elevation	+60°	+65°	+75°	+75°	+70°
Feuergeschwindigkeit (Schuss je Stunde)	20	5–12	15–20	12	8–10

Die italienische 28-cm-Küstenhaubitze

Der Mangel an geeigneter Belagerungsartillerie zwang die Italiener, auf ihre schwere Küstenschutzartillerie zurückzugreifen. Hierzu mussten die festungsmäßig eingebauten Geschütze erst durch Umbauten transportfähig gemacht werden. Die Belagerungsartillerie wurde aus den Küstenforts von Genua ausgebaut, als klar wurde, dass diese Seefestungen durch die k.u.k. Kriegsflotte nicht mehr bedroht wurde. Die italienische 28-cm-Küstenhaubitze ging auf einen Entwurf der deutschen Firma Krupp aus dem Jahr 1898 zurück. Sie wurde schon im Jahr 1904 von den Japanern bei der Belagerung der russischen Seefestung Port Arthur im Pazifik mit großem Erfolg eingesetzt.

Die Italiener verwendeten verschiedene Varianten dieses Geschütztyps. Der Typ 280 K war das Modell der Firma Krupp mit einer Rohrlänge von 12 Kalibern. Von der Firma Armstrong stammten die Typen 280 A mit gusseisernem Geschützrohr (Rohrlänge 12 Kaliber) und 280 C (Rohrlänge 9 Kaliber). Die 28-cm-Küstenhaubitze mutete mit ihrem plumpen, kurzen Lauf etwas altertümlich an. Sie hatte noch keine hydraulische Rücklaufbremse, sondern eine starre Lafette. Der Rückstoß wurde dadurch kompensiert, dass die Lafette beim Abschuss auf einer Unterlafette wie auf einer schiefen Ebene aufwärts rollte. Für einen Dauereinsatz war das Material offensichtlich nicht ausgelegt gewesen. Bei den zwölf Haubitzen, die im Zeitraum vom 24. Mai 1915 bis zum 11. Juni 1915 auf der Hochebene im Einsatz waren, wurde insgesamt fünfmal von Rohrkrepierern berichtet! Möglich ist aber auch, dass die Granaten zur Erhöhung der Reichweite mit einer überhöhten Ladung verschossen wurden.

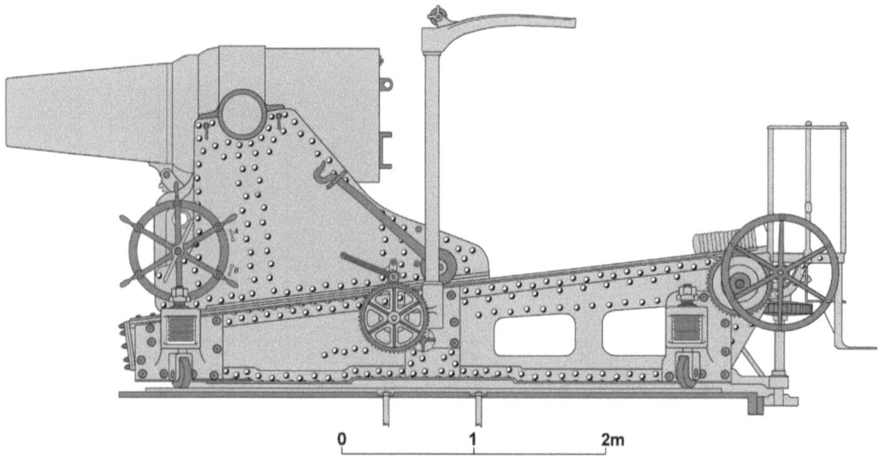

Abbildung 80: Italienische 28-cm-Küstenhaubitze Ausführung C (corto)
Die 16,77 t schwere Bettung, auf der das Geschütz für die Seitenrichtung gedreht werden konnte, ist nicht eingezeichnet.

Italienische 28-cm-Haubitze der Batterie Bosco Azari am Monte Verena nach der Eroberung durch die Österreicher
Rechts sind die hölzernen Reste des Schrapnellschirms zu erkennen, der die Bedienung gegen die österreichischen Füllkugeln schützen sollte. [Foto SO]

Die italienische 30,5-cm-Küstenhaubitze

Die 30,5-cm-Küstenhaubitze der italienischen Firma Armstrong (Pozzuoli) war ebenfalls nicht für einen mobilen Einsatz im Hochgebirge vorgesehen. Die 30,5-cm-Küstenhaubitze Modell 1907 wurde zum Transport in vier Teile zerlegt: das Rohr, das Rohrrücklaufsystem mit Rohrwiege, die Oberlafette und die Bodenplattform. Der Aufbau nahm einen ganzen Tag in Anspruch. Das Geschütz hatte mit seiner großen maximalen Reichweite von 12,7 km den Vorzug, außerhalb des Wirkungsbereichs der österreichischen Artillerie aufgestellt werden zu können. Nachteilig war die etwas zu geringe Rohrerhöhung. Die Geschosse trafen dadurch nicht mit einem so steilen Winkel auf den Werksdecken auf wie bei den österreichischen Mörsern. Gegen sogenannte »weiche« Ziele wie Feldbefestigungen wurden Sprenggranaten mit einem Gewicht von 346 kg und einer Sprengladung von 31 kg verschossen. Gegen »harte« Ziele wie die Betoneindeckungen von Festungen verwendete man eine Panzergranate mit 442 kg Gewicht. Die Hülle war sehr starkwandig, damit die Granate vor der Explosion tief in das Ziel eindringen konnte. Die Sprengladung war mit 17,8 kg Tritolol vergleichsweise schwach. Den Italienern war bewusst, dass die Granaten allenfalls 15 cm starken Chrom-Nickel-Stahl zu durchschlagen vermochten und sich ihre zerstörerische Wirkung demnach nur auf den Beton konzentrierte. Dennoch war die Wirkung der 1,175 m langen Geschosse verheerend. Im weiteren Verlauf des Krieges wurde versucht, die Beweglichkeit des Geschützes durch den Einbau in eine Radlafette Modell »De Stefano« zu erhöhen, was zu einem wahrhaft ungeheuer hohen Aufbau führte.

Das Geschütz hatte zwar ein altmodisches Verschlusssystem, überzeugte jedoch mit hervorragenden ballistischen Eigenschaften wie einer großen Reichweite und einer hohen Treffergenauigkeit. Die theoretische Seitenstreuung betrug bei 8 km Entfernung nur 9 m! Eine automatische Schnellladevorrichtung gestattete es, durch einen Hebeldruck das Rohr nach dem Schuss automatisch in die horizontale Ladestellung gleiten zu lassen, um es nach dem Laden durch einen zweiten Hebeldruck ebenso selbständig wieder in die frühere Schussstellung zurückschwingen zu lassen. Diese positiven Eigenschaften führten dazu, dass ab 1916 Beutegeschütze dieser Art auch in der österreichischen Armee gerne verwendet wurden.

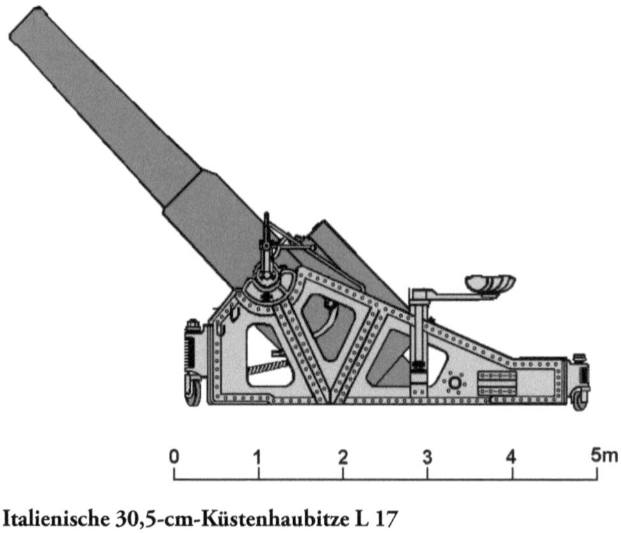

Abbildung 81: Italienische 30,5-cm-Küstenhaubitze L 17

Eine 30,5-cm-Küstenhaubitze L 17 in Ladestellung
Der Ladekran für die 442 kg schweren Granaten war an dem Transportkarren im Vordergrund angebracht. [Foto FN]

Von vorne wirkt das Geschütz filigran und zugleich bedrohlich. [Foto FN]

Der österreichische 30,5-cm-Mörser M.11

Die Planungen der Österreicher für diesen Mörser reichten auf das Jahr 1906 zurück. Er sollte den technisch überholten 24-cm-Mörser M.98 ersetzen, leicht zu transportieren und in kurzer Zeit in Stellung zu bringen sein. Der erste Prototyp wurde im Jahre 1909 getestet. Im Jahre 1911 bezog das Heer zwölf Batterien zu je zwei Geschützen von der Firma Skoda in Pilsen. Zu einer Batterie von zwei Geschützen gehörte eine Bedienungsmannschaft von acht Offizieren und 200 Mann. Der Transport erfolgte in drei Teilen: Rohrwagen, Lafette und Unterbau. Gezogen wurden die Wagen mit einer 15-t-Zugmaschine M.12 (Artillerie-Zugauto) von Skoda-Daimler. Das Fahrzeug hatte einen 6-Zylinder-Benzinmotor mit 100 PS Leistung, der alle vier Räder antrieb. Der Aufbau des Geschützes konnte ohne die Vorbereitung der Bettung in nur 50 Minuten erfolgen. Acht Exemplare dieser Geschütze wurden bei den Belagerungen der belgischen Forts von Lüttich durch das deutsche Heer im Jahr 1914 mit großem Erfolg eingesetzt. Die 380 kg schweren Bomben mit einer Sprengladung von 40 kg Trotyl und mit Verzögerungszünder konnten zwei Meter starken Beton mit einem Schuss durchschlagen, um dann im Inneren der Festungen mit verheerender Wirkung zu explodieren. Die Flugzeit der Bombe betrug bei einer Distanz von 9600 m 47 Sekunden. Ein Geschütz kostete im Jahr 1915 133 000 Kronen, ein einziger Schuss kostete weitere 1000 Kronen. Nach Kriegsbeginn wurden 44 weitere Geschütze beschafft, im Jahr 1916 folgten noch einmal 28 Mörser des modernisierten Modells M.11 / 16. Von den insgesamt 96 produzierten Geschützen wurden im Zweiten Weltkrieg noch 16 Stück von der deutschen Wehrmacht verwendet. Ein Exemplar steht heute am Aufgang zum Kriegsmuseum in Rovereto.

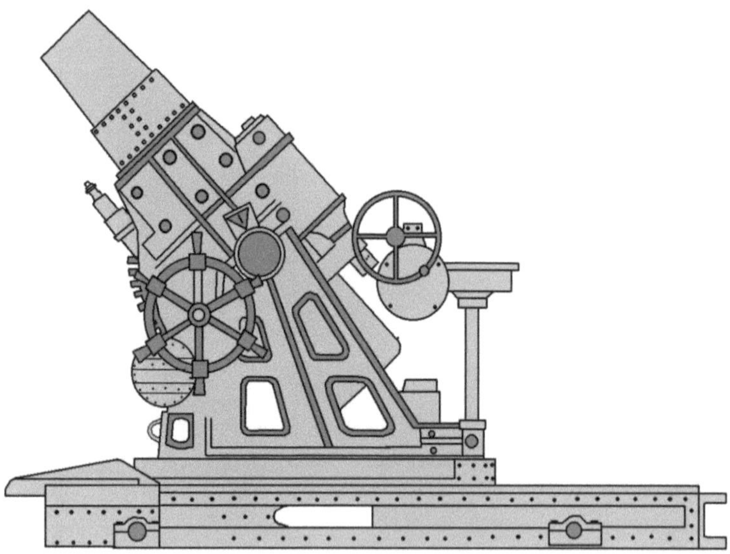

Abbildung 82: Österreichischer 30,5-cm-Mörser M.11

Österreichischer 30,5-cm-Mörser M.11 in Paradeaufstellung
Der quadratische Unterbau, der ein Einsinken der Lafette auf weichem Boden verhindern sollte, ist hier gut zu erkennen. [Foto SH]

Die österreichische 38-cm-Haubitze M.16

Bei der Entwicklung der 38-cm-Haubitze (offizielle Bezeichnung: Belagerungshaubitze B.H. L17) stand vor allem eine gesteigerte Reichweite der Geschosse im Vordergrund. Eine Batterie bestand aus einem Geschütz und einer Bedienungsmannschaft von acht Offizieren und 210 Mann. Obwohl dieses Modell mit 81 600 kg Gesamtgewicht etwa viermal so viel wog wie der 30,5-cm-Mörser, konnte es ebenfalls auf Gebirgsstraßen transportiert werden. Dazu erfolgte eine Zerlegung in vier Teillasten: Rohr mit Verschluss (21 000 kg), Lafette mit Wiege (17 600 kg) und zwei Bettungshälften (21 000 kg und 22 000 kg). Die vierachsigen Transportwagen hatten ein Leergewicht von jeweils 15 600 kg. Der Straßenzug besaß einen einmaligen Antrieb: Der Generatorzugwagen M.16 von Porsche hatte einen 150-PS-Motor mit 20 Litern Hubraum, der ein Stromaggregat antrieb. Mit diesem Strom wurde die Zugmaschine über Elektromotoren angetrieben. Zusätzlich wurde jede einzelne Achse des angehängten Transportwagens mit einem eigenen Elektromotor angetrieben, der vom Strom der Zugma-

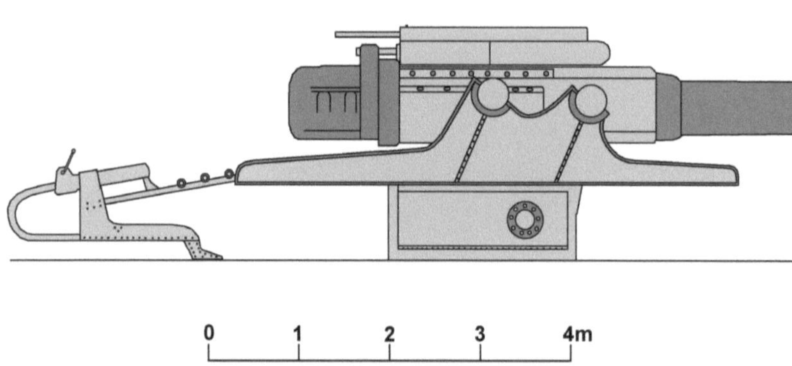

Abbildung 83: Österreichische 38-cm-Haubitze M.16
Links im Bild ist der mechanische Ansetzer für die Granaten zu erkennen. Die Bettung ist nicht eingezeichnet. Die gleiche Lafette wurde auch für die 24-cm-Kanone M.16 verwendet.

schine versorgt wurde. Diese Anordnung erlaubte eine Geschwindigkeit auf der Straße von 16 km/h und eine maximale Steigung von 25% mit einem voll beladenen Anhänger! In der Regel zog ein Generatorzugwagen sogar zwei Anhänger. Die 740 kg schwere Panzergranate M.16 hatte eine Sprengladung von 68 kg mit einer verheerenden Wirkung. Die Bettung des Geschützes konnte in acht bis 20 Stunden vorbereitet werden. Weitere sechs bis acht Stunden dauerte die Aufstellung des Geschützes. Der Preis für ein einzelnes Geschütz mit Transportsystem betrug 1 119 000 Kronen, fast so viel wie für eine Gebirgsfestung. Die beiden ersten Geschütze mit den Namen Barbara[65] und Gudrun kamen in der Frühjahrsoffensive ab dem 15. Mai 1916 auf der Hochebene von Lavarone zum Einsatz. Ein Exemplar dieses Typs steht heute im Arsenal (Heeresgeschichtliches Museum) in Wien.

Die österreichische 42-cm-Küstenhaubitze M.14

Zu Beginn des Krieges bauten die Österreicher einige Küstenhaubitzen für den Landkrieg um. Diese Geschütze waren hauptsächlich für den Bahntransport geeignet und im Gegensatz zum 30,5-cm-Mörser nur umständlich auf der Straße zu transportieren. Charakteristisch für das Geschütz war die runde Bettung mit ihren hohen Wänden, die bei einem Einsatz an der Küste ursprünglich eine Panzerhaube trug. Die Abmessungen und ballistischen Eigenschaften waren im Vergleich zum 30,5-cm-Mörser M.11 zwar gigantisch, dafür war die mangelnde Mobilität ein Nachteil, den man später mit den moderneren 42-cm-Belagerungshaubitzen M.16 und M.17 auszugleichen versuchte. Insgesamt wurden nur acht Haubitzen der Typen M.14, M.16 und M.17 gebaut. Ein Geschütz überlebte den Krieg und ist heute im Armeemuseum in Bukarest zu besichtigen.

Österreichische 42-cm-Küstenhaubitze M.14 in der Nähe des Ortes Serrada [Foto SP]

NACHWORT

Die Geschichte der österreichischen Festungen von Folgaria und Lavarone beginnt am 8. Januar 1907 mit der Denkschrift FML von Hötzendorfs und endet am 4. November 1918 mit dem Waffenstillstand zwischen Italien und Österreich. Auf 25 km Frontlinie hielten sieben österreichische Werke mit 27 Festungsgeschützen und 118 Maschinengewehren einem zahlenmäßig überlegenen, aber glücklosen und unentschlossenen Gegner ein ganzes Jahr lang stand. Von den Festungen erlitten drei schwerste Schäden, der Posten Vezzena und die Werke Verle und Lusern waren am Ende der einjährigen Beschießung entwaffnete Ruinen. Der Frieden von St. Germain, der Südtirol Italien zuschlug, machte die Mühen der Erbauer und die Leiden der Besatzung sinnlos. Wie so oft in der Geschichte war es das Schicksal dieser Festungen, dass sie, obwohl im Kampf unbesiegt, ihren eigentlichen Zweck letztlich nicht erfüllten.

Den vier gegenüberliegenden italienischen Forts mit ihren 17 Fernkampfgeschützen war ein tragisches Schicksal beschieden. Zu Beginn des Krieges waren sie noch die unangreifbaren Beherrscher des Kampffeldes, nach wenigen Wochen mussten sie jedoch ihre technische Unterlegenheit gegenüber der österreichischen Belagerungsartillerie eingestehen. Ihre vollständige Vernichtung war gar nicht notwendig, die meisten wurden schon im Juli 1915 desarmiert. Am Ende wurden sie im Mai 1916 von den Österreichern widerstandslos überrannt. In ihrer Rolle als Sperrforts hatten sie versagt.

Die Festungsbauer zogen aus den Erfahrungen des Ersten Weltkriegs keineswegs den Schluss, dass permanente Befestigungen das Wettrennen mit der Angriffsartillerie stets verlieren müssten. Die 1930er und 1940er Jahre erlebten in Europa einen Festungs-Bauboom sondergleichen, von dem fast kein Land verschont blieb. Keiner der Festungslinien Italiens, Deutschlands, Frankreichs, der Tschechoslowakei oder Polens gelang es aber, dem Anstürmen des Gegners standzuhalten. So war die Erfindung der Atombombe sicher nicht der einzige Grund, warum seither beständige Befestigungen keine Rolle mehr in der Geschichte gespielt haben.

Danksagungen

Dieses Buch wäre in dieser Form ohne die Unterstützung von Herrn Albin Kühnel aus Bad Reichenhall mit seinen unermüdlichen Übersetzungen vom Italienischen ins Deutsche und Herrn Giuseppe Leonardi aus Trient mit seinem unerschöpflichen »Zauberhut« nicht möglich gewesen. Für ihre tatkräftige Hilfe und die gemeinsamen Exkursionen möchte ich mich an dieser Stelle besonders bedanken. Herrn Mag. Willibald Rosner aus St. Pölten bin ich für seine geduldigen und fruchtbaren Diskussionen zu besonderem Dank verpflichtet. Meiner Frau Ulrike Petry danke ich für ihre unendliche Geduld und ihr ehrliches Interesse an dem Entstehen dieses Werks. Posthum seien den Herren Rudolf Stutzenstein (Wien), Mario Puecher (Trient) und Kurt Alexander Fiala (Klosterneuburg) gedankt, die als Begründer der von ihnen selbst als »dilettantisch« bezeichneten Festungsforschung den Grundstein zu diesem Buch gelegt haben. Mein Dank für die beigetragenen Dokumente und Fotografien richtet sich des Weiteren an (in alphabetischer Reihenfolge):

Deutsches Museum, München
Herrn Janwillem Beck, Niederlande
Herrn Friedhelm Becker, Köln
Herrn Dr. Gabriele Chiesa, Brescia
Herrn Dr. Nicola Fontana, Museo Storico Italiano della Guerra, Rovereto
Herrn Tomasz Idikowski, Krakau
Herrn Volker Jeschkeit, Trient
Herrn Bürgermeister Luigi Nicolussi, Dokumentationszentrum Lusern
Herrn Andreas Ostadal, Wien
Herrn Dr. Mauro Passarin, Vicenza
Herrn Karl Pollak, Wien
Herrn Dr. Hellmut Prankl, Salzburg
Frau Gerlinde Simon, Museum und Historisches Archiv der M.A.N. AG
Herrn Robert Striffler, Ettlingen
Herrn Mag. Wolfgang Weihs, Wien

Anhänge

Glossar

Alpini	Italienische Hochgebirgstruppe, die 1872 als älteste Gebirgstruppe der Welt gegründet wurde. Die Alpini wurden lokal rekrutiert, was einen größeren Zusammenhalt der Truppe bewirken sollte.
Baon	Österreichische Bezeichnung für Bataillon
Bataillon	Das Bataillon mit etwa 1000 Soldaten besteht meist aus vier Kompanien einer Truppengattung. Die übergeordnete Einheit des Bataillons ist das Regiment, die untergeordnete Einheit die Kompanie.
Batterie	Bezeichnung für Kompanie bei der Artillerie. Eine Batterie besitzt zwei bis sechs Geschütze. Bei Festungen auch Bezeichnung für den Teil, in dem die Werksartillerie stand.
Bersaglieri	Abgeleitet von italienisch bersaglio, »Zielscheibe«. Italienische Elite-Infanterie, die 1836 aufgestellt wurde und sich durch hohe Treffsicherheit und Geschwindigkeit auszeichnete. Äußeres Kennzeichen der Bersaglieri ist der Federbusch an Hut oder Helm.
Bombe	Geschoss eines schweren Steilfeuergeschützes, wie zum Beispiel eines Mörsers
bombensicher	Konstruktionsmerkmal eines Bauwerks oder einer Panzerplatte, das mindestens einem Volltreffer einer schweren Mörserbombe vom Kaliber 24 cm standhält.
Brigade	Eine Brigade (bestehend aus 1400–4200 Soldaten) ist der kleinste, aus mehreren Waffengattungen zusammengesetzte Großverband. Sie bestand in Österreich aus fünf bis acht Bataillonen. Die übergeord-

	nete Einheit der Brigade ist die Division, die untergeordnete Einheit das Bataillon.
Camouflage	Mehrfarbige Fleckentarnung zum Verwischen von Umrissen und Formen
Depression	Bei Geschützen bezeichnet die Depression den negativen Vertikalwinkel zwischen geneigtem Geschützrohr und der Waagrechten.
Division	Gefechtseinheit aus Truppen aller Waffengattungen (Infanterie, Artillerie, Pioniere, Fernmeldetruppen), kann Gefecht selbständig durchführen. Die untergeordnete Einheit ist die Brigade oder das Regiment.
Elevation	Bei Geschützen bezeichnet die Elevation den positiven Vertikalwinkel zwischen geneigtem Geschützrohr und der Waagrechten.
feldgeschützsicher	Eigenschaft einer Panzerplatte, die schusssicher gegen Flachfeuergeschosse bis zum Kaliber 15 cm ist. Stärke meist 12 cm.
Fort	Bezeichnung für eine eigenständige, kleinere Festungsanlage. Entspricht dem österreichischen Werk.
Genie	Truppe für den Bau von permanenten Bauten wie Festungen oder Straßen
Glacis	Deckungsloses Festungsvorgelände, das oft von natürlichen Deckungsmöglichkeiten wie Bewuchs oder Geländefalten befreit wurde.
Granate	Oberbegriff für Artilleriegeschoss
gebirgsgeschützsicher	Eigenschaft einer Panzerplatte, die schusssicher gegen Flachfeuergeschosse bis zum Kaliber 7,5 cm ist. Stärke meist 6 cm.
Hangard	Unterstellraum für Scheinwerfer oder MG, zugleich bombensicherer Gefechtsausgang
Härte	Fähigkeit eines Körpers, einem ritzenden Stoff Widerstand zu leisten. Zu harte Panzerplatten springen bei Auftreffen einer Granate wie Glas.
Haubitze	Geschütz, das sowohl für Steil- als auch Flachfeuer geeignet ist. Die Reichweite und der Einfallswinkel der Geschosse können durch Veränderung von Treibladung und Rohrerhöhung unabhängig voneinander beeinflusst werden. Die gegenüber der Kanone höhere Rohrerhöhung erlaubt den Bogenschuss mit steilem Einfallswinkel.
Intervall	Raum zwischen zwei Festungen, der nur mit Feldbefestigungen verteidigt wird.
Kanone	Flachfeuergeschütz mit hoher Anfangsgeschwindigkeit und einer flachen, gestreckten Flugbahn des Geschosses, bei der die Reichweite nur von der Rohrerhöhung abhängt.

Kartätsche	Mit Kugeln gefülltes Artilleriegeschoss ohne eigene Sprengladung, ähnlich einer Schrotladung. Wurde gegen lebende Ziele auf kurze Entfernung eingesetzt.
Kasematte	Bombensicherer Unterkunfts-, Kampf- oder Lagerraum
Kaverne	Künstlich angelegte Felsenhöhle als Verbindungsgang, Lagerraum oder Unterkunft
Kehle	Schwächer ausgeführte und daher empfindlichere Rückseite einer Festung
Koffer	Kleinerer bombensicherer Kampfraum, meist für MG. Typische Standort waren die Kehle (Kehlkoffer) und der Frontgraben (Kontereskarpenkoffer).
Kompanie	Die Kompanie besteht aus etwa 150 Soldaten. In der Artillerie wird eine Kompanie als Batterie bezeichnet. Die übergeordnete Einheit der Kompanie ist das Bataillon, die untergeordnete der Zug.
Kontereskarpe	Äußere Grabenböschung bei Festungen, die innere Böschung heißt dementsprechend Eskarpe.
Kontereskarpenkoffer	Der direkten Feindeinwirkung entzogene Kampfanlage zur Flankierung der Hindernisgräben. Im Deutschen Grabenstreiche genannt.
Korps	Truppenverband von mindestens zwei Divisionen
Lafette	Schießgerüst für Geschütze, dient zur Höhen- und Seitenrichtung des Geschützrohrs sowie der Aufnahme der Rückstoßenergie beim Abschuss.
Landesschützen	Tiroler k.k. Infanterie, seit 1906 Hochgebirgstruppe, ab 16. Jänner 1917 Kaiserschützen genannt. Die Landesschützen waren in drei Regimentern aufgestellt: 1. Regiment (Trient), 2. Regiment (Bozen), 3. Regiment (Innichen).
Landsturm	Aufgebot aller waffenfähigen Männer, die gerade nicht in der Armee dienen. In Österreich-Ungarn bestand Landsturmpflicht für das erste Aufgebot vom 19. bis zum 37. Lebensjahr und für das zweite Aufgebot vom 38. bis zum 42. Lebensjahr.
Landwehr	Nationale k.k. Truppe in beiden Reichshälften (in Ungarn Honvéd genannt), neben der gemeinsamen k.u.k. Armee aufgestellt
Längsstreuung L50	Länge des Zielbereichs, innerhalb dessen 50 Prozent der Granaten eines Geschützes einschlagen. Je kleiner die L50 ist, desto zielgenauer ist das Geschütz.
Maschinengewehr	1885 von Hiram Maxim entwickelte Waffe, bei der der Rückstoß eines Schusses genutzt wurde, um die leere Patronenhülse auszuwerfen, die Feder zu spannen und eine neue Patrone in die Kammer zu laden (Rückstoßlader).

Metertonne	Alte Maßeinheit für die Mündungswucht oder Aufschlagwucht eines Geschosses. Eine Metertonne ist die Energie, die einen Körper mit einem Gewicht von einer Tonne einen Meter hoch hebt.
Minimalscharte	Scharte in einer Panzerplatte, bei der der geometrische Drehpunkt einer Waffe innerhalb der Scharte liegt, so dass die Öffnung möglichst klein bleiben kann.
Mörser	Schweres Steilfeuergeschütz mit kurzem Rohr und geringer Anfangsgeschwindigkeit der Geschosse. Durch den großen Rohrerhöhungswinkel über 60 Grad ergibt sich eine sehr stark gekrümmte Flugbahn, die zu einem nahezu senkrechten Einfallswinkel der Geschosse führt.
Mündungswucht	Energie eines Geschosses an seiner Mündung
Panzer	Bezeichnung für eine Panzerplatte zum Schutz von Geschütz- und Beobachtungsständen
Pioniere	Vielseitige technische Truppe für die Bedienung von Motoren und Seilbahnen, für Sprengarbeiten, aber auch für den Straßen- und Brückenbau
Pivot	Schwenkzapfen, um den eine Geschützlafette seitlich gedreht werden kann
Poterne	Unterirdischer, bombensicherer Gang aus Fels oder Beton
Regiment	Ein Regiment besteht aus zwei bis vier Bataillonen derselben Waffengattung. Die übergeordnete Einheit des Regiments ist die Brigade oder Division, die untergeordnete Einheit die Kompanie.
Sappeure	Alte Bezeichnung für Pioniere, also eine technische Truppe
Schrapnell	Nach dem englischen Erfinder Oberst Henry Shrapnel genanntes Artilleriegeschoss. Das Geschoss explodiert noch in der Luft und schleudert zahlreiche Bleikugeln im Umkreis von einigen 10 m gegen lebende Ziele. Der Explosionspunkt über dem Ziel wird durch die Brenndauer eines Zünders (Brennzünder) eingestellt.
Seitenstreuung L50	Breite des Zielbereichs, innerhalb dessen 50 Prozenten der Granaten eines Geschützes einschlagen. Siehe auch Längsstreuung.
Standschütze	Seit 1511 Tiroler und Vorarlberger Freiwilligentruppe von Männern, die zu jung oder zu alt zum regulären Wehrdienst sind. Organisiert in Kompanien ihrer Heimatorte, oft hervorragende Schützen.
sturmfrei	Befestigung, die wegen ihrer Hindernisse, Bewaffnung und Verteidigungsanlagen von der Infanterie nicht im Handstreich erobert werden kann.
sturmreif	Zustand einer Festung, die durch vorhergegangene Zerstörungen nicht mehr verteidigungsfähig ist.

tormentieren	Ursprünglich wurde die Reichweite eines neuen Geschütztyps dadurch ermittelt, dass man beim Probeschießen die Treibladung des Geschosses so lange erhöhte, bis das Geschützrohr zersprang. Dieser Begriff hat sich später auch für das erste Probeschießen eines Geschützes eingebürgert. Hierbei wurden spezielle Tormentiergeschosse verwendet, deren Geschossspitzen abgeflacht waren. Die dadurch stark verringerte Schussweite erlaubte das Schießen auch außerhalb weiträumig abgesperrter Schießplätze.
Traditor	Aus dem Italienischen »Verräter«, Flankierungsgeschütz, das von der Feindseite her nicht zu erkennen ist und gegen Flachbahnbeschuss geschützt liegt. Dient zur Bekämpfung angreifender Infanterie in den Intervallen zwischen den Festungen.
Werk	Altösterreichische Bezeichnung für Fort
Zähigkeit	Zug- und Reißfestigkeit eines Körpers
Zwinger	Mit Hindernissen abgeteilter Raum vor dem Eingang einer Festung. Äußerer Zwinger vor dem Werksgebäude, innerer Zwinger im Werksgebäude

Abkürzungen

B.u.M.	drehbarer bombensicherer Beobachtungs- und Maschinengewehrstand, hier als drehbarer Beobachtungsstand bezeichnet
B.u.M.f.	fixer bzw. feststehender bombensicherer Beobachtungs- und Maschinengewehrstand in Panzerkuppel oder Panzerkasematte
FML	Feldmarschall-Leutnant
H	Hangard
FsArtB	Festungsartilleriebataillon bzw. -baon
H.KP.	Haubitz-Kasemattpanzerschild für 10-cm-Kasematthaubitze M.12 (bombensicher)
Hptm.	Hauptmann
IBrig	Infanteriebrigade
ID	Infanteriedivision
IR	Infanterieregiment
K.H.	Kasematthaubitze
K.K.	Kasemattkanone zur Nahverteidigung
k.k.	kaiserlich-königlich, Bezeichnung für Truppen und Einrichtungen, die nur der österreichischen der beiden Monarchien von Österreich-Ungarn zugeordnet waren.

K.P.	Kasematt-Panzerschild für Kasemattkanonen und Minimalschartenkanonen (bombensicher oder feldgeschützsicher)
k.u.k.	kaiserlich und königlich (österreichisch-ungarisch), Bezeichnung für Truppen und Einrichtungen, die der Doppelmonarchie aus Kaiserreich Österreich und Königreich Ungarn zugeordnet waren.
L	Länge eines Kanonenrohrs in Kalibern
Lt.	Leutnant
M.	technische Abkürzung von »Modell«, gefolgt von der gekürzten Jahreszahl. M.9 bedeutet demnach »Modell 1909«.
M.K.	Minimalschartenkanone
M.u.S.H.	Maschinengewehr- und Scheinwerferhangard
MG	Maschinengewehr
Mg.Sch.	gebirgsgeschützsicheres Maschinengewehrschild in Panzerkasematte
Mg.St.f.	fixer bzw. feststehender bombensicherer Maschinengewehrstand in Panzerkuppel oder Panzerkasematte
mt	Metertonne
NP	Normalprofil, Höhenangabe der I-Träger der Deckenkonstruktion in Zentimetern
Olt.	Oberleutnant
S.H.	Scheinwerferhangard
t	Tonne, 1000 Kilogramm
T.H.	Turmhaubitze
TMK	Technisches Militärkomitee

Literatur

Gedruckte Literatur

ohne Autor: Artillerieunterricht für die K.u.K. Festungsartillerie, I. Teil, 15. Heft, 10-cm-Turmhaubitzen M.9, Wien 1910

ohne Autor: Artillerieunterricht für die K.u.K. Festungsartillerie, I. Teil. Anhang zum 11. Heft, 6-cm-Kasemattkanone M.10, Wien 1912

ohne Autor: Artillerieunterricht für die K.u.K. Festungsartillerie, I. Teil, 5. Heft, 10-cm-Kasematthaubitzen M.12, Wien 1914

ohne Autor: 1. Nachtrag zu den Schießtafeln der 10-cm-Turmhaubitze M.9 (Granate M.11), Wien 1912

ohne Autor: Instruktion für den Gasschutz- und Frontwetterdienst, Wien 1917

ohne Autor: Instruktion für die Festungssignallaterne M.11

ohne Autor: Instruktion über die Einrichtung und Verwendung der Maschinengewehre. 3. Heft M.7 (M.7/12) Maschinengewehr der Festungsausrüstung, Wien 1915

ohne Autor: Istruzione sul servizio delle Installazioni Tipo Schneider per cannoni da 149S, Ministerio della Guerra, Rom 1915

ohne Autor: Merkbuch der mit Autozug beförderten Geschütze, Wien 1918 (zu K.M.Erl. Abt.7, Nr. 6578 res. von 1918)

ohne Autor: Schematismus für das K.u.K. Heer und für die K.u.K. Kriegsmarine für 1914, Wien, Februar 1914

Acerbi, E.; Pavolo, A.; Gattera, C.; Maltarro, M.: Guida ai Forti Italiani e Austriaci degli Altipiani, Gino Rossato Editore, Novale 1994

Fontana, Nicola: Le vicende progettuali dello »Zwischenwerk Sommo« (T.SO) sull'Altopiano di Folgaria (1909–1911), Rivista del Museo Storico Italiano della Guerra di Rovereto. Annali Nr. 5/6, 1998, S. 179–207

Fontana, Nicola: Valmorbiawerk, La fortezza incompiuta, Rivista del Museo Storico Italiano della Guerra di Rovereto. Annali Nr. 12/13, 2004–2005, S. 21–70

Gerosa, Carlo: Le Fortificazioni sulla via del Brennero, Museo Storico Italiano delle Guerra, Rovereto 1992/1993

Grestenberger, Erwin: K.u.K. Befestigungsanlagen in Südtirol und Kärnten 1860–1918, Verlag Österreich, Wien 2000

Hauptner, Rudolf: Die Tiroler Hochflächenwerke im Ersten Weltkrieg, Militaria Austriaca Nr. 8, 1992 Seite 6–28

Heigl, Fritz: Die italienische 30,5-cm-Haubitze L / 17, Militärwissenschaftliche und technische Mitteilungen, Heft 11 / 12, 1928, Seite 866 ff.

Hentzschel, Rolf: Österreichische Gebirgsfestungen im Ersten Weltkrieg, Athesia, Bozen 1999

K.K. Technisches Militär-Komitee: Mitteilungen über Gegenstände des Artillerie- und Geniewesens, Wien, verschiedene Jahrgänge und Supplemente

Kompass-Karte Nr. 631: Altipiani di Folgaria, Lavarone e Luserna, 1:25000, euroedit, Trient

Kompass-Karte Nr. 623: Altopiano di Asiago, 1:25000, euroedit, Trient

Kosar, Franz: Artillerie im 20. Jahrhundert, Bernhard & Graefe Verlag, Bonn 2004

Kühnel, Albin: Sturm über den Werken, unveröffentlichtes Manuskript, Bad Reichenhall 2005

Langer, Albert: Das Österreichisch-Ungarische Geschützmaterial, Wien 1912

Liber, Tullio; Leitempergher, Ugo: 1914–1918, 2. Auflage, Velox Trient 1971

Lichem, Heinz von: Der einsame Krieg, Hornung Verlag, München 1974

Lichem, Heinz von: Krieg in den Alpen 1915–1918. Die Dolomitenfront, Athesia, Bozen, auch erschienen im Weltbildverlag, Augsburg 1993

Macalitz, Josef: Der Kampf um Hochgebirgssperren, Wien 1912

Mair, Kurt: Die Hochstraßen der Alpen, 10. Auflage, Verlag R.C.Schmitt, Braunschweig 1970

Malatesta, Leonardo: Il Dramma del Forte Verena, Temi Editrice, Trento 2005

Malatesta, Leonardo: La Guerra dei Forti, Nordpress Edizioni, Chiari 2003

Martino, Basilio di: Spie Italiane contro Forti Austriaci, Gino Rossato Editore, Novale 1998

Mattalie, Umberto: La Guerra dei Forti sugli Altopiani 1915–1916, Gino Rossato Editore, Novale 1996

Mörz de Paula, Kurt: Der Österreichisch-Ungarische Befestigungsbau 1820–1914, Verlagsbuchhandlung Stöhr, Wien 1995

Murari Brà, Vittorio: Sulla fronte della 1a linea della 34a Divisione colla Brigata »Ivrea«, F. Casanova & C. Editori, Torino 1922

Nußstein, Wilhelm: Militärgeschichtlicher Reiseführer Dolomiten, Verlag E.S. Mittler Sohn, Hamburg 1997

Pantenius, Hans Jürgen: Der Angriffsgedanke gegen Italien bei Conrad von Hötzendorf, Böhlau Verlag, Verlag Seidel und Sohn, Wien 1984

Pieropan, Gianni: Führer zu den Festungen der Hochebenen, Gino Rossato Editore, Novale 1989

Pieropan, Gianni: 1915. Obiettivo Trento, Musia Mailand 1982

Puecher, Mario: Forte Belvedere Gschwent, Curcu & Genovese Storia, Trento 2006

Reutter, Artur: Barbara und Gudrun, die zwei ersten österreichisch-ungarischen 38-cm-Haubitzen, Muster 1916, Bernina-Verlag, Wien, Leipzig-Olten 1937

Rosner, Willibald: Die Anfänge der Panzerfortifikation in Österreich-Ungarn, Militaria Austriaca Nr. 16, 1994, Seite 83–99

Rosner, Willibald: Die Österreichisch-Ungarische Gebirgsfortifikation der Ära Vogel 1881 / 83–1900, Militaria Austriaca Nr. 15, 1994, Seite 33–49

Schaufler, J.H.: Österreichische Panzerwerke unter schwerstem Feuer, Gedächtnis-Jahrbuch Nr. 9, Militärische Ausgabe, 1937, Seite 25–34

Schaumann, Walther: Schauplätze des Gebirgskrieges, Band II: Pellegrinopass-Pasubio, Ghedina & Tassotti Editori, Bassano 1984

Schiarini, Pompilio: L'Armata del Trentino (1915–1919), A. Mondadori, Milano 1926

Steinitz, Eduard von; Brosch Edler von Aarenau, Theodor: Die Reichsbefestigung Österreich-Ungarns zur Zeit Conrad von Hötzendorfs, Militär-Wissenschaftliche Mitteilungen, Österreichisches Bundesministerium für Heerwesen, Wien 1937

Striffler, Robert: Gab es 1916 einen italienischen Minenangriff gegen österreichische Hochflächenwerke bei Folgaria und Lavarone? Fortifikation, Nr. 15, 2001, Seite 50–56

Striffler, Robert: Von Fort Maso bis Porta Manazzo, Schriftenreihe zur Zeitgeschichte Tirols, Band 14, Verlag »Buchdienst Südtirol«, Nürnberg 2004

Tommasini, A.: Ricordi del Tribunale di Guerra a Trento 1914–1918, 2. Auflage, Arti Grafiche Tridentum, Trient 1926

Trenker, Luis: Alles gut gegangen, Mosaik Verlag, Lizenzausgabe für Bertelsmann, Gütersloh, 1967

Trenker, Luis: Sperrfort Rocca Alta, Verlag von Th. Knaur Nachfahren, Berlin 1938, auch als textlich und inhaltlich geänderte Auflage erschienen in: Verlag J. Berg, München 1977

Weber, Fritz: Granaten und Lawinen, Verlag Steyrermühl 1932, auch erschienen als: Das Ende der alten Armee, Franz Eher Nachfahren, 1933, und: Der Alpenkrieg, Österreichischer Milizverlag, Salzburg 1996

Archivalien

Wegen der Vielzahl von alten Dokumenten, die aus den unterschiedlichsten Quellen stammen, kann hier nur ein kleiner Auszug der verwendeten Archivalien aufgeführt werden. Die Abkürzungen bedeuten: BHS (Bayerisches Hauptstaatsarchiv München), KAW (Staatsarchiv-Kriegsarchiv Wien), SAT (Staatsarchiv Trient), MSR (Museo Storico Italiano della Guerra Rovereto), PQ (Private Quellen).

Posten Vezzena, Rapportplan, Februar 1914, MSR sowie Rekonstruktion Fiala, KAW, B-1423 Mappe 49a

Werk Lusern, Rapportplan, Mai 1913, KAW, Lusern Inl B II KS

Werk Verle, Rapportplan, Februar 1913, KAW, Verle Inl B II KS

Werk Gschwent, Rapportplan, März 1913, KAW, Gschwent Inl B II KS

Nahkampfanlagen Oberwiesen und Viaz, Rapportplan, Mai 1913, KAW, Verschiedenes Inl B II KS

Werk Sebastiano, Rapportplan, ca. 1914, KAW

Werk Sommo, Abrechnungsplan, Mai 1914, SAT

Werk Serrada, Rapportplan, Januar 1915, PQ

Ellison von Nidlef, Otto, Kriegstagebuch 1914–1918, Graz 1932, KAW

Erfahrungen über die Beschießung permanenter Werke unter spezieller Berücksichtigung des Werkes Serrada, ferner Vor- und Nachteile verschiedener Konstruktionen, Trient, 3. August 1918, SAT

Evidenzbüro des k.u.k. Generalstabs, Mitteilungen vom 1. Dezember 1912, KAW

Janećka, General: Begutachtung des Einschreitens für den Militär-Maria-Theresien-Orden des Hauptmanns Josef Schaufler im k.k. Kaiserschützenregiment Nr. 1, 22. Juni 1918, SAT

Kommission zur Erhebung militärischer Pflichtverletzungen: Fall Albert Giebermann, Aktenzeichen B 213/19, KAW

Kommission zur Erhebung militärischer Pflichtverletzungen: Fall Emanuel Nebesar, Aktenzeichen B 77/20, KAW

K.u.k. Landesverteidigungskommando in Tirol: Erfahrungen aus der Werksbeschießung der Sperre Lavarone-Folgaria in der Zeit bis 20. Juni 1915, BHS

K.u.k. Landesverteidigungskommando in Tirol: Erfahrungen aus der Werksbeschießung der Sperre Lavarone-Folgaria in der Zeit bis 15. August 1915, BHS

K.u.k. Landesverteidigungskommando in Tirol: Erfahrungen aus der Beschießung von Werken und Sperranlagen im Bereiche des L.V.K. in der Zeit vom 15. bis 31. August 1915, BHS

K.u.k. Landesverteidigungskommando in Tirol: Erfahrungen aus der Beschießung von Werken und Sperranlagen im Bereiche des L.V.K. in der Zeit bis 15. Oktober 1915, KAW

Lipscher, Karl: Folgaria – Lavarone, wie es wirklich war, unveröffentlichtes Manuskript, Wien 1927–1955, PQ

Luschinsky, Hptm.: Berichte des Generalgenieinspekteurs an das Kriegsministerium über den Bauzustand der Werke Vezzena, Lusern, Sebastiano, Sommo und Serrada, Mai 1916, KAW, MS.Rb. Nr. 14

Luschinsky, Hptm.: Berichte des Generalgenieinspekteurs an das Kriegsministerium, Zusammenstellung der Resultate der Beschießung der eigenen und feindlichen permanenten Werke am südwestlichen Kriegsschauplatz, September 1916, KAW, MS.Rb. Nr. 33

Papak Julius, Lt.: Situationsmeldung des Werkes Verle, Bericht an die k.u.k. Geniestabsgruppe, 24. Februar 1916, SAT

Schaufler Josef, Olt.: Situationsmeldung des Werkes Lusern für das k.u.k. Gruppenkommando Oberst Rada, Feldpost 217, 12. April 1916, SAT

Schaufler Josef, Olt.: Aufzeichnungen des Kommandanten des Werks Lusern, vom 3.6.1915 bis zum 22.5.1916; Abschrift von Hauptmann Dr. Johann von Vancea, Edler von Bubyasza vom 10.6. und 19.6.1918, k.u.k. Etappenpost Nr. 277, PQ

Schneider, Rudolf, Hptm.: Beschießung Werk Lusern, Schreiben an das k.u.k. 3. Korpskommando, 12. April 1916, PQ

Schneider, Rudolf, Hptm.: Berichte über den Zustand der permanenten Befestigungsanlagen, 8. Mai 1916 (Werkgruppe Lavarone), PQ

Schneider, Rudolf, FML: Denkschrift über die Reichsbefestigung der ehem. österreichisch-ungarischen Monarchie, Kriegsarchiv Wien, 1940-1943, KAW, MS.Rb. Nr. 1

Schneider, Rudolf: Tagebuch, KAW

Stutzenstein: Nachlasssammlung, KAW, B-1423, diverse Mappen

Tagebuchauszüge der Geniestabsgruppe der 180. Infanteriebrigade August–Oktober 1915, KAW

Tagebuch, Situationsberichte und Gefechtsberichte der 180. Infanteriebrigade, KAW

Technische Situationsberichte der Geniestabsgruppe Ellison, Feldpost 217, Januar bis Mai 1916, SAT

Tiroler Sperren, KAW, Karton 54 und 55

Wolfrum, Oberleutnant: Zeugenaussage für das k.u.k. Infanteriedivisionskommando, 8. Juni 1918, SAT

Bildnachweis

Sämtliche nicht gesondert gekennzeichneten Zeichnungen wurden vom Autor auf der Grundlage von historischen Originalvorlagen und eigenen Erkundungen angefertigt. Die Fotos stammen aus folgenden Quellen:

[DZL]	Dokumentationszentrum Lusern
[DM]	Archiv des Deutsches Museums, München
[FN]	Fondazione Negri, Brescia
[KA]	Kriegsarchiv, Wien
[MA]	Museum und Historisches Archiv der M.A.N. AG, Augsburg
[MR]	Museo des Risorgimento e della Resistenza, Vicenza
[SB]	Sammlung Becker, Köln
[SH]	Sammlung Hentzschel, Wackernheim
[SL]	Sammlung Leonardi, Trient
[SO]	Sammlung Ostadal, Wien
[SP]	Sammlung Prankl, Salzburg
[SW]	Sammlung Weihs, Wien

ENDNOTEN

1 Franz Conrad von Hötzendorf (Freiherr, ab 1918 Graf), 11.11.1852–25.8.1925, Feldmarschall, 1906–1911 und 1912–1917 Chef des Generalstabs der k.u.k. Armee. Conrad wurde 1917 von Kaiser Karl als Chef des Generalstabs enthoben und war bis Juli 1918 Kommandant einer nach ihm benannten Heeresgruppe in Italien.

2 Die sogenannte Irredenta-Bewegung zur nationalen Einheit Italiens wollte alle italienischsprachigen Gebiete mit dem italienischen Reich vereinigen.

3 Oft verwechselt mit den »Sieben Gemeinden« (Sette Comuni) auf der italienischen Seite: Asiago, Rotzo, Roana, Lusiana, Gallio, Enego und Foza.

4 Gustav Egmund Geldern zu Arcen (23.5.1837–1.10.1915), als Geniedirektor von Klagenfurt für den Bau der Festungen Malborghetto und Flitscher Klause zuständig, 1883 Geniedirektor von Krakau, ab 1903 Generalgenieinspekteur.

5 Ernst Freiherr Leithner (7.6.1852–1.7.1914), ab 14.12.1907 Generalgenieinspekteur, Verfasser mehrerer Lehrbücher über den Befestigungsbau, die auch ins Italienische übersetzt wurden.

6 Battisti war italienischer Abgeordneter in Österreich, er trat bei Kriegsbeginn in die italienische Armee ein und wurde von den Österreichern nach seiner Gefangennahme am 12. Juli 1915 als Landesverräter hingerichtet.

7 Am Standort des heutigen Albergo Monte Rover

8 Am Ostufer des Lago di Lavarone unterhalb des Hotel Du Lac

9 Einschließlich der Nebenwerke Oberwiesen (35 Mann) und Viaz (22 Mann)

10 Nach einem Überläuferbericht des italienischen Geheimdienstes lag die Quelle dort, wo auf der Landkarte 1:25.000 das dritte »r« des Orts Perbrunneri (zimbrisch für Bärenbrunnen) lag.

11 Die Begriffe Panzerkuppel und Panzerkasematte kamen in der Terminologie der österreichischen Festungsbauer nicht vor, sie sollen aber der Übersichtlichkeit halber hier weiter verwendet werden.

12 Als »Hangard« wurden in der Befestigungslehre seinerzeit bombensichere Räume zum Unterstellen von Geschützen und Geräten bezeichnet, während das Wort »Hangar« für zivile Warenlager oder Magazine in Leichtbauweise verwendet wird.

13 Ein Vollkreis wird bei der Artillerie nicht mit 360 Grad, sondern mit 6400 Strich angegeben.

14 Ein unabhängiger Aufsatz erlaubt das Einstellen von vorgegebenen Winkeln zwischen dem eigentlichen Ziel und dem anzuvisierenden Hilfsziel, so dass auch verdeckt liegende Ziele bekämpft werden konnten.

15 Vorgeben der Flugdauer einer Brennzündergranate durch Einstellen der Brenndauer.

16 Werke Srac im Festungsbereich Trebinje und Dvrsnik im Festungsbereich Cattaro

17 Bei diesen Rohren nach dem System von Uchatius konnte die notwendige Druckvorspannung an der inneren Rohrwand leichter und billiger erreicht werden als bei Stahlrohren, die dazu ein aufgeschrumpftes Mantelrohr benötigten.

18 Die äußere Grabenböschung wurde Kontereskarpe genannt, die innere Grabenböschung hieß demzufolge Eskarpe.

19 Davon zwei mit je zwei MG im Nahkampfwerk Oberwiesen

20 Davon je eine auf den Nahkampfwerken Viaz und Oberwiesen

21 Vezzena besaß einen Maschinengewehr- und Scheinwerferhangard auf dem Verdeck, das MG wurde jedoch in den offiziellen Dokumenten nicht erwähnt.

22 In einigen Darstellungen werden insgesamt 18 MG genannt. Möglicherweise war an dem gepanzerten Gefechtsausgang (Hangard H. 3) noch ein MG offen auf dem Wall installiert.

23 Rudolf Schneider (25.2.1879 – 19.3.1967)

24 Ritter Eugen Luschinsky (1881 – 1947)

25 Oberleutnant Schaufler bewarb sich 1918 erfolglos um den Militär-Maria-Theresien-Orden. Sein Antrag wurde unter anderem mit dem Argument abgelehnt, dass die Kommandanten der Werke Verle und Vezzena unter dem gleichen schweren Beschuss ausharren mussten.

26 Luis Trenker, eigentlich Alois Franz (4.10.1892 – 12.4.1990), war Bergführer, ab 1922 Architekt in Bozen, ab 1928 Schauspieler, Regisseur und Schriftsteller.

27 Fritz Weber, eigentlich Friedrich (4.6.1895 – 1.6.1972), war Schriftsteller und ab 1934 Redakteur. Am 25.8.1954 erhob er in Wien Klage gegen Luis Trenker zur Feststellung der Urheberschaft von dessen Roman »Sperrfort Rocca Alta«. Nachdem klar war, dass Weber tatsächlich der Autor dieses Romans war, führte er gegen Trenker erfolglos Prozesse wegen der Höhe der Tantiemen für dieses Buch. Diese Streitigkeiten führten im Jahr 1977 zu einer Neuauflage dieses Romans unter der Autorenschaft von Luis Trenker.

28 Auch erschienen unter dem Titel »Das Ende einer Armee«

29 Otto Ellison von Nidlef (Freiherr) (6.4.1868 – 11.11.1947), Oberst, 1915 Geniedirektor von Riva, ab 16. Juli 1915 Kommandant der Sperrgruppe Lavarone, am 17. August mit dem Militär-Maria-Theresien-Orden dekoriert, ab 20. Mai 1916 Kommandant der 43. Landwehr Infanterie Brigade, ab 3. Oktober Kommandant der 1. Kaiserjägerbrigade, 1917 Kommandant der Luftstreitkräfte. Nach 1923 Kommandant der steirischen Heimwehr.

30 Luigi Cadorna (Conte) (4.9.1850 – 21.12.1928), ab Juli 1914 italienischer Generalstabschef, 1917 nach der 12. Isonzoschlacht abgesetzt, 1924 Feldmarschall. Cadorna war für seinen rücksichtslosen Führungsstil berüchtigt und angeblich für etwa 750 Todesurteile im italienischen Heer verantwortlich. Er setzte 217 seiner Offiziere wegen angeblicher Unfähigkeit ab.

31 Ignaz Verdross, Edler von Drossberg (16.12.1851 – 16.06.1931), wurde am 1. Oktober 1914 aus dem Ruhestand für den Militärdienst reaktiviert. Ab 24. Mai 1915 Kommandant der 180. Infanteriebrigade. Am 9. Oktober 1916 wurde er Kommandant der 8. Tiroler Kaiserjägerdivision, am 3. Februar 1918 übernahm er den Oberbefehl über das Edelweißkorps (14. Armeekorps).

32 Heute befindet sich dort die Malga Basson di Sopra.

33 Diese Offensive ging in die italienische Geschichte unter dem Namen »Strafexpedition« ein.

34 Auf der alten Sperre Gomagoi am Stilfser Joch wurde im Jahr 1909 eine MG-Kasematte errichtet, die heute noch ein gebirgsgeschützsicheres MG-Panzerschild und einen bombensicheren MG-Stand enthält. Das Werk ist von innen zur Zeit leider noch nicht zu besichtigen.

35 Auflistung aus der Denkschrift Schneiders aus dem Jahr 1943, die Angaben in der Literatur sind uneinheitlich.

36 Alte Maßeinheit für die Mündungswucht oder Aufschlagwucht eines Geschosses. Eine Metertonne ist die Energie, die einen Körper mit einem Gewicht von einer Tonne einen Meter hochhebt.

37 Schon im Dezember 1914 hatten die Kommandanten der Werke Verle und Lusern eine zusätzliche Ventilation für die Küchen gefordert.

38 Dieser Effekt wurde auch von anderen Stellen berichtet. So führte der Genuss von Wasser, das infolge von Beschießung und Vergasung des Terrains Pikrinsäure und andere Giftstoffe enthielt, in der Ortigaraschlacht auf der Hochfläche der Sieben Gemeinden im Juni 1917 zu einer erhöhten Zahl von Erkrankungen.

39 Schon am 22. September 1915 stellte Hauptmann Schneider Berechnungen über den Wert der italienischen Munition an. Für die Zeit vom 23. Mai 1915 bis zum 20. September 1915 errechnete er dafür insgesamt 20 490 000 Kronen. Dabei setzte er für eine 14,9-cm-Granate 80 Kronen an, für eine 28-cm-Bombe 800 Kronen und für eine 30,5-cm-Bombe 6000 Kronen.

40 Armeeoberkommando

41 In der Literatur und einigen historischen Quellen wird oft fälschlich die Turmhaubitze Nr. III genannt, was möglicherweise auf einer Verwechslung beruht.

42 Der Ersatz stammte wahrscheinlich aus den für Werk Valmorbia im Valarsa bestimmten Turmhaubitzen T.H. Nr. 44 und 45 oder von den entsprechenden 10-cm-Kasematthaubitzen.

43 Nach anderen Quellen handelte es sich um den Stützpunkt Nr. 49, die Nummerierung der Stützpunkte ist nicht immer einheitlich.

44 Die Panzer mit den Nummern T.H. 44 und T.H. 45 standen im März 1915 auf dem Bahnhof von Mori bei Rovereto bereit. Durch den Kriegsbeginn im Mai 1915 kam ein Einbau im Werk Valmorbia jedoch nicht mehr in Frage. Im Juli 1915 beschloss man daher, diese Panzertürme auf dem Pale bei Trient einzubauen. Da Skoda die dazugehörigen 10-cm-Haubitzen nicht mehr rechtzeitig liefern konnte, entschied man sich im Dezember 1915 für einen Einbau auf der Hochfläche von Lavarone.

45 Wahrscheinlich wurde sie bis Kriegsende nicht mehr geborgen und lag dort noch bis in die 1930er Jahre.

46 Die Panzerteile standen noch bis nach Kriegsende an der Straße bei Casare.

47 Davon zwei mit je 2 MG im Nahkampfwerk Oberwiesen

48 Davon je eine auf den Nahkampfwerken Viaz und Oberwiesen

49 Schreibweise während des Krieges auch »Lakom«

50 Die angeblichen starken Zerstörungen an den Turmhaubitzen im August 1915, die Oberleutnant Schaufler in einer Veröffentlichung aus dem Jahr 1936 beschreibt, beruhen auf einer (absichtlichen?) Verwechslung mit einem Zustandsbericht vom 12. April 1916. Dieser Fehler zieht sich seitdem durch die gesamte Literatur über das Werk Lusern.

51 Wortwahl und Satzstellung entsprechen dem Original.

52 Der Geniehauptmann Luschinsky hatte im Mai und September 1916 zwei Berichte über den Zustand des Werks Lusern verfasst. Darin war nur von einer statt von drei vollständig zerstörten Turmhaubitzen die Rede. Anstatt eines zerstörten fixen Beobachtungsstandes waren dagegen die durch Beschuss abgeworfenen Kuppeln von beiden drehbaren Beobachtungsständen beschrieben. Wieso diese Berichte, die Luschinsky nach eigenen Angaben aufgrund eigener Besichtigungen verfasst hat, so krasse Fehler enthalten, wird wahrscheinlich immer ein Rätsel bleiben.

53 Die These, dass die Turmhaubitze Nr. I schon am 31. August 1915 herabgeschossen worden sei, beruht auf einem Irrtum in der Veröffentlichung Oberleutnant Schauflers aus dem Jahr 1936.

54 Entgegen der üblichen Konventionen wurde diese Panzerkuppel als Hangard oder auch als »MG- und Scheinwerferstand (fix) (Mg.S.f.1)« bezeichnet.

55 Soldatensprache für »sich verdrücken«

56 Nach den österreichischen Quellen begann die Beschießung erst am 25. Mai 1915 um 4 Uhr.

57 Am 15., 29. und 31. August meldete das Werk Lusern jedoch noch Beschuss durch einige Geschütze des Forts Punta Corbin.

58 In Auszügen enthalten in dem Buch von Leonardo Malatesta: Il Dramma del Forte Verena

59 Dass Fort Verena tatsächlich vollständig desarmiert worden war, kann bezweifelt werden. Noch am 15. August 1915 meldete Oberleutnant Schaufler vom Werk Lusern: »Lebhafte Beschießung […] durch 15 cm linkes Flügelgeschütz Verena.«

60 Alle ballistischen Angaben beziehen sich auf die schwere Stahlgranante Modell 1914.

61 Alle ballistischen Angaben beziehen sich auf die Granate M11/9.

62 Alle ballistischen Angaben beziehen sich auf die Granate M16.

63 Alle ballistischen Angaben beziehen sich auf die Granate M14/9.

64 Gewicht des Geschützes ohne die 16 770 kg schwere Bettung

65 Die heilige Barbara ist die Schutzheilige der Artillerie.

STIFTUNG
SÜDTIROLER SPARKASSE

Wir stiften Kultur